KB141761

국어사와 함께 보는
학교문법 산책

신승용

서강대학교에서 학사, 석사, 박사를 마치고, 2004년부터 현재까지 영남대학교 사범대학 국어교육과 교수로 재직 중이다. 음운론 및 음운사, 문법 교육이 전공 분야이다.

저서로『음운 변화의 원인과 과정』(2003),『국어음운론』(2013),『국어학 개론』(2013, 공저),『기저형과 어휘부』(2018),『문법하고 싶은 문법』(2020, 공저),『더 문법하고 싶은 문법』(2021, 공저),『쉽게 풀어 쓴 국어사 개론』(2022) 등이 있고, 주요 논문으로「학교문법에서 품사 분류 기준 가변어 · 불변어의 문제」(2023),『음운사를 활용한 현대국어 교육 방안 연구』(2023) 외 논저 다수가 있다.

개정판
국어사와 함께 보는
학교문법 산책

초 판 1쇄 발행 2011년 6월 30일
개정판 1쇄 발행 2012년 2월 28일
개정판 3쇄 발행 2024년 3월 20일

지은이 | 신승용

펴낸곳 | (주)태학사
등 록 | 제406-2020-00008호
주 소 | 경기도 파주시 광인사길 217
전 화 | 031-955-7580
전 송 | 031-955-0910
전자우편 | thspub@daum.net
홈페이지 | www.thaehaksa.com

편집 | 조윤형 여미숙 김태훈
마케팅 | 김일신
경영지원 | 김영지

값 20,000원

ISBN 978-89-5966-489-4 (93710)

개정판

국어사와 함께 보는

학교문법 산책

신승용

태학사

머리말

　오랫동안 학교 문법론을 강의하면서, 가르치기에도 좋고 학생들이 공부하기에도 좋은 학교 문법 개론서가 하나 있으면, 여기에 중세 국어와 현대 국어를 매개해 주는 국어사의 내용도 포함된 개론서면 더 좋겠다는 생각을 하게 되었다. 그래서 몇 년 동안 수업 준비를 하면서 만들기 시작한 강의 노트를 기반으로 이 책을 집필하게 되었다.

　집필하는 내내 가르치는 것과 가르치는 내용을 책으로 집필하는 것은 또 다른 차원의 문제라는 것을 깨달았다. 무엇보다 본문에 들어가야 할 내용과 그 내용의 정도를 결정하는 일이 가장 힘들었다. 학교 문법이라는 특성을 어느 정도 고려해서 내용을 선택해야 하고, 그 내용의 깊이 또한 학교 문법의 특성을 어느 정도 고려해서 기술해야 했기 때문이다. 학교 문법은 학문 문법과 다르지 않으면서 또한 다르다. 다르지 않다는 것은 학교 문법이 학문 문법과 다른 별도의 문법이 아니라 학문 문법의 내용에 포함된다는 사실을 이르는 것이고, 다르다는 것은 학문 문법에서 이루어지는 모든 내용을 학교 문법에서 다루지는 않는다는 것을 이른다.

　그래서 이 책에서는 기본적으로 학교 문법을 중심에 두고 내용을 기술하되, 학문 문법에서 논쟁이 있는 주제들의 경우에는 관련 논쟁의 핵심 내용을 정리하고 다른 의견들도 참고할 수 있도록 서술하려고 노력하였다. 그래서 가능한 한 논쟁의 쟁점이 무엇인지를 파악할 수 있게 하고, 이러한 논쟁에서 학교 문법의 태도는 어떤 것인지를 밝혀 주었다. 또한 기본적으로 현대 국어 문법을 다룬 문법서이긴 하지만, 현대 국어와 시간적으로 연결되어 있는 국어사의 내용들을 함께 기술하여 통시적 변화를 한눈에 파악할 수 있게 해 두었다. 국어사 부분은 현대 국어와 차이가 나는 중세 국어나 근대 국어의 공시적 사실들을 중심으로 현대 국어를 기술한 내용 아래 참고할 수 있게 하였다. 그래서 현대 국어 문법을 공부하면서 동시에 중세 국어와 근대 국어에 대한 이해 및 중세 국어로부터 현대 국어에 이르는 동안의 통시적 변화도 함께 공부할 수 있도록 하였다. 이렇게 한 이유는 학생들이 국어사적 사실과 현대 국어의 사실을 연결하는 데 도움을 주고자 한 것이다.

2010년에 미국의 인디애나 대학교에서 연구년을 보내면서 이 책의 본격적인 집필을 시작했다. 앞서 이미 강의 노트를 만들면서 초벌 작업을 해 두었음에도 불구하고, 2년이 더 걸려서야 이 책이 나오게 되었다. 시작할 때는 쉽게 생각했는데, 집필 작업을 하면 할수록 힘이 들고 시간도 생각했던 것보다 훨씬 더 많이 걸렸다. 그럼에도 막상 책을 내야 하는 시점이 되자, 자꾸 부족하고 아쉬운 부분들이 계속해서 생각이 난다. 그렇지만 일단 한 과정을 마무리한다고 생각하면서, 부족하고 아쉬운 부분은 또 시간을 두고 보완하기로 스스로와 타협을 하면서 책을 내기로 결심하였다.

책을 낸 이후에 계속해서 눈에 띄는 오·탈자와 내용 오류들 때문에 마음이 편하지 않았다. 다행히 이번 기회에 이런 부분들을 말끔하게 교정할 수 있게 되어서 비로소 마음이 좀 가벼워진 느낌이다.

목차 ǀ contents

제6장
화용론

제1장

언어와
국어

국어는 언어의 하나이며, 국어학 역시 언어학의 한 하위 분야이다. 따라서 국어를 이해하기 위해서는 언어에 대한 이해가 필요하며, 국어학을 공부하기 위해서는 언어학에 대한 이해가 필요하다. 언어는 그 자체로 문화적 산물이면서 또한 사회적 산물이다. 또한 언어는 기호의 하나이며, 기호 중에서 가장 고도로 추상화되고 체계화된 것이다. 이 장에서는 언어의 기본적인 특성 및 언어를 이해하는 데 필요한 내용들과 언어를 연구하는 기본적인 연구 방법론에 대해서 살펴보게 될 것이다. 또한 국어의 기원과 국어사의 시대 구분, 우리말을 표기했던 차자 표기 방법의 특성을 살펴보고, 본격적으로 우리말 표기를 가능하게 한 훈민정음에 대해서도 함께 살펴보게 될 것이다

1.1. 언어의 이해

사람과 동물을 구별하는 가장 쉬운 방법 가운데 하나가 언어의 유무이다. 즉 일반적으로 언어는 인간만이 가지고 있는 것으로 가정한다. 물론 동물도 나름대로 의사소통을 위한 수단을 가지고 있다. 침팬지나 원숭이는 의사소통을 위해 다양한 종류의 소리를 내는 것으로 알려져 있고, 꿀벌은 8자춤을 통해 꿀이 있는 곳까지의 거리, 방향, 꿀의 질 등을 표현할 수 있다고 알려져 있다. 동물학자들은 동물도 언어를 가지고 있다는 것을 증명하기 위해 노력해 왔고, 실제 침팬지나 원숭이에게 직접 인간의 언어를 가르치기도 하였다. 하지만 그럼에도 인간만이 언어를 가지고 있다고 하는 것은 동물의 의사소통 수단이 인간처럼 추상화된 기호 체계로서의 언어가 아니기 때문이다. 언어는 인간만이 가지고 있는 특징이라고 할 때의 언어는 바로 이러한 추상화된 기호 체계로서의 언어를 뜻한다.

언어의 기원에 대해서는 여전히 명확히 알려진 바가 없지만, 언어의 기원이 인류의 기원과 밀접하게 관련되어 있다는 사실은 분명하다. 과학적인 관점에서 볼 때 인간이 언어를 사용하기 시작한 시점은 두뇌 용적이 일정 정도 이상이고, 직립 보행이 가능했던 시기의 어느 무렵으로 추정된다. 두뇌 용적이 일정 정도 이상이라는 조건은 '추적적 사고'가 가능한 시점을 이르고, 직립 보행이라는 조건은 '성문의 하강' 시점을 이른다. 추적적 사고란 쉽게 말해서, 왔던 길을 정확히 기억해서 되짚어 갈 수 있는 능력 같은 것이다. 그리고 성문의 하강은 ─자 모양의 발성 기관에서 ㄱ자 모양의 발성 기관으로 발성 기관의 모양이 바뀐 것을 이른다. ─자 모양의 발성 기관보다 ㄱ자 모양의 발성 기관일 때 더 다양한 소리를 낼 수 있기 때문에, 발성 기관의 모양의 변화는 언어의 발생과 밀접하게 관련되어 있다. 현생 인류의 진화 과정에서 이 두 가지 조건이 충족된 때를 호모 사피엔스 시기로 추정한다.

언어는 '사람의 생각이나 느낌을 전달하고 표현하는 기호 체계'이다. 여기에는 말소리뿐만 아니라 문자, 수화, 손동작, 어조(세기, 높낮이, 장단 등)도 포함된다. 뿐만 아니라 신음 소리, 감탄 소리, 앓는 소리 등도 해당된다. 하지만 언어학적으로 언어를 정의할 때는 이보다 좁은 의미로 정의한다. 언어학적인 관점에서 언어의 정의는 '말소리를 매개체로 한 의사소통 수단의 체계'이다. 여기에 말소리를 나타내는 기호 체계인 문자를 매개체로 한 의사소통 수단의 체계도 포함된다.

전 세계적으로 3,000~5,000개, 많게는 7,500개가 넘는 언어가 있다고 한다. 언어의 수가 정확히 몇 개이냐는 사실 언어를 어떻게 정의하느냐에 따라 그 수가 늘어날 수도 있고, 줄어들 수도 있는 문제이기 때문에 정확한 숫자가 중요한 것은 아니다. 예컨대 중국이나 인도에는 수많은 소수 민족들이 살고 있고, 지금도 여전히 이들 소수 민족들이 자신의 언어를 사용하고 있다. 이들 각 소수 민족의 언어를 개별 언어로 보느냐 아니면, 중국어의 한 방언, 인도어의 한 방언으로 보느냐에 따라 언어의 수가 달라질 수 있다.

한 언어의 방언이냐 아니면, 서로 다른 언어이냐를 구분하는 기준은 일반적으로 '의사소통력'을 든다. 즉 의사소통이 가능한 한에서의 언어 분화체는 방언으로, 의사소통이 안 될 정도면 이미 다른 언어로 보는 것이다. 하지만 이 역시도 앞서 든 중국의 경우처럼 한 언어에 속하는 방언이면서도 의사소통이 불가능한 경우가 있는가 하면, 스웨덴어나 노르웨이어, 덴마크어처럼 별개의 서로 다른 언어이면서도 어느 정도 의사소통이 가능한 경우도 있다. 이처럼 의사소통력이라는 것도 정도가 다를 수 있기 때문에 별개의 다른 언어인지 한 언어의 방언인지를 가르는 정확한 기준이 되기는 어려운 면이 있다. 그래서 국가를 기준으로 한 국가 안에서의 언어 분화체는 의사소통에 다소 문제가 있더라도 방언으로 보기도 한다. 언어의 수가 정확히 몇 개이냐를 말하기 어려운 이유가 바로 여기에 있다.

촘스키(Chomsky)로 대표되는 생성언어학에서는 언어의 보편성을 찾기 위해 끊임없이 노력하였다. 그러나 아직까지 여기에 대한 명확한 결론은 없다. 하지만 지금까지 밝혀진 사실을 요약하면, 먼저 인간은 동물과 달리 언어 습득 장치(Language Aquisition Device)를 본유적으로 갖고 태어난다. 즉 인간은 언어 습득 장치를 갖고 태어나기 때문에 어떤 언어이든 그 언어에 노출이 되면, 해당 언어를 습득할 수 있다. 하지만 동물은 이러한 언어 습득 장치가 없기 때문에 아무리 언어에 노출시켜도 언어를 습득할 수 없다. 다음으로 구체적인 언어 현상에서 나타나는 언어의 공통적인 특성을 정리하면 다음과 같다.

첫째, 모든 언어는 자음과 모음으로 이루어져 있다. 자음만으로 이루어진 언어라든가 모음만으로 이루어진 언어는 없다. 다만 몇 개의 자음과 몇 개의 모음을 가지고 있느냐는 개별 언어마다 다르다.

둘째, 어떤 언어이든 음절을 단위로 발화하고, 단어가 존재하고, 단어의 조합으로 문장을 만든다. 음절의 유형, 단어의 수나 종류, 문장의 구조, 어순 등은 언어마다 다른 즉, 개별 언어의 특성이다. 예컨대 국어는 '국', '복'처럼 '자음-모음-자음'으로 이루어진 음절을 허용하지만, 일본어에서는 '자음－모음－자음'의 음절을 허용하지 않는다거나, 국어나 일본어는 '주어－목적어－서술어'의 어순이지만 영어나 중국어는 '주어－서술어－목적어'의 어순을 갖는다.

셋째, 어떤 언어이든 언어는 일정한 규칙과 체계로 이루어져 있다. 즉 언어는 규칙의 체계이다. 음소들이 결합하여 음절을 이룰 때도 음절을 형성하는 규칙에 따라 이루어지고, 새로운 단어를 만들 때도 일정 규칙에 따라 만들며, 문장을 만들 때도 문장을 형성하는 규칙에 따라 만든다. 모국어 화자라면 누구나 어떠한 문장을 들으면, 그 문장이 이상하다거나 적절하다거나 하는 판단을 직관적으로 할 수 있다. 이때 이상하다거나 적절하다의 판단 기준이 바로 해당 언어의 규칙의 체계이다. 즉 해당 언어의 규칙에 어긋날 때 이상하다고 판단하며, 해당 언어의 규칙에 어긋나지 않을 때 적절하다고 판단한다.

1.1.1. 언어와 문화

언어는 문화적 산물이다. 즉 언어는 유전적으로 습득되는 것이 아니라 학습에 의해서만 습득된다. 언어가 학습에 의해 습득된다는 것은 인간으로 태어났다 하더라도 언어를 학습하지 않으면 언어를 사용할 수 없다는 사실을 통해 증명된다. 야생아와 고립아는 그 좋은 예이다.

야생아의 예는 1920년 인도 동북부 지방의 늑대 소굴에서 두 소녀가 발견되었는데, 언니는 8살, 동생은 1살 반 정도였다고 한다. 사람들이 언니에게는 카말라, 동생은 아말라라는 이름을 붙여 주었는데, 둘다 일어서질 못했으며, 음식은 핥아 먹었다고 한다. 말을 전혀 하지 못했고, 하룻밤에 몇 번씩 짖었다고 한다. 아말라는 이후 1년이 채 안 되어서 죽었고, 카말라 역시 1929년에 죽었다. 카말라에게는 언어를 가르

쳤지만, 죽기 전까지 약 4년 동안 45개의 단어를 습득하는 데 그쳤다고
한다.

고립아의 예는 1970년 로스앤젤레스에서 발견된 지니의 사례를 들
수 있다. 지니는 13세 9개월까지 작은 방에 감금되어 있는 동안 언어
적 접촉이 전혀 없었다. 눈 먼 어머니는 지니가 어떠한 소리라도 내면
벌을 주었고, 아버지와 오빠도 지니에게 말은 건 적이 없었다고 한다.
지니는 발견 당시 언어를 전혀 사용할 줄 몰랐으나, 발견된 지 2년이
채 안 되어서 3세 아동과 비교될 정도의 언어 학습 능력을 보였다고
한다. 그러나 18세가 되어서야 비로소 짧은 문장으로 말하기, 최소한
의 문법 사용, 어순 이해, 약간의 전치사 사용이 가능했다고 한다. 지
니는 이해력에서는 많은 진전을 보였으나 문장을 생성하는 능력에서
는 상대적으로 진전이 더뎠다고 한다.

야생아와 고립아의 예는 언어가 유전적으로 습득되는 것이 아니라
학습에 의해 습득된다는 것을 분명하게 보여준다. 언어가 학습에 의
해 습득되고 전달된다는 것은 곧 언어가 문화적 산물임을 말해 주는
것이다.

우리는 언어를 통해 의사소통을 하고, 또한 언어를 통해 한 세대의
문화를 다음 세대로 전승해 준다. 그렇기 때문에 언어에는 그 사회의
문화가 반영되어 있기 마련이다. 그래서 언어를 통해 한 사회의 문화
적 특징을 읽어낼 수 있다. 현재 우리가 사용하고 있는 말에는 과거
문화의 흔적이 배어 있으며, 또한 현재 진행 중인 문화 역시 반영되어
있다.

단순히 단어만을 보더라도 이는 쉽게 이해될 수 있다. '된장, 고추
장, 김치, 누룽지, 부럼, 비빔밥, 불고기, 수제비, 온돌, 대보름, 한가위'
등의 단어들은 당연히 다른 나라에는 존재하지 않는 우리의 문화를 반

영하는 단어들이고, 이 단어에 내재된 의미는 우리 고유의 문화적 산물이다. 다른 언어에 비해 특히 국어는 친족 관계를 나타내는 말이 유독 발달해 있다. 단순한 예로 '삼촌, 백부, 외삼촌, 고모부, 이모부, 당숙'이 영어로는 모두 'uncle'이다. 이렇게 친족 관계를 나타내는 말이 발달해 있다는 것은 과거 우리 사회가 유교 사회의 가족 제도를 중시한 문화였음을 알 수 있게 해 준다.

색깔을 나타내는 단어들도 마찬가지이다. 옛날 우리 민담이나 설화에 등장하는 무지개는 지금과 같은 일곱 가지 색깔의 무지개가 아니라 오색 무지개이다. 이는 동일한 사물인 무지개의 색깔을 다르게 인식했음을 말해 준다. 현재 무지개의 일곱 색깔은 '빨강, 주황, 노랑, 초록, 파랑, 남색, 보라'이다. 이 가운데서 '주황, 초록, 남색'은 한자어이다. 이러한 사실은 한자의 유입을 통해 무지개의 색깔을 더 세분하여 표현할 수 있게 됨으로써 오늘날과 같은 일곱 가지 색깔이 되었음을 말해 준다. 다시 말해서 색깔을 나타내는 단어를 통해서 색깔과 관련된 우리 민족의 인식 세계를 알 수 있으며, 아울러 무지개에 대한 인식의 변화를 알 수 있다.

금기어를 통해서도 당시의 문화를 읽어낼 수 있다. 금기어가 있으면 반드시 이를 대신할 완곡어나 완곡 표현이 생겨나게 된다. 예컨대 조선 시대에는 '천연두'라는 말의 사용을 금기시하면서 '천연두'를 '마마' 또는 '손님'이라고 불렀다. 이는 당시 '천연두'라는 병에 대한 두려움과 이를 막으려는 당시의 사회적인 상황을 반영하는 것이다. 현대 사회에서는 '동지'라는 말이 금기시되는데, 이는 분단 상황을 반영하는 하나의 징표이다. 즉 북한에서 일상적으로 사용되는 '동지'라는 말이 곧 사회주의 또는 북한을 상징하게 되면서, 남한에서는 이 말을 금기시하게 된 것이다. 이밖에 '변소'를 나타내는 말로 '뒷간, 화장실, 해우

소' 등이 있는데, 이는 더러움을 직접적으로 표현하는 것을 금기시하는
사회·문화적인 정서와 무관하지 않다.

이처럼 언어는 그 자체가 문화유산이다. 언어는 그 언어를 사용하
는 사람들이 오랜 세월 동안 가꾸고 다듬어 온 문화적 결실이기 때문
이다. 현대 사회에서 소수 언어들이 소멸되어 가는 현상에 대해 문화
의 다양성 소멸, 세계 문화유산의 소멸로 해석하는 것은 바로 언어가
곧 소중한 문화적 자산이기 때문이다.

1.1.2. 언어와 사회

언어는 문화적인 산물이면서 또한 사회적인 산물이다. 이 말은 사
회마다 언어가 조금씩 다르다는 것을 통해서 확인할 수 있다. 그렇기
때문에 한 개인의 언어를 통해 그 개인이 속한 사회의 특징을 포착해
낼 수 있다. 예컨대 낯선 사람을 만났을 때 우리는 상대방의 말에서
그 사람의 출신 지역, 직업, 성격 등을 추론해 낼 수 있다. 이것이 가
능한 이유는 한 사람의 말에 다양한 사회적 정보가 내재되어 있기 때
문이다.

언어가 사회적인 산물이라는 것은 지방마다 말이 다르다는 것을 통
해 분명하게 확인할 수 있다. 즉 강원도, 경기도, 경상도, 전라도, 충청
도의 말이 다르고, 같은 도(道) 내에서도 경우에 따라서는 군 단위별로
말이 다르기도 하다. 따라서 한 개인의 언어를 통해서 그 사람의 출신
이 어디인지에 대한 정보를 읽어낼 수 있다.

또한 언어는 계층 간에도 차이가 있다. 사무직 노동자의 언어와 현
장직 노동자의 언어가 다르며, 교사 집단의 언어와 군인 집단의 언어
가 또한 다르다. 뿐만 아니라 세대에 따라서도 언어가 다르며, 심지어

남녀 간의 언어 사용도 차이가 있다. 과거 신분 사회에서는 신분에 따라서도 사용하는 언어가 서로 달랐다. 지배자와 피지배자의 언어가 달랐고, 양반의 언어와 평민의 언어가 또한 달랐다.

(1) ㉠ 이리 주십시오. 제가 하겠습니다.
　　㉡ 이리 주세요. 제가 할게요.

비록 정확하지는 않지만, 우리는 대체로 (1㉠)과 (1㉡)을 들었을 때, 어느 것이 남학생의 말인지를 추론할 수 있다. '-습니다'체는 남학생들이 주로 많이 쓰며, 이에 비해 '해요'체는 여학생들이 많이 쓰기 때문이다. 특히 군대를 갔다 온 남학생의 경우에는 대체로 '-습니다'체를 쓰는 비율이 훨씬 높다.

현대 사회의 직업을 나타내는 말에서도 사회의 양상을 파악할 수 있다.

(2) 군인 : 여군　　　　　가정부 : 남자 가정부
　　경찰 : 여경　　　　　간호사 : 남자 간호사
　　대통령 : 여성 대통령　피부 관리사 : 남자 피부 관리사

원래의 직업 명칭이 무표적이라면, 직업 명칭에 '여자'나 '남자'가 덧붙은 것은 유표적인 인식이 반영된 것이다. 이렇게 볼 때 (2)에서 '군인, 경찰, 대통령'은 여전히 남성이 우세한 직업군이고, '가정부, 간호사, 피부 관리사'는 여성이 우세한 직업군임을 알 수 있다. 예전과 달리 현재는 직업에서 남성과 여성의 구분이 점점 더 사라지는 추세이긴 하지만, (2)의 직업 명칭을 통해서 오늘날 우리 사회의 직종에서 남성과 여성이 차지하는 양상을 알 수 있다.

언어는 사회적 산물이기 때문에 당연히 그 사회의 다양한 양상을 반영한다. 한 사람이 사용하는 언어를 통해서 그 사람의 출신 지역이 어디인지, 학력이 어느 정도인지, 직업이 무엇인지, 성격이 어떠한지 등을 간접적으로 추론할 수 있는 것은 바로 이 때문이다.

1.1.3. 기호의 세 가지 유형

언어는 기호의 하나이다. 우리가 사용하는 손짓, 몸짓, 눈짓도 일종의 기호이고, 옛날 전쟁터에서 사용한 깃발이나 봉화도 기호이고, 도로의 교통 표지판들도 모두 기호이다. 이러한 기호들 중에서는 체계화된 것도 있고, 체계화되지 않은 것도 있다. 체계화된 기호 중에서 가장 고도로 체계화된 것이 바로 언어이다. 모든 기호는 내용과 형식으로 이루어져 있다. 내용은 전달하고자 하는 의미를 말하며, 형식은 전달하고자 하는 의미를 실어 나르는 매개 수단을 말한다. 이때 전달하고자 하는 의미는 구체적인 대상일 수도 있고, 추상적인 것일 수도 있다. 언어에서 내용은 '의미'이고, 형식은 '말소리' 또는 '문자'이다.

기호(sign)는 내용과 형식 간의 유연성의 거리에 따라 도상(icon), 지표(index), 기호(symbol)로 나뉜다.

도상 icon

의미와 의미를 전달하는 매체 즉, 내용과 형식 사이의 실제적인 유사성을 주로 표현한다. 즉 기호의 모양과 그것이 가리키는 대상 사이에 물리적 유사성이 존재할 때 이를 도상이라고 한다. 대상을 찍은 사진이나, 대상을 그린 그림 등이 바로 도상의 전형적인 예에 해당한다. 이들 사진이나 그림은 그 자체가 곧 대상을 가리킨다. 즉 형식이 곧 내용인 경우이다.

지표 index

의미와 형식 사이의 관계가 실재적이고 존재적인 인접(隣接)을 통해 표현된다. 심리적 연상, 또는 다른 사건과 사물들의 물리적 병치(並置)에 기반을 두고 있는 것으로 도상에 비해서는 내용과 형식의 관계가 추상화된 것이다. 즉 내용과 형식 간의 유연성이 인접을 통해 유지되기는 하지만, 도상에 비해서는 상당히 멀어진 상태이다. 예컨대 '♨'은 온천을 나타내는데, '♨' 자체는 실제 온천과 관련이 없다. 하지만 '♨'과 따뜻한 물에서 김이 피어오르는 온천의 특성이 완전히 무관하지는 않다. 즉 '♨'과 온천은 서로 인접해 있다. 도로의 교통 표지판들도 대체로 지표의 특성을 보인다. 예컨대 '↖'는 좌회전, ' ↗'는 우회전, '↑'는 직진, '∩'는 U-턴을 나타내는데, 기호와 기호가 나타내는 내용(의미) 간에 일정 정도 유사성이 있다고 할 수 있다.

기호symbol

지표 단계만 하더라도 도상에 비해 추상화된 상태이기는 하지만, 의미와 형식 간의 유연성이 완전히 없어진 상태는 아니다. 그러나 기호는 의미와 형식 간에 유연성이 완전히 상실된 단계이다. 다시 말해 내용과 형식의 관계가 완전히 자의적인(임의적인) 단계에 이른 것이 기호이다. 그렇기 때문에 기호는 반드시 학습을 통해서만 의미와 형식의 관계를 이해할 수 있게 된다. '+, −, ×, ÷'과 같은 수학 기호나, 모스 부호 같은 것들이 이에 해당한다.

언어는 기호(symbol) 중에서도 가장 고도로 추상화된 기호이다. 그렇기 때문에 언어의 말소리(또는 문자)와 의미 사이에는 아무런 유연성이 없는, 임의적인 관계이다. 다만 사물이나 자연의 소리를 모방한 '꼬

끼오, 땡땡, 윙윙' 같은 의성어는 예외적으로 의미와 형식 간에 유연성이 일정 정도 남아 있다고 보기도 한다. 왜냐하면 이러한 의성어는 실제 소리를 모방한 것이기 때문에 실제 소리와 이를 모방한 형식 사이에 실질적인 유사성이 존재한다고 보는 것이다. 하지만 이러한 어휘의 숫자는 극히 제한적이며, 언어마다 상징 방법이 다른 경우가 많다. 예컨대 개 짖는 소리를 보자.

> (3) 한국어 : 멍멍, 왈왈
>   영어 : 바우와우(bow-wow)
>   러시아어 : 가브가브(gav-gav)

(3)에서 보듯이 소리의 모방 방식에서 언어 간에 특별한 유사성을 찾기 어렵다. 이러한 사실로 미루어 의성어 역시 소리를 모방한 말이긴 하지만, 실제 소리와 이를 모방한 형식 간에 유연성이 남아 있다고 보기 어렵다.

1.1.4. 언어의 특성

언어는 내용과 형식으로 이루어져 있다. 여기서 내용은 의미를 말하며, 형식은 말소리 또는 문자를 말한다. 즉 음성 언어에서는 말소리가 의미를 전달하는 형식이고, 문자 언어에서는 문자가 의미를 전달하는 형식이다. 언어가 언어로 기능하기 위해서는 반드시 내용과 형식이 결합해야만 한다. 이를 언어의 이원성이라고 한다. 즉 내용이 없는 형식이나, 형식이 없는 내용은 언어로 기능할 수 없다.

앞서 언어는 기호 중에서도 고도로 체계화된 기호라고 하였다. 그래서 음운 체계, 문법 체계 등과 같이 체계라는 말을 사용하게 된다. 기본적으로 언어는 기호가 갖는 기본적인 특성 즉, 자의성, 사회성, 역사성을 갖고 있다. 이밖에 분절성, 추상성, 교환성이 있으며, 문화적으로 전달되는 특성을 갖고 있다.

언어의 자의성

언어는 내용과 형식의 결합으로 이루어져 있지만, 그 내용과 형식 간의 관계는 필연적이지 않다. 즉 내용과 형식 간의 관계가 임의적이다. 이러한 특성을 언어의 자의성이라고 한다. 예컨대 "사람이나 동물이 추위, 더위, 비바람 따위를 막고 그 속에 들어 살기 위하여 지은 건물"을 국어에서는 [집]이라고 하는데 비해, 영어에서는 [하우스](house), 중국어에서는 [지아](家), 일본어에서는 [이에](家), 프랑스어에서는 [메종](maison)이라고 한다. 이처럼 동일한 의미를 서로 다른 형식으로 나타내고 있다는 것은 내용과 형식 간에 필연적 관계가 없기 때문에 가능한 일이다.

국어에서 예를 든다면, 중세 국어에서는 오늘날의 '강'을 '가름'이라고 하였다. 시간적으로는 다르지만 '강'과 '가름'은 모두 같은 의미를 나타내는 다른 형식이다. 이처럼 '가름'이 '강'으로 바뀔 수 있는 것은 내용과 형식의 관계가 자의적이기 때문에 가능한 일이다. 또한 예전의 '국민학교'가 지금은 '초등학교'로 그 이름이 바뀌었다. 이 역시 내용과 형식의 관계가 필연적이지 않기 때문에 인위적으로 약속을 바꿀 수 있고, 그러한 약속이 언중들에 의해 통용되면 형식이 바뀔 수 있는 것이다.

언어의 사회성

어떠한 내용에 어떠한 형식이 결합하는 것은 자의적이지만, 이것이 사회적으로 통용되기 위해서는 반드시 사회적인 약속을 획득해야 한다. 이러한 특성을 언어의 사회성이라고 한다. 내용과 형식의 결합이 자의적임에도 불구하고 내용과 형식이 긴밀하게 관련되어 있는 것처럼 보이는 것은 바로 이러한 사회성 때문이다. 즉 사회적인 약속이 깨지지 않고 유지되는 동안에는 내용과 형식이 긴밀하게 관련되어 있다. 하지만 이러한 약속이 깨질 수 있기 때문에 기본적으로 내용과 형식의 관계는 자의적이다.

사회적인 약속이 이루어지지 않으면 언어로 기능할 수 없다. 그래서 누군가가 오늘부터 '책상'을 '의자'라고 부를 수는 있지만, 다른 사람들이 이러한 약속을 이행하지 않으면 절대로 '책상'이 '의자'가 될 수 없는 것이다. 언어 순화의 예를 들어 보자. 고속도로의 '인터체인지'를 '입체 교차로'로 순화하였는데, '인터체인지'를 '입체 교차로'로 순화할 수 있는 이유는 내용과 형식 간의 관계가 자의적이기 때문이다. 하지만 언중들이 '입체 교차로'를 사용하지 않음으로써 즉, 사회적인 약속을 이행하지 않음으로 인해 '입체 교차로'는 전혀 통용되지 못하고 있다. 최근에는 '인터체인지'를 '나들목'으로 사용하는 사람들이 늘어나고 있는데, 이는 '나들목'이라는 말이 점점 사회적인 약속을 획득해 가고 있음을 말해 주는 것이다. 이처럼 사회적인 약속은 짧은 시간에 이루어지는 것이 아니라 오랜 시간을 두고 서서히 이루어진다. 이상에서 살펴본 것처럼 언어가 언어로써의 기능을 하기 위해서는 반드시 그 언어를 사용하는 사람들 간에 사회적인 약속이 이루어져야만 한다.

언어의 역사성

언어는 고정불변하는 것이 아니라 시간의 흐름에 따라 변화한다. 이러한 특성을 언어의 역사성이라고 한다. 언어는 시간의 흐름에 따라 단어의 소리가 변화하기도 하고, 의미가 변화하기도 하고, 문법이 변화하기도 한다. 예컨대 위에서 중세 국어의 '가름'이 '강'으로 변하였다고 했는데, 이는 의미는 그대로 있으면서 의미를 나타내는 형식이 변한 경우이다. 형식은 그대로 있으면서 의미가 바뀐 예로는 '어리다'를 들 수 있다. 중세 국어에서 '어리다'는 '어리석다(愚)'의 의미였는데, 오늘날에는 '나이가 어리다(幼)'로 그 의미가 바뀌었다. 이러한 특성을 언어의 역사성이라고 한다.

언어의 역사성 역시 기본적으로 언어의 자의성과 사회성에 기반한 특성이다. 내용과 형식의 결합이 자의적이기 때문에 내용이나 형식이 바뀔 수 있고, 바뀐 결과를 언중들이 사회적으로 약속을 하게 되면 결국 변화가 일어나는 것이다.

이밖에 언어가 기호 중에서도 고도로 추상화된 체계이기 때문에 갖는 특성으로 분절성과 추상성이 있다.

언어의 분절성

언어 단위는 보다 큰 단위가 보다 작은 작은 단위로 쪼개질 수 있다. 이러한 특성을 언어의 분절성이라고 한다. 우리가 물리적인 연속체인 시간을 시, 분, 초 단위로 나누어서 인식하듯이 언어 역시 소리의 연속체이지만 우리는 이를 문장, 단어, 형태소, 음소 단위로 나누어서 인식한다. 그래서 문장은 보다 작은 단위인 단어로 쪼개지고, 단어는 다시 보다 작은 단위인 형태소, 형태소는 다시 보다 작은 단위인 음절로, 음절은 다시 보다 작은 단위인 음소로 쪼개질 수 있다. 음소는 분절의 마지막 단위로, 언어에서 가장 작은 단위이다. 언어는 이처럼 보다 큰 단위를 보다 작은 단위로 쪼갤 수 있는 특성을 갖고 있다.

분절성은 1차 분절과 2차 분절로 구분하기도 한다.

(4) ㉠

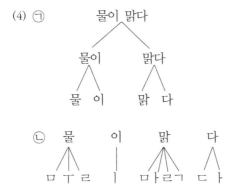

(4㉠)의 '물이 맑다'라는 단위는 '물이'와 '맑다'와 쪼갤 수 있고, '물이'와 '맑다'는 다시 각각 '물-이', '맑-다'로 쪼갤 수 있다. 이처럼 보다 큰 단위는 보다 작은 단위로 쪼갤 수 있다. 이때 (4㉠)처럼 의미를 가진 단위 즉, 형태소 단위로까지 쪼개는 것을 1차 분절이라고 하고, (4㉡)처럼 의미를 가지지 못한 단위로까지 즉, 음소 단위로까지 쪼개는 것을 2차 분절이라고 한다.

언어의 추상성

언어는 개념이나 관념, 생각 등 추상적인 것을 표현하기도 한다. 이러한 특성을 언어의 추상성이라고 한다. 우리는 언어를 통해 구체적인 대상을 지시하기도 하지만, 구체적인 실체가 없는 추상적인 개념을 표현하기도 한다. 예를 들면 '꽃', '나무', '바람' 같은 것들은 구체적인 대상이 없는 추상적인 개념이다. '꽃'은 '개나리, 진달래, 무궁화, 코스모스……' 등을 아우르는 추상적인 개념으로서 실체가 없다. '개나리'는 구체적인 대상을 지시할 수 있기는 하지만, 전국 곳곳에 피어 있는 개나리가 모두 같은 개나리가 아니라는 점에서 구체적인 대상을 지시하는 표현 역시 사실은 추상화된 것이다. 이처럼 언어라는 기호는 그 자체로 이미 추상화된 실체이다.

이밖에 언어는 화자와 청자가 수시로 전환될 수 있는 특성을 갖고 있는데 이를 '언어의 교환성'이라고 한다. 또한 언어는 생득적으로 전달되는 것이 아니라 학습을 통해 전달되는 특성을 갖고 있는데 이러한 특성을 '문화적 전달'이라고 한다.

행동주의 언어학에서는 언어가 모방에 의해 습득되는 것으로 보았다. 모방은 결국 학습의 한 과정이다. 이에 비해 촘스키(Noam Chomsky)는 동물과 달리 인간은 언어 습득 장치(Language Aquisition Device)를 생득적으로 갖고 태어난다고 설명하였다. 하지만 언어 습득 장치가 작동하기 위해서는 언어 환경에 노출되어야 한다. 언어 환경에 노출되어야 언어를 습득한다는 것은 결국 학습을 전제하는 것으로, 언어의 습득이 문화적으로 전달된다는 것에는 변함이 없다.

1.1.5. 음성 언어와 문자 언어

일반적으로 언어라고 하면 말소리를 매개로 한 의사소통의 수단을 가리키는데, 의사소통의 수단으로는 말소리 외에도 문자가 있다. 일상적인 대화는 말소리를 매개로 의사소통을 하지만, 글에서는 문자를 매개로 외사소통을 한다. 그래서 언어를 다시 일상적인 대화에서 쓰는 언어와 글에서 쓰는 언어로 나누어, 전자를 음성 언어(spoken language), 후자를 문자 언어(written language)라고 한다. 음성 언어와 문자 언어는 각각 구어(口語), 문어(文語)라고도 한다.

음성 언어와 문자 언어 중 어느 것이 먼저 발생했을까? 이에 대한 대답은 당연히 음성 언어이다. 이는 문자가 없이 음성 언어만 있는 언어는 있어도, 음성 언어는 없이 문자만 있는 언어는 없다는 사실에서 논리적으로 증명된다. 이미 사어(死語)가 된 라틴어의 경우에는 문자만 남아 있는 언어이긴 하지만, 이는 음성 언어로서의 라틴어가 존재했고 이후 음성 언어로서의 라틴어가 소멸된 결과적 사실일 뿐이다.

음성 언어의 발생은 호모 사피엔스 시기로 추정하는데, 이 시기는 대체로 15~25만 년 전이다. 문자의 발생 시기를 정확히 말하기는 어렵지만, 참고로 비교적 이른 시기에 발생한 문자로 알려진 중국의 갑골 문자의 경우 BC 1,400년 정도이다. 이러한 사실을 감안하면 문자의 발생은 음성 언어에 비해 훨씬 후대의 일이라는 것을 알 수 있다.

문자는 문화적 산물이다. 또 문화 중에서도 고도의 정신문화 가운데 하나이다. 전 세계적으로 3,000~5,000, 많게는 7,500여 개의 언어가 있다고 하지만, 이 가운데서 문자를 가진 언어는 100여 개 정도에 불과하다. 우리나라의 문자는 한글인데, 세종대왕이 한글을 창제하기 전까지는 우리의 문자가 없었기 때문에 부득이 중국의 한자를 빌려서 우리의 말소리를 나타낼 수밖에 없었다. 이로 인해 한글이 창제되기 전까지는 부득이 음성 언어 생활과 문자 언어 생활이 서로 다른 이중 언어 생활을 해 왔던 것이다.

음성 언어와 문자 언어는 몇 가지 점에서 차이가 있다.

문자 언어	음성 언어
시 · 공간적 제약이 없다 수신자와 발신자 분리 보수적이고 정태적 격식적	시 · 공간적 제약이 있다 수신자와 발신자 공존 진보적이고 동태적 비격식적

문자 언어는 시·공간적 제약이 거의 없지만, 음성 언어는 수신자와 발신자가 같은 시간에 같은 공간에 있어야만 한다는 제약이 있다. 같은 공간에서도 소리가 전달될 수 있는 거리 안에 있어야만 한다. 음성 언어의 이러한 제약은 문명의 발달로 많이 극복되었다. 예컨대 전화는 음성 언어의 공간적 제약을 극복시켰으며, 녹음기의 발달은 시간적, 공간적 제약을 극복시켰다. 인터넷의 실시간성 쌍방향 소통성은 음성 언어와 문자 언어의 경계를 모호하게 만들고 있다. 특히 실시간 채팅은 문자를 매개로 이루어지지만, 그 성격은 일상의 대화에서 사용하는 언어를 음성이 아닌 문자로 표현하고 있다는 점에서 딱히 음성 언어나 문자 언어라고 규정하기 어렵게 만든다.

음성 언어에 비해 문자 언어는 보수적이고 정태적인 특성을 보인다. 예컨대 현대 국어의 /ㅔ/와 /ㅐ/는 음성 언어에서는 거의 변별이 되지 않는다. 하지만 문자 언어에서 'ㅔ'와 'ㅐ'는 여전히 엄격히 구분되어 쓰인다. 역사적으로도 /·/(아래 아)는 18세기 후반에 이미 소멸된 것으로 알려져 있지만, 20세기 초까지 '·'의 표기는 여전히 존속된다. 이러한 사실에서 문자 언어의 보수성을 확인할 수 있다.

문자 언어의 보수적이고 정태적인 특성은 음성 언어에 비해 격식적인 특성으로 나타난다. 예컨대 음성 언어에서는 '-다', '-습니다', '-습니까?', '-십시오?'와 같은 문장 종결 표현을 거의 쓰지 않지만, 문자 언어에서는 이러한 종결 표현이 오히려 더 일반적이다. 즉 음성 언어에서는 주로 '해', '해요' 같은 비격식체를 주로 사용하는 반면에, 문자 언어에서는 '하십시오, 하오, 하게, 하다'의 격식체를 주로 사용한다. 이러한 사실에서 문자 언어가 음성 언어에 비해 격식적이라는 것을 확인할 수 있다.

(5) 늘이 : 어디 가?   (어디에 가니?)

  람이 : 도서관.   (도서관에 가.)

  늘이 : 왜?   (도서관에 왜 가니?)

  람이 : 자료 찾을 게 있어서. (자료를 찾을 게 있어서 (도서관에) 가.)

　음성 언어는 문자 언어에 비해 화자와 청자가 화맥을 공유함으로 인해 (5)에서 보듯이 문장 성분이나 조사의 생략이 빈번하게 나타난다. 이에 반해 문자 언어에서는 이러한 생략이 상대적으로 제약된다.

　한 가지 주의할 점은 '구어(음성 언어)'와 '구어체'를 흔히 혼동하는 일이 있는데, 이 둘은 서로 다른 개념이다. '문어(문자 언어)'와 '문어체' 역시 마찬가지이다. 물론 구어는 주로 구어체로 구현되며, 문어는 주로 문어체로 쓰인다. 하지만 구어라고 해서 모두 구어체로 실현되는 것은 아니며, 문어라고 해서 모두 문어체로만 실현되는 것은 아니다. 구어체, 문어체에서 '체(體)'는 말의 형식적인 측면을 나타내는 것이다. 따라서 구어를 문어체의 형식으로 말하기도 하고, 반대로 문어를 구어체의 형식으로 표현하기도 한다.

1.2. 언어의 기능

언어의 기능에는 어떠한 것이 있는가? 언어의 기능을 딱히 몇 가지라고 규정하기는 어렵지만, 보통 언어에 필요한 6가지 요소를 가정하고 이를 중심으로 언어의 기능을 설명해 왔다. 이 6가지 요소는 화자, 청자, 표현 대상, 사용된 말, 경로, 언어의 종류이다. 언어가 실제로 사용되는 상황에서는 이 여섯 가지 요소 가운데 어느 하나만이 독자적으로 작동할 수는 없다. 그래서 6가지 요소 가운데 어느 것이 중심이냐를 살펴 언어의 기능을 설명하게 된다. 실제 언어 생활에서는 대부분의 경우 몇 가지의 기능이 동시에 복합적으로 작용한다.

언어의 6가지 요소를 도식화하면 아래와 같다.

언어의 기능도 위의 6가지 요소와 관련시켜 6가지로 분류해 왔다. 언어의 6가지 기능은 지시적 기능, 정서적 기능, 욕구적 기능, 친교적

기능, 관어적 기능, 시적 기능이다.

지시적 기능 denotative function

우리는 언어를 통하여 청자에게 말하고자 하는 내용을 알려 주게 되는데 이를 지시적 기능이라고 한다. 이때 지시하는 대상은 구체적인 사물일 수도 있고, 추상적인 개념일 수도 있고, 내용일 수도 있다. 지시적 기능은 표현 대상에 초점이 맞추어진 것이다. 지시적 기능은 언어의 기능 가운데서 가장 기본적이면서 또한 가장 중요한 기능이다.

정서적 기능 emotive function

화자가 말하는 내용에 대한 자신의 감정이나 태도를 표현하는 기능을 정서적 기능이라고 한다. 달리 표현적 기능이라고도 한다. 정서적 기능은 화자에 초점이 맞추어진 것이다. 보통 반언어적(半言語的) 표현이라고 하는 높낮이, 장단, 강약 등을 통해 나타낸다. '흠, 어머, 쯧쯧'과 같은 감탄사를 사용하는 경우도 전형적인 예에 해당한다. 이밖에도 '커어다란 바위', '저어기'처럼 길이를 길게 함으로써 크다는 느낌, 멀다는 느낌을 표현하는 것도 정서적 기능에 해당한다. 또한 친근감을 표현하기 위해 친한 친구나 후배에게 '녀석'이라고 하는 경우도 역시 화자의 감정을 표현하는 한 방식이다. 또한 '하늘이가 밥을 먹어.'라고 하지 않고 '하늘이가 밥을 먹어 버렸어.'라고 하는 경우에도 사실의 객관적 전달이 아니라 그 사실에 대한 화자의 감정이 표현된 경우이다.

욕구적 기능 conative function

말을 통하여 자신의 요구를 청자에게 전달하는 기능을 욕구적 기능이라고 한다. 욕구적 기능은 청자에 초점이 맞추어진 것으로, 달리 명

령 기능이라고도 한다. 욕구적 기능을 표현하는 전형적인 방식은 명령
문이나 의문문, 청유문이다. 청자에게 행동을 요구하는 경우에는 명령
문이나 청유문의 형태로, 청자에게 답변을 요구하는 경우에는 의문문
의 형태로 표현한다. 명령문이 청자에게 직접 행동을 요구한다는 점에
서 직접적이라면, 청유문은 화자도 함께 행동을 하면서 청자에게 같은
행동을 요구한다는 점에서 간접적이다.

그러나 굳이 명령문의 형식이 아니더라도 다양한 형식으로 청자에
게 자신의 요구를 전달하기도 한다. 이러한 발화를 '수행적 발화'라고
한다. 명령문이 직접적으로 청자에게 행동을 요구하는 방식이라면, 수
행적 발화는 간접적으로 청자에게 행동을 요구하는 방식이다.

예컨대 창문이 열려 있는 경우 "창문 좀 닫아 주세요."라고 말할 수
도 있지만, "춥지 않으세요?"라고 말함으로써 청자로 하여금 창문을 닫
게 할 수도 있다. 또한 어느 날 여자 친구가 불쑥 "이 영화 정말 재미
있다고 하던데."라고 말한다면, 그것은 영화를 보러 가자는 욕구를 간
접적으로 표현한 수행적 발화일 수도 있다. 수행적 발화는 화맥과 밀
접하게 관련되어 있기 때문에, 만일 청자가 화맥을 제대로 파악하지
못할 경우에는 화자의 욕구가 제대로 실현될 수 없다. 그렇기 때문에
명령문에 비해 수행적 발화는 간접적인 방식의 욕구 전달이다.

친교적 기능 phatic function

언어는 의사소통을 위해서만이 아니라 때로는 상대방과의 친교를
위해서 사용하기도 한다. 미팅에서 처음 사람을 소개 받았을 때를 생
각해 보라. 처음 만나는 사람과의 어색함을 깨기 위해 어떻게든 말을
하려고 하는데, 이때는 의사소통이 목적도 아니고 청자에게 무엇을 요
구하는 것도 목적이 아닌 말 그대로 친교를 위한 말하기이다. 이러한

기능을 친교적 기능이라고 한다. 친교적 기능은 경로에 초점이 맞춰진 것으로 다른 기능과 달리 작용 방향이 일방적이지 않고 쌍방향이라는 특성을 갖고 있다.

길을 가다 친구를 만났을 때의 대화 상황을 생각해 보자.

(6) 늘이 : "어디 가니?"
람이 : "응, 넌 요즘 잘 지내니?"

(6)에서 람이의 대답으로 미루어 볼 때, 늘이가 람이에게 "어디 가니?"라고 말한 것은 람이가 어디에 가는지가 궁금해서 한 말이 아니라는 것을 알 수 있다. 즉 늘이는 람이를 만나서 반갑다는 의미로 인사를 한 것에 지나지 않는다. 이는 전형적인 언어의 친교적 기능이다. 이외에도 전화 통화를 할 때 상대방의 말 중간 중간에 "네, 네……"라고 말하는 경우도, 상대방에게 말을 잘 듣고 있음을 표현하는 것으로 친교적 기능에 해당한다.

관어적 기능 metalingual function

언어를 통해 언어 그 자체에 관해 얘기하기도 하고 또한, 언어를 통해 언어를 정의하기도 한다. 이러한 기능을 관어적 기능이라고 한다. 관어적 기능은 언어의 종류에 초점을 맞춘 것으로, 메타적 기능이라고도 한다. 언어의 내용이 아닌 언어의 형식에 대해서만 말하는 경우가 관어적 기능에 해당한다.

예컨대 아이가 '까투리'라는 말을 어디에서 듣고 와서 엄마에게 "엄마 까투리가 뭐야?"라고 질문할 때의 '까투리', 그리고 질문에 대해 엄마가 "까투리는 암꿩을 말하는 거야."라고 대답할 때의 '까투리'가 바로 관어적 기능에 해당한다. 아이의 질문이나 엄마의 대답에서 '까투리'는 내용이 아닌 형식 자체만을 언급하는 것이다. 그리고 정의에서 피정의항 역시 관어적 기능에 해당한다. 즉 '인간은 사회적 동물이다'라는 정의에서 피정의항 '인간'이 바로 관어적으로 쓰인 것이다.

시적 기능 poetic function

언어를 사용할 때 보다 아름답고 조화되게 꾸미려는 노력을 하기도 한다. 이러한 결과로 나타나게 되는 언어의 기능을 시적 기능이라고 한다. 시적 기능의 주된 영역은 시와 같은 문학 작품이지만, 광고나 일상의 언어 생활 전반에서도 어렵지 않게 확인할 수 있다.

1.3. 언어학과 국어학

세계에는 수많은 언어가 있는데, 이들 언어를 연구하는 학문 분야를 언어학이라고 한다. 언어학은 개별 언어의 특성을 연구하기보다는 개별 언어에 대한 연구를 토대로 개별 언어들이 공통으로 갖고 있는 일반적인 특성을 찾아내는 것을 목적으로 한다. 이에 비해 개별 언어의 특성을 연구하는 것을 개별 언어학이라고 부른다. 즉 영어를 연구하면 영어학, 일본어를 연구하면 일본어학, 중국어를 연구하면 중국어학이라고 부른다. 따라서 국어학은 국어의 특성을 연구하는 언어학의 한 하위 분야이다.

국어학은 물론 국어를 연구하는 분야이다. 원래 국어(國語)라는 말은 한 나라의 말을 뜻하는 것이다. 그런데 우리나라에서 국어라고 할 때는 '우리나라의 말' 즉, 한국어를 뜻하는 의미로 쓴다. 90년대 이후 외국인 근로자들이나 외국인 결혼 이주 여성이 늘어나고, 또 해외에서 우리말을 배우려는 수요가 늘어나면서 우리가 우리나라의 말을 국어라고 하는 것과 다르게 우리말을 부를 필요성이 생겨났다. 그래서 외국어로서의 한국어를 지칭할 때는 국어라고 하지 않고 한국어라 함으로써 둘 사이를 구분하기 시작하였다. 물론 이전에도 국어라고 하지 않고 국어를 한국어라고 부르기도 했지만, 90년대 이후부터는 우리가 우리말을 부를 때는 국어, 외국어로서 우리말을 부를 때는 한국어로 점차 구분되어 가고 있다.

국어는 언어의 하나이므로 언어가 갖는 보편적인 특성을 갖고 있다. 이러한 언어의 보편적인 특성에 국어라는 개별 언어의 특성이 더해진 것이 국어의 특성이다. 국어학 역시 언어학의 한 하위 영역이므로 언어학의 이론이나 방법론들이 국어학 연구에 사용된다. 그러나 일반 언어학적인 이론이나 방법론으로 설명하기 어려운 국어의 특성들도 있다. 그렇기에 국어학 연구를 위해서는 일반 언어학 이론이나 방법론을 받아들이는 것과 함께 국어의 특수성을 설명해 낼 수 있는 주체적인 이론이나 방법론 역시 필요하다고 하겠다.

1.3.1. 국어학의 하위 영역

국어학의 하위 영역은 언어학의 하위 영역과 다르지 않다. 즉 언어학의 하위 영역 구분을 그대로 준용하고 있다. 음성학, 음운론이 가장 작은 단위인 소리를 대상으로 연구하는 분야이고, 아래로 내려갈수록 연구 대상의 단위가 커진다.

음성학과 음운론은 말소리를 연구 대상으로 한다는 점에서 같다.

하지만 음성학이 음성을 연구 대상으로 삼는데 비해, 음운론은 음성 중에서도 변별적으로 인식 가능한 소리 즉, 자음과 모음과 같은 음소를 대상으로 연구한다는 점에서 차이가 있다. 물론 음운론이 음성학적 사실을 중요한 기반으로 하고 있기 때문에 음성학과 음운론을 엄밀하게 구분하지 않기도 한다.

형태론은 형태소와 단어를 연구 대상으로 하는 분야이고, 통사론은 문장을 연구 대상으로 하는 분야이다. 형태론은 파생어, 합성어와 같은 단어의 형성을 다루는 조어론(造語論)과, 용언 어간과 어미의 결합 또는 체언 어간과 조사의 결합을 주로 다루는 굴절론(屈折論)으로 나누기도 한다. 굴절론은 문장을 다루는 통사론과 엄밀하게 구분되지 않기도 한다. 그래서 형태론과 통사론을 묶어서 문법론이라고 하기도 한다.

의미론은 20세기 초에 들어와서야 본격적으로 연구되기 시작한, 비교적 늦게 출발한 영역이다. 의미론은 어휘의 의미를 주로 다루는 어휘 의미론과 문장의 의미를 다루는 문장 의미론으로 구분하기도 하는데, 초기의 의미론 연구는 대부분 어휘 의미론 분야로 치중되어 있었다. 의미론이나 화용론이나 둘 다 의미를 연구 대상으로 한다는 점에서는 같지만, 의미론이 주로 어휘, 문장 단위의 의미를 연구하는 분야라면, 화용론은 문장보다 큰 단위인 담화, 텍스트를 대상으로 하는 분야라는 점에서 차이가 있다.

이상의 하위 분류는 연구 대상으로 삼는 단위의 성격에 따라 구분한 것이다. 이 외에 방언을 주된 연구 대상으로 삼는 방언론, 문자를 주로 연구하는 문자론이 있다. 그리고 언어의 발생과 기원 및 언어 간의 친족 관계를 연구하는 계통론이 있다.

언어학은 하나의 언어가 동질성을 가진다는 전제에서 출발한다. 하지만 실제 한 언어 안에는 여러 이질적인 언어 변종들이 존재한다. 이를 방언이라고 한다. 이러한 한 언어 안에서의 이질적인 변종은 지역에 따라 다르기도 하고, 세대 간에도 다르고, 사회 계층 간에도 다르며, 심지어는 남녀의 언어도 조금씩 차이가 있다. 지역에 따른 언어 변종을 지역 방언이라고 하고, 세대나 계층 간, 성별에 따른 언어적 차이를 사회 방언이라고 한다. 국어학 역시 국어의 여러 방언들의 차이 및 이러한 방언 차를 유발하게 되는 과정에 대해서 다루게 되는데, 이를 방언론이라고 한다. 방언 내에서도 주로 음운적 교체를 연구하는 분야를 방언 음운론, 방언의 형태적 특성을 연구하는 분야를 방언 형태론 등으로 구분하기도 한다. 국어학은 국어 내의 이러한 방언 차이에 대해서도 연구하면서 또한, 이러한 방언 차이에도 불구하고 국어라는 큰 틀에서의 동질성에 바탕을 둔 연구도 병행하는 것이다.

문자론은 문자에 대해 연구하는 분야이다. 세계에는 어떤 문자가 있으며, 이들 문자는 어떻게 해서 형성되었고 또 어떻게 발달했는지, 그리고 문자의 특성, 표기법의 원리 등을 연구한다. 우리가 흔히 한글이라고 할 때는 언어를 가리키는 것이 아니라 바로 문자를 가리키는 말이다. 한글의 특성, 한글의 기원, 한글 표기법의 원리 등은 문자론의 영역이다. 엄밀히 말해 문자론은 언어보다는 기호 체계 자체에 대한 연구이다. 그래서 문자론을 언어학의 하위 영역 속에 포함하지 않기도 한다.

계통론은 언어의 기원과 언어의 분화 과정을 연구하는 분야이다. 즉 한 언어의 뿌리를 캐는 분야이다. 흔히 국어가 알타이 어족에 속한다고 할 때, 이는 계통론 연구와 관련된 것이다. 이처럼 언어 간의 기원적인 친소 관계를 찾아 어족(語族)을 분류하는 작업이 계통론 연구의 중요한 작업이다. 이렇게 각 언어들의 뿌리를 찾아 올라가다 보면, 어떤 언어와 어떤 언어가 어느 시기에 같았는지 달랐는지, 그리고 같은 뿌리를 가지고 있었다면 어느 시기에 각기 다른 언어로 분화되었는지를 알 수 있게 되는 것이다.

한 언어의 계통을 캐기 위해서는 반드시 다른 언어들과 비교를 하지 않으면 안 된다. 예컨대 알타이 어족의 언어를 연구하기 위해서는 같은 알타이 어족에 속한 언어들 즉, 국어를 포함하여 몽고어, 터키어, 만주어, 퉁구스어 등을 함께 연구해야 한다. 이처럼 계통론을 연구하기 위해서는 필수적으로 다른 언어와의 비교를 통한 연구가 이루어질 수밖에 없다. 다른 언어들과의 비교를 통해 연구하는 것을 비교 연구 방법론이라고 하고, 이러한 분야를 비교 언어학이라고 한다. 따라서 계통론은 비교 연구 방법론을 통해 이루어지므로 비교 언어학의 한 영역이 된다. 비교 언어학이라고 할 때는 반드시 계통론 연구처럼 언어의 역사를 거슬러 올라가는 연구만 있는 것이 아니다. 예컨대 현재의 두 언어 또는 그 이상의 언어의 차이와 공통점을 기술하는 것도 비교 언어학이다. 그래서 계통론 연구를 위한 비교 언어학을 따로 역사 비교 언어학이라고 부른다.

1.3.2. 공시적 연구와 통시적 연구

언어 현상을 연구할 때 시간의 흐름에 따른 언어의 변화를 주로 연구할 수도 있고, 특정 시기에 한정시켜 해당 시기의 언어의 모습을 연구할 수도 있다. 전자를 통시적 연구라고 하고, 후자를 공시적 연구라고 한다. 즉 통시적 연구는 시간의 흐름에 따른 언어의 동적인 모습을 연구하는 것이라면, 공시적 연구는 특정 시간대의 언어의 정적인 상태를 연구하는 것이다.

예컨대 현대 국어의 구개음화의 발생 및 변화 과정을 연구한다거나,

15세기 국어에서 현대 국어에 이르는 시기 동안의 자음 체계의 변화를 연구한다면 이는 통시적 연구이다. 반면 15세기 국어의 자음 체계를 연구한다거나, 현대 국어의 구개음화 규칙의 특성을 연구한다면 이는 공시적 연구이다.

소쉬르는 공시태와 통시태를 구분하였는데, 공시태를 연구하는 것이 곧 공시적 연구이고, 통시태를 연구하는 것이 통시적 연구이다. 전자를 공시 언어학, 후자를 통시 언어학으로 부르기도 한다. 소쉬르의 공시태, 통시태를 도식화하면 아래와 같다.

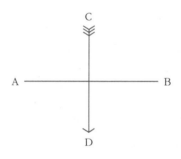

AB축이 공시태이고, CD축이 통시태이다. 공시태는 공존하는 사항 간의 관계를 말하는 동시성의 축(AB)이며, 통시태는 시간상의 연속성의 축(CD)이다. 다시 말하면 언어의 정적인 상태가 공시태이고, 한 상태에서 다른 상태로 이행하면서 변화하는 전체적인 모습이 봉시태이다.

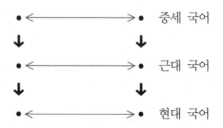

중세 국어, 근대 국어, 현대 국어와 같은 시대 구분에서, 각 시대의 언어 상태를 연구하면 공시적 연구이고, 시대와 시대 사이에 일어난 변화를 연구하면 통시적 연구가 된다. 즉 과거의 언어를 연구한다고 해서 곧 통시적 연구가 되는 것이 아니라, 과거의 언어를 연구하더라도 횡적인 언어 상태를 연구하면 공시적 연구이고, 종적인 언어 변화를 연구하면 통시적 연구이다. 현대 국어에서 세대 간 언어의 차이를 연구하는 경우, 세대에 따른 언어의 변화를 전제하는 것이므로 통시적 연구가 된다.

19세기에 들어 소쉬르의 구조주의 언어학이 등장하기 전까지는 계통론이나 언어의 변화를 주로 다루는 통시적 연구가 언어학의 주류였다. 그래서 일반적으로 공시적 연구 즉 공시 언어학의 출발을 소쉬르에서부터 잡는다. 통시적 연구를 위해서는 각 시기의 공시태에 대한 연구가 먼저 이루어져 있어야 한다. 각 시기의 언어의 모습이 제대로 연구되어 있지 않은 상태에서는 당연히 시간에 따른 언어의 변화를 제대로 기술할 수 없기 때문이다. 하지만 현재의 언어는 과거의 언어의 산물인 만큼 현재 언어의 모습을 정확히 알기 위해서는 또한 과거 언어의 모습을 알아야 한다. 이러한 점에서 공시 언어학과 통시 언어학은 별개의 독립된 영역이라기보다는 상호 보완적인 관계이다.

1.3.3. 랑그와 파롤, 언어 능력과 언어 수행

랑그(langue)와 파롤(parole)은 소쉬르에 의해 제안된 개념으로 언어의 두 층위를 말하는 것이다. 같은 언어를 사용하는 세 사람이 모여서 말을 할 때, 세 사람의 말은 사실 각기 조금씩 다르다. 누구도 자신과 똑같은 언어를 사용할 수는 없기 때문이다. 하지만 이때의 차이는 의사소통에는 전혀 지장을 주지 않는다. 서로의 말이 다르면서 또한 그 다름이 의사소통에 전혀 지장을 주지 않는다는 것은 무엇인가? 의사소통에 영향을 주지 않는다는 것은 세 사람의 말이 다르지만, 또한 세 사람이 같은 말을 사용하고 있기 때문이다. 이때 세 사람의 말이 서로 조금씩 다르다고 할 때의 말은 파롤을 가리키는 것이고, 세 사람이 같은 말을 사용한다고 할 때의 말은 랑그를 가리킨다.

파롤은 언어에 의해 언어가 실현되는 의사소통 행위나 상황을 포함한 각 개개인의 발화를 가리킨다. 그래서 파롤은 개인적이고 활동적이다. 파롤을 도식화하면 아래와 같다.

물론 파롤은 랑그가 구체적으로 실현된 결과물에 지나지 않는다. 다시 말해 랑그가 개개인의 발화를 통해 구현된 것이 파롤이다. 파롤은 그 정의에 의해 어떠한 파롤도 절대로 동일할 수 없다. 예컨대 [나라라는 발음을 할 때 사람마다 자음과 모음의 물리적인 위치가 같을 수 없으며, 높낮이나 어양, 길이 등에서도 차이가 있다. 심지어 한 개인의 경우에도 발음을 할 때마다 그 발음의 물리적 특성은 다르게 실현된다.

이에 비해 랑그는 동일 언어 공동체의 구성원 속에 내재화되어, 그들의 언어 행동을 지배하고 가능하게 하는 언어 규칙의 총체를 가리킨다. 그렇기 때문에 랑그는 구체적인 실재가 아니라 추상적 실재이며, 또한 사회적인 실재이다. 동일한 언어 공동체에 속한 개개인은 동일한 랑그를 공유하고 있다고 전제한다. 만일 다른 랑그를 가지고 있다면 의사소통이 불가능하게 된다.

이해를 돕기 위해 부연하면, 예컨대 동일한 언어를 사용하는 100명의 언어공통체가 있다고 가정하자. 이때 파롤은 100개가 되지만, 랑그는 하나이다. 그리고 100개의 파롤을 합친 것이 랑그는 아니다. 랑그는 100명의 머릿속에 내재화된 추상화된 실재이기 때문이다. 서로 다른 언어를 사용하는 세 사람이 모여서 말을 한다면, 이 세 사람의 말은 당연히 다를 뿐만 아니라 의사소통도 전혀 되지 않는다. 이때 의사소통이 되지 않는 것은 세 사람의 말이 각기 다르기 때문이다. 다시 말해 세 사람이 서로 다른 랑그를 가지고 있기 때문이다.

언어학자가 언어를 연구한다고 할 때 그 대상은 당연히 파롤이 아니라 랑그이다. 하지만 랑그는 파롤을 통해서만 연구할 수 있기 때문에, 실제 연구의 자료는 파롤이다. 하지만 언어학자가 궁극적으로 기술하고자 하는 대상은 랑그이다.

촘스키는 랑그와 파롤 대신 언어 능력(language competence)과 언어 수행(language performance)을 구분하였다.

언어 능력 : 모국어 화자가 자기 모국어에 대해 내재적으로 가지고 있
　　　　　는 언어 지식.
언어 수행 : 언어 능력을 실제 발화상으로 구현하는 일.

언어 능력과 언어 수행이 일치할 수도 있지만, 대부분의 경우 한 개인의 언어 능력과 언어 수행이 일치하기는 어렵다. 그것은 발화 상황, 발화 상태(부주의, 긴장, 초조, 불안 등), 개인의 성격 등에 따라 언어 능력이 온전히 언어 수행으로 실현되지 못하는 경우가 많기 때문이다.

파롤이 개인에 의해 실현된 발화라는 점에서 파롤과 언어 수행은 평행하다고 할 수 있다. 하지만 랑그와 언어 능력은 평행하지 않다. 랑그는 언어 공동체가 공유하고 있다고 가정하는 언어 규칙의 총체로서 이는 집단적이고 사회적인 실재이다. 반면 언어 능력은 개인의 언어 지식 즉, 개인이 가지고 있는 언어 규칙의 총체라는 점에서 개인적인 실재이다. 물론 이 개인의 언어 능력이 곧 랑그와 같을 수도 있지만, 다를 수도 있다는 점에서 랑그와 언어 능력이 평행하다고 할 수 없다.

언어학자가 궁극적으로 연구하고자 하는 것은 언어 능력이다. 하지만 언어 능력은 관찰할 수 있는 대상이 아니다. 그렇기 때문에 언어학자는 언어 수행을 통해서 언어 능력을 연구하게 된다. 한 언어 공동체에서의 개인의 언어 능력은 사람마다 차이가 있을 수 있고, 또한 한 개인의 언어 수행 역시 항상 자신의 언어 능력을 그대로 나타낸다고 보기 어렵다. 그래서 이상화된 화자 즉, 완벽한 언어 능력을 가진 화자를 상정하고, 이상화된 화자가 가진 언어 능력을 연구의 대상으로 삼는다. 따라서 언어 능력이라는 것도 어느 정도 추상화된 실재이다.

1.4. 국어의 기원과 국어사의 시대 구분

1.4.1. 국어의 기원

지금까지의 계통론 연구에 따르면 국어는 알타이 어족에 속하는 것으로 알려져 있다. 람스테트(Ramstedt)에 의해 국어의 계통 문제가 최초로 제기되었고, 이후 포페(N. Poppe)가 알타이 어족의 분화에 대한 연구에서 국어 계통론의 근거를 마련하였다. 이를 정리하면 아래와 같다.

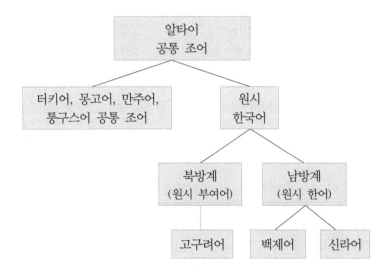

위에서 보듯이 한국어는 같은 알타이 어족에서 가장 먼저 분화되어

나왔다. 같은 알타이 어족의 언어인 터키어, 몽고어, 만주어, 퉁구스어에 비해 한국어가 더 이질적인 모습을 보이는 것은 한국어가 알타이 공통 조어에서 가장 먼저 분화하여 독자적인 발달을 겪었기 때문이다.

알타이 공통 조어에서 분화된 원시 한국어는 다시 북방계의 원시 부여어와 남방계의 원시 한어로 분화된다. 북방계의 원시 부여어는 그대로 고구려어로 계승되고, 남방계의 원시 한어는 다시 백제어와 신라어로 분화되어 삼국의 언어가 성립된 것이다. 국어사에서 백제어와 신라어가 고구려어에 비해 더 가깝다고 해석하는 것도 삼국의 공통 조어에서 고구려어가 가장 먼저 분화되었다는 가설에 입각한 것이다.

1.4.2. 국어사의 시대 구분

국어사의 시대 구분은 국어의 변화를 기준으로 가른다. 즉 어떤 시기를 전후해서 국어에 많은 변화가 일어났을 경우 그 시기를 시대 구분의 하나의 기준점으로 잡는다. 언어는 어느 날 갑자기 변화하는 것이 아니라 오랜 시간 점진적으로 변화한다. 따라서 정확히 몇 년을 기점으로 국어사의 시대가 갈리거나 하는 것은 아니다. 그렇기 때문에 정확히 몇 년도가 국어사 시대 구분의 기준점이라고 말할 수는 없고, 다만 변화를 야기하게 된 계기가 되는 시기를 추정하는 것이다. 따라서 국어사의 시대 구분에서는 시대 구분의 기준이 되는 언어적 사건이 무엇이었느냐를 이해하는 것이 중요하다.

국어사의 시대 구분을 살펴보면 먼저 이기문(1972)의 시대 구분은 아래와 같다.

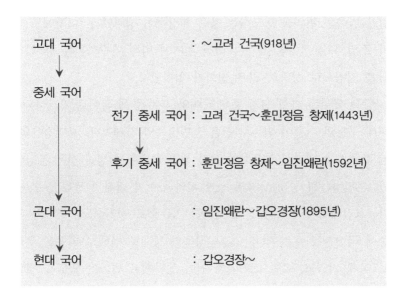

고대 국어   : ~고려 건국(918년)

↓

중세 국어

    전기 중세 국어 : 고려 건국~훈민정음 창제(1443년)

    ↓

    후기 중세 국어 : 훈민정음 창제~임진왜란(1592년)

근대 국어   : 임진왜란~갑오경장(1895년)

↓

현대 국어   : 갑오경장~

고대 국어와 중세 국어를 가르는 분기점은 고려의 건국이다. 고려의 건국은 통일 신라 시대 경주 중심의 언어에서 개경 중심의 언어로 언어의 중심을 이동시킨 사건이다. 물론 고대 국어는 자료의 절대적인 부족으로 인해 고려의 건국이 구체적으로 이전 시기와 다른 어떠한 언어 변화를 야기하였는지를 알 수는 없다. 하지만 한 나라의 언어에도 중심 언어와 주변 언어가 있고, 주변 언어는 중심 언어를 향하는 경향이 있다. 이러한 점에서 고려의 건국으로 경주에서 개경으로 언어의 중심이 이동한 것은 언어 내적으로 많은 변화가 있었을 것이라고 가정하게 된다.

중세 국어와 근대 국어를 가르는 기준이 되는 사건은 임진왜란이다. 역사의 시대 구분에서도 임진왜란은 중대한 사건인데, 임진왜란을 통해 이전 시기에 비해 서민 의식이 급격히 성장했기 때문이다. 이러한 서민 의식의 성장은 언어에서도 많은 변화를 야기하였다. 모음 체계 및 자음 체계의 변화가 있었고, 구개음화, 원순모음화, 움라우트와 같은 발음의 편의를 도모하는 음운 현상들이 생겨났다. 이밖에도 성조가 소멸되고, 경어법 체계가 이전 시기에 비해 단순화되는 등 임진왜란을 기점으로 상당히 많은 변화가 일어났다.

중세 국어는 다시 전기 중세 국어와 후기 중세 국어로 가른다. 이때 시대 구분의 기준이 되는 사건은 훈민정음의 창제이다. 훈민정음의 창제로 한자를 빌려서 사용하던 문자 생활에 변화가 생긴 것은 분명하지만, 훈민정음의 창제로 창제 전과 후의 언어가 갑자기 달라질 수는 없다. 그럼에도 훈민정음 창제 시기를 기준으로 전기 중세 국어와 후기 중세 국어를 가르는 이유는 훈민정음의 창제로 인해 우리말을 우리글로 적게 되었고, 그럼으로 인해 언어 생활에도 변화가 있었을 것으로 가정하기 때문이다. 훈민정음 창제 이전에는 말은 우리말을 썼지만, 글은 한문을 사용하거나 한자를 빌려서 표기하는 이두, 구결을 사용하여 언어 생활과 문자 생활이 일치하지 않았다. 훈민정음의 창제를 통해 이러한 언문 불일치의 상황에서 언문 일치의 상황으로 바뀌게 되었고, 이는 실제 언어 생활에서도 변화가 있었을 것으로 추정하게 되는 것이다. 사실 훈민정음 창제 이전의 우리말의 실상을 파악할 수 있는 자료가 절대적으로 부족한 상황에서 훈민정음 창제 이전 시기와 이후 시기의 언어의 실상을 비교하는 것은 현실적으로 어렵다.

근내 국어와 현대 국어를 가르는 기준은 갑오경장이다. 갑오경장 역시 역사적으로 상당히 중요한 사회 변화 및 의식의 변화를 야기한 사건이다. 갑오경장을 기점으로 우리나라가 본격적으로 근대화되면서 새로운 제도나 문물, 문화를 나타내는 많은 새로운 어휘들이 생성되거나 차용되는 변화가 일어났다. 어휘적인 측면 외에 갑오경장이라는 역사적 사건이 구체적으로 언어에 어떠한 변화를 야기하였는지를 증명하기는 쉽지 않다. 하지만 사회 변화나 의식의 변화가 어떠한 형태로

든 언어에도 반영되었을 것이라고 보기 때문에 갑오경장을 근대 국어와 현대 국어를 가르는 기점으로 잡는 것이다.

이기문(1972)의 국어사의 시대 구분은 위에서 살펴본 것처럼 실제 언어적 사실을 기반으로 해서 이루어지지 못한 약점이 있다. 우리말의 실상을 제대로 파악할 수 있는 시기는 훈민정음 창제 이후 한글로 기록된 문헌 자료들을 통해서이다. 훈민정음 창제 이전까지는 우리말을 기록한 자료가 절대적으로 부족하며, 남아 있는 자료의 경우에도 모두 한자를 빌려서 표기한 차자 표기 자료이기 때문에 실제 당시의 언어 실상을 파악하기 어렵다. 그래서 실제 언어적 사실을 기반으로 시대 구분의 기점을 정하는 데에는 근본적인 제약이 있는 게 사실이다.

박병채(1989)는 훈민정음의 창제를 기점으로 고대 국어와 중세 국어를 가른다. 중세 국어와 근대 국어를 가르는 기준, 근대 국어와 현대 국어를 가르는 기준은 이기문(1972)과 동일하다. 그리고 송나라 손목이 지은 「鷄林類事」(1103)를 기준으로 고대 국어를 다시 전기 고대 국어와 후기 고대 국어로 구분하였다. 『계림유사』에는 고려인들이 사용한 어휘 353개를 한자의 음과 훈을 빌려 실어 놓았는데, 비록 어휘로 한정되어 있긴 하지만 당시 우리말의 실상을 파악할 수 있는 중요한 자료라는 사실이 시대 구분에 반영되었다.

1.5. 차자 표기와 훈민정음

1.5.1. 차자 표기借字表記

훈민정음이 창제되기 전까지는 우리말을 표기하는 문자가 없었다. 그래서 한자를 빌려서 우리말을 표기할 수밖에 없었는데, 이러한 표기 방식을 차자 표기라고 한다. 차자 표기 방식은 기본적으로 한자의 음 이나 훈을 이용하여 우리말을 표기하는 방식이다. 음을 차용한 것을 음차(音借), 훈을 차용한 것을 훈차(訓借)라고 한다. 음으로 읽어야 하 는 자(字)를 음독자, 훈으로 읽어야 하는 자를 훈독자라고 한다. 이러 한 차자 표기 방식이 체계화된 것이 향찰, 이두, 구결이다. 향찰, 이두, 구결 모두 한자를 빌려서 국어를 표기했다는 점에서 공통적이지만, 그 방식에서는 서로 차이가 있다.

먼저 『三國史記』와 『三國遺事』의 지명 및 인명 표기에서 나타난 차 자 표기의 양상을 보면 (7)과 같다.

(7) ㉠ **水谷城**縣 一云 **買旦忽**　　(『삼국사기』 37)
　　㉡ **水城**郡 本高句麗**買忽**郡　　(『삼국사기』 35)
　　㉢ **石**山縣本百濟**珍惡**山　　(『삼국사기』 36)

(7)에서 왼쪽이 한자 표기이고, 오른쪽이 우리말의 소리를 한자를 빌

려서 표기한 차자 표기이다. 이들 대응 관계를 도식화하면 (7')와 같다.

(7') ㉠ 水谷城 = 買旦忽
    ㉡ 水城 = 買忽
    ㉢ 石 = 珍惡

위의 대응쌍에서 한자 '水'에 '買'가, 그리고 한자 '谷'에 '旦'이 대응됨을 확인할 수 있다. 따라서 '水'의 뜻을 가진 고구려어가 [매]이고, '谷'의 뜻을 가진 고구려어가 [단]이라는 것을 알 수 있다. 같은 방식으로 '城'의 뜻을 가진 고구려어가 [홀](忽), '石'의 뜻을 가진 백제어가 [도록](또는 [도락])임을 알 수 있다(도록 > 돍 > 돌). '珍惡'에서 '珍'은 훈차자이고, '惡'은 음차자이다.

향찰鄕札

향찰은 향가를 표기하기 위해 고안된 차자 표기이다. 어휘적인 의미는 훈차를 하고, 조사나 어미 같은 문법적인 요소는 음차를 하는 방식을 취하고 있다.

(8) ㉠ 一等隱**枝**良**出**古   ᄒᆞᄃᆞᆫ 가지애 나고
    去奴隱**處**毛冬乎丁   가논 곧 모르온저   〈제망매가〉

   ㉡ **夜入**伊**遊行**如可   밤 드리 노니다가   〈처용가〉

(8㉠)은 '제망매가', (8㉡)은 '처용가'의 일부분이다. (8)에서 진하게 밑줄 친 '一', '枝', '出', '去', '處', '夜入', '遊行'은 훈차자이고, 나머지 '等隱', '良', '古', '奴隱', '毛冬乎丁', '伊', '如可'는 음차자이다. 해독한 부분

에서 알 수 있듯이 훈차자들은 명사나 동사와 같은 어휘 형태소들을 표기한 것이고, 음차자들은 모두 조사나 어미와 같은 문법 형태소들을 표기한 것이다.

향찰로 표기된 글을 향찰문이라고 한다. 향찰문은 한자 또는 한자 어구에 의존하지 않고 처음부터 끝까지 완전히 우리말의 형태로 이루어진다는 점에서 이두문이나 구결문과 다르다고 평가된다. 하지만 이두문과 구결문에도 이러한 형태가 존재하지 않는 것은 아님이 밝혀지면서, 향찰문과 이두문, 구결문의 차이를 명확히 밝혀내는 일이 쉬운 일만은 아니다. 한 가지 분명한 것은 향찰은 향가 표기를 위해 사용된 제한된 용도의 표기였다는 점에서 이두나 구결 표기와 구분이 되며, 향찰문 역시 이두문이나 구결문과 달리 향가라는 시가의 가사라는 점에서 이두문이나 구결문과 구분이 된다.

이두吏讀와 구결口訣

이두와 구결은 차자 표기 방식에서는 큰 차이가 없다. 그리고 문법 형태소를 표기하는 차자(借字)의 경우에도 이두와 구결 모두에 공통으로 사용된 자(字)들이 많다는 점에서 더욱 그렇다. 그렇지만 몇 가지 점에서 이두와 구결의 차이를 말할 수는 있다.

구결은 한문의 원문은 그대로 눈 채 국어의 문법 형태소만을 한자를 빌려서 표기하는 방식인 데 비해, 이두는 국어의 문장을 한자를 빌려서 표기하는 방식이라는 점에서 차이가 있다. 다시 말해 구결문은 한문의 원문을 건드리지 않는데 비해, 이두문은 한자를 빌려서 표기하지만 우리말의 어순으로 우리말의 문장을 만드는 일종의 창작문이라고 할 수 있다.

(9) 本國乙 背叛爲遣 他國乙 潛通謀反爲行臥乎事〈大明律 1:4〉
　　　본국을 배반하고 타국을 잠통모반하닏누온 일

(10) 若 王子ㄴ 見 當 願 衆生 法ㄴ 從ヒ 化生ㆍㅅㅏ〈華嚴經 6:21〉
　　　만일 왕자를 볼 때에는, 원컨대, 마땅히 중생은 법을 따라 화생함
　　　으로써

　(9)는 이두문의 예이고, (10)은 구결문의 예이다. (9)의 한문 원문은
'謀謀背本國 潛從他國'이다. 원문과 비교해 보면 (9)가 한문의 어순을
따르지 않고 있다는 것을 확인할 수 있다. 즉 한문은 '주어-서술어-목
적어' 어순의 '背本國'인데, 이두문에서는 국어의 '주어-목적어-서술
어' 어순에 맞춰 '本國乙 背叛'으로 바꾸었다. 이두문을 구결문과 달리
창작문이라고 하기도 하는 이유가 바로 여기에 있다.

　반면 (10)의 구결문은 한문의 원문은 전혀 건드리지 않고, 원문에
구결자를 부기(附記)하는 방식을 취하고 있음을 확인할 수 있다. 즉
(10)에서 구결자를 모두 빼면 그대로 한문의 원문이다. 구결은 한문의
원문을 읽을 때, 구절 사이사이에 문맥을 밝혀주기 위해 들어가는 문
법 형태들을 나타내기 위해 한문의 원문에 부기(附記)된 자(字)이다. 그
래서 구결을 달리 '토(吐)'라고도 하는 것이다. 참고로 구결(口訣)이라는
말 자체가 '입겿'의 차자 표기이다.

　이두문과 구결문의 또 다른 차이는 국어의 문법 형태소를 나타낼
때 이두문에서는 한자의 정자(正字)가 많이 사용되는데 비해, 구결문에
서는 약자(略字)가 주로 많이 사용된다는 점이다. 하지만 이는 반드시
그런 것이 아니라 대체적인 경향성이 그렇다는 것이다. 앞서 언급했듯
이 이두문과 구결문 모두에 공통으로 사용되는 차자도 많다.

　이두문은 향찰문이나 구결문과 달리 실용문의 성격이 강하다. 이두

문을 주로 사용하던 계층은 행정을 맡고 있던 서리(胥吏)들이었다. 한문은 주로 양반 계층에서 사용되었고, 일반 백성들은 어려운 한문을 잘 알지 못했다. 이러한 상황에서 이두는 일반 백성들이 문자 생활에 좀 더 쉽게 접근할 수 있는 매개 역할을 했다고 할 수 있다. 이두는 조선 후기까지도 행정 문서에서 광범위하게 사용되었다.

1.5.2. 훈민정음訓民正音

창제 동기

훈민정음의 창제는 비로소 우리말을 나타내는 우리 고유의 문자를 갖게 되었다는 것을 의미한다. 훈민정음이 창제되기 전까지는 어쩔 수 없이 중국의 문자인 한자를 빌려서 표기할 수밖에 없었으므로, 생각이나 느낌을 온전히 나타내는 데는 한계가 있었다. 또한 한자는 일반 백성들이 접근하기에는 어려운 문자였기 때문에, 주로 양반 계급이나 중인 계급들로 그 사용 계층이 제한되어 있었다. 이러한 상황에서 훈민정음의 창제는 비로소 일반 백성들도 문자 생활에 참여할 수 있는 길을 열었다.

훈민정음의 창제 동기는 크게 두 가지로 정리할 수 있다.

첫째, 백성들이 바른 문자 생활을 할 수 있게 하려는 애민 성신이다. 애민 정신은 실용성과 연결된다. 이는 훈민정음 예의(例義)의 기술에 분명히 드러나 있다.

> 어린 百빅姓셩이 니르고져 홇배 이셔도 ᄆᆞᆾ내 제 ᄠᅳ들 시러 펴디
> 몯홇 노미 하니라 내 이를 爲윙ᄒᆞ야 어엿비 너겨 새로 스믈여듧 字ᄍᆞ
> 를 밍ᄀᆞ노니 사ᄅᆞᆷ마다 ᄒᆡᅇᅧ 수비 니겨 날로 ᄡᅮ메 便뼌安ᅙᅡᆫ킈 ᄒᆞ고져
> 홇 ᄯᆞᄅᆞ미니라

위에서 보듯이 백성들이 자신의 뜻을 글로써 제대로 표현하지 못함을 불쌍히 여겨서, 백성들의 문자 생활을 편안하게 하기 위해 문자를 창제했다고 문자 창제의 목적을 분명히 밝히고 있다. 그리고 백성들이 편안하게 사용할 수 있는 문자라는 것은 곧 실용적인 문자이고, 결국 문자 생활의 실용성이라는 측면과 연결될 수 있다.

둘째, 한자음 교정이다. 훈민정음이 창제된 후에 곧 바로『東國正韻』과『洪武正韻譯訓』의 편찬 작업에 들어갔다는 사실이 이를 뒷받침해 준다. 또한 훈민정음의 자음자 중에는 국어에 존재하지 않는 소리를 표기하기 위한 문자도 포함되어 있는데, 이러한 문자를 굳이 만들었다는 사실도 한자음 교정이라는 목적을 염두에 두었음을 간접적으로 입증해 준다. 후음에 'ㅇ, ㆆ, ㆅ'자의 제자(制字)나, 연서자(連書字) 가운데 'ㅱ, ㆄ, ㅹ'자의 제자가 그것인데, 이들 문자는 동국정운식 한자음 표기에 주로 쓰였다. 동국정운식 한자음은 훈민정음이 창제될 당시의 현실 한자음이 아니라, 한자음 교정을 위해 인위적으로 만든 이상적 한자음이다.

애민 정신과 한자음 교정 중 어느 것이 주된 목적이었느냐에 대해 논란이 있긴 하지만, 1차적인 목적은 훈민정음의 기술대로 애민 정신이었다고 보는 것이 타당하다. 물론 한자음 교정도 중요한 목적 중의 하나였다고 할 수 있지만, 그것이 주된 목적이었다고 보는 것은 무리가 있다. 그리고 백성의 교화를 통한 왕권 강화를 또 다른 목적으로 들기도 한다. 일반 백성들이 문자 생활을 할 수 있게 된다는 것은 곧 일반 백성들이 정치에 참여할 수 있는 길이 열린다는 것을 의미하며, 이는 사대부들의 정치 권력을 약화시키는 부수적인 효과를 거둘 수 있었을 것으로 추정된다. 그리고 사대부들의 정치 권력 약화는 곧 왕권 강화와 직결된다. 하지만 이것이 훈민정음 창제의 주된 목적이었다고 보기는 어려우며, 부수적인 목적 중에 하나였을 가능성은 있다고 할 것이다.

훈민정음이 창제되었음에도 그 주된 사용 계층은 주로 부녀자와 일반 백성들이었다. 그러다가 훈민정음의 사용이 확대되기 시작한 것은 17세기 이후 한글 소설과 부녀자 중심의 내방 가사가 발달하면서부터이다. 하지만 훈민정음 창제 이후에도 여전히 국가의 모든 공문서는 한문이나 이두문으로 작성되었고, 한글로 된 문서는 국가의 공식 문서로 인정을 받지 못했다. 한글로 된 문서가 국가의 공식 문서로 인정을 받기 시작한 것은 갑오경장 때부터이다.

제자 원리

훈민정음의 제자 원리는 크게 두 가지이다. 첫째는 상형(象形)이고, 둘째는 가획(加劃)이다. 훈민정음 해례 제자해(制字解)에 '各象其形而制之'라는 설명이나 정인지 서문에 나오는 '象形而字倣古篆'은 상형을 분명히 증언해 준다. 당시에는 중국의 문자학 이론을 크게 참고하였을 것이므로, 문자학의 기본이 되는 六書 가운데서도 가장 근본이 되는 상형을 훈민정음의 제자 원리로 삼아 자음자와 모음자를 만들었다. 자음자는 발음 기관 또는 자음 발음시의 발음 기관의 모양을 본떠서 만들었다. 세사의 순서는 아·설·순·치·후 각 조음 위치별로 각각 기본자 'ㄱ, ㄴ, ㅁ, ㅅ, ㅇ'을 제자한 후, 여기에 가획을 하는 방식으로 나머지 글자를 만들었다. 모음자의 상형은 자음자의 상형과 달리 구체적인 대상을 상형한 것이 아니라 추상적인 상형을 하였다. 즉 天, 地, 人을 상형하여 각각 기본자 'ㆍ(아래아)', 'ㅡ', 'ㅣ'를 만든 후, 초출자 'ㅗ, ㅏ, ㅓ, ㅜ'와 재출자 'ㅛ, ㅑ, ㅕ, ㅠ'를 제자하여 총 11자를 만들었다.

자음자인 초성 17자 중 기본자 'ㄱ, ㄴ, ㅁ, ㅅ, ㅇ'과 'ㄹ, ㅇ, ㅿ'을

제외한 9자는 가획을 통해 만들었다. 즉 기본자를 바탕으로 발음이 센 (厲) 음의 순서대로 획을 더하여 다른 자음 글자들을 제자하였다. 이를 제자해에서는 '因聲加劃'으로 설명하고 있다. 예컨대 설음의 기본자 'ㄴ'에 1차 가획을 한 'ㄷ'은 'ㄴ'보다 센 소리가 되고, 'ㄷ'에 2차 가획을 한 'ㅌ'은 'ㄷ'보다 센 소리가 되는 방식이다. 치음의 'ㅅ → ㅈ → ㅊ'도 같은 원리이다. 즉 'ㅊ'이 가장 센 소리이다. (11)에서 이체자('ㄹ, ㅇ, ㅿ')는 가획의 원리를 따르지 않은 글자를 말한다.

(11) 훈민정음 초성 17자 제자 원리

五音	基本字	象形內容	加劃字		異體字
牙	ㄱ	舌根閉喉之形	ㅋ		ㅇ
舌	ㄴ	舌附上齶之形	ㄷ	ㅌ	ㄹ
脣	ㅁ	口　　形	ㅂ	ㅍ	
齒	ㅅ	齒　　形	ㅈ	ㅊ	ㅿ
喉	ㅇ	喉　　形	ㆆ	ㅎ	

不厲 ─────────→ 厲

상형과 가획에 더하여 훈민정음의 제자 원리에 성리학의 음양오행 설도 반영되어 있다. 그것은 중성해에서 모음의 음양 대립을 설정한 것이나 자음의 조음 위치인 '아-설-순-치-후'를 각각 '목-화-토-금-수', '봄-여름-늦여름-가을-겨울'에 비유한 것에서 이를 확인할 수 있다.

이상의 설명에 따라 훈민정음의 중성 체계와 초성 체계를 도식화하면 아래와 같다. 먼저 중성 체계는 (12)와 같다.

(12) 훈민정음 중성 11자

	기본자	舌	聲	象形	初出字	再出字
陽	·	縮	深	天	ㅗ ㅏ	ㅛ ㅑ
陰	ㅡ	小縮	不深不淺	地	ㅜ ㅓ	ㅠ ㅕ
中	ㅣ	不縮	淺	人		

(12)의 중성 11자를 다시 '축(蹙)'과 '장(張)'으로 나누었는데, '축'과 '장'은 현대 국어 음운론의 원순과 평순에 직접적으로 대응된다. 즉 'ㅗ, ㅛ, ㅜ, ㅠ'는 구축(口蹙) 모음, 'ㅏ, ㅑ, ㅓ, ㅕ'는 구장(口張) 모음으로 구분하였다. 현대 국어 음운론에서 구축 모음은 정확히 원순 모음에 대응되고, 구장 모음은 정확히 평순 모음에 대응된다.

다음으로 훈민정음의 초성 체계는 (13)과 같다.

(13) 훈민정음 초성 17자

		脣	齒	舌	牙	喉	半舌	半齒
全	淸	ㅂ	ㅅ	ㅈ	ㄷ	ㄱ	ㆆ		
次	淸	ㅍ		ㅊ	ㅌ	ㅋ	ㅎ		
全	濁	ㅃ	ㅆ	ㅉ	ㄸ	ㄲ	ㆅ		
不淸不濁		ㅁ		ㄴ	ㆁ	ㅇ		ㄹ	ㅿ

훈민정음의 28자의 제자 원리는 위에서 살펴본 것처럼 상형과 가획이다. 훈민정음 기본 28자에 포함되지 않은 글자들은 이미 만들어진 字를 이용하여 만들었다. 이러한 방식에는 '병서(竝書)'와 '연서(連書)', '합용(合用)'이 있다. 다시 말해 병서와, 연서, 합용은 훈민정음 28자의 제자 원리가 아니라, 이미 만들어진 자를 운용하여 또 다른 자를 만드는

방식을 말한다.

병서에는 같은 글자를 나란히 쓰는 'ㄲ, ㄸ, ㅃ, ㅆ, ㅉ, ㆅ'의 각자 병서와, 'ㅺ, ㅼ, ㅄ, ㅽ, ㅶ'처럼 다른 글자를 나란히 쓰는 합용 병서의 방식이 있다. 그리고 연서는 순음(ㅂ, ㅍ, ㅃ ㅁ) 아래 'ㅇ'을 쓰는 'ㅸ, ㆄ, ㅹ, ㅱ'이 있는데, 'ㅸ(순경음 비읍)'만이 국어 표기에 사용되었고, 나머지 연서자들은 동국정운식 한자음 표기에만 사용되었다. 합용은 모음자의 운용에 주로 쓰였다. 즉 중성 11자 중에서 2자 또는 3자를 합용하는 방식인데, 'ㅏ'와 'ㅣ' 2자를 합용하여 'ㅐ'를, 'ㅑ'와 'ㅣ' 2자를 합용하여 'ㅒ'를, 'ㅗ'와 'ㅏ', 'ㅣ' 3자를 합용하여 'ㅙ'를 만들었다.

훈민정음의 독창성과 과학성

훈민정음은 독창적이고 과학적인 문자라고 알려져 있다. 그러면 독창적이라고 하는 근거와 과학적이라고 하는 근거는 무엇인가? 먼저 독창성의 근거로는 두 가지 정도를 들 수 있다.

첫째, 지구상에 존재하는 대부분의 문자들은 상형에서 출발하여 오랜 시간 동안 점차 정교화되고 체계화되어 하나의 문자 체계로 발전한 것이다. 그래서 어떠한 문자도 창제자라는 존재가 있을 수 없다. 하지만 훈민정음은 이런 일련의 과정을 거치지 않고 처음부터 완전한 기호 체계를 만들었다. 즉 말 그대로 문자를 창제한 것이다. 그래서 훈민정음을 독창적인 문자라고 할 수 있는 것이다.

훈민정음을 창제할 때 파스파 문자나 몽골 문자, 인도 문자에 대한 고려가 없었던 것은 아니지만, 이것이 훈민정음의 독창성을 부인하는 증거는 되지 못한다. 즉 세종이 훈민정음을 창제할 때 이미 존재하는 문자들을 참고하였다는 것은 사실이지만, 그렇다고 해서 훈민정음이 이미 존재하는 문자와 직접적으로 관련된 것은 아니기 때문이다.

둘째, 훈민정음은 국어의 음절에 대한 정밀한 분석을 토대로 만들어졌다. 중국 운학(韻學)에서 음절은 성모(聲母)와 운모(韻母)로 2분하는데 비해, 훈민정음에서는 음절을 초성(初聲), 중성(中聲), 종성(終聲)으로 3분하였다. 이는 중국의 운학을 참고하였지만, 중국의 운학을 그대로 따르지 않고 국어의 특성에 맞게 음절을 분석하였다는 증거이다. 이역시 훈민정음이 독창적이라는 말할 수 있는 근거이다.

하지만 중국 운학의 자모 체계와의 일치를 고려한 흔적들이 일부 있는 것은 사실이다. 예컨대 국어에 존재하지 않는 'ㆄ, ㆄ, ㅃ'을 제자한 사실이나, 15세기 국어에 실재했던 음소 'ㅸ'(순경음 비읍)을 초성 17자 목록에서 누락시킨 사실은 중국 운학의 체계를 반영한 결과이다. 그러나 훈민정음의 창제 동기 가운데는 한자음 교정이라는 또 하나의 목적이 있었음을 고려할 때, 이러한 사실이 훈민정음의 독창성을 약화시키지는 않는다고 할 것이다.

다음으로 훈민정음이 과학적이라고 말하는 근거는 훈민정음의 제자 원리가 현대 음성학·음운론의 음성 분석 방식과 거의 일치한다는 사실 때문이다. 즉 훈민정음 창제 당시에 이미 국어의 소리를 조음 위치와 조음 방식에 따라 정밀하게 분석하고, 이러한 분석을 토대로 각각의 소리에 대응하는 글자를 만들었다.

또한 소리를 음절 단위로 분석하고, 음절을 다시 초성-중성-종성으로 분석한 후, 각각 초성자, 중성자, 종성자를 만들었다. 이 역시 현대 음성학·음운론의 음절 분석 방식과 일치한다. 그리고 자음의 제자에서 소리의 세기를 고려하여 가획을 한 사실은 소리의 물리적 특성까지 분석하여, 이러한 소리의 물리적 특성을 문자에 반영했음을 말해 준다. 모음의 제자에서도 축(蹙)에 따른 모음의 분류는 조음 방식에 따른 소리의 차이를 제자에 반영한 것으로 현대 음성학·음운론의 원순성의 유무에 따른 모음의 분류와 정확히 일치한다.

훈민정음이 과학적이라고 말하는 것은 바로 이러한 이유들에서이다.

제2장

음성학과
음운론

우리가 언어를 사용한다는 것은 말소리 즉, 음성을 통해 의미를 전달하는 과정이다. 음성은 의미를 전달하는 하나의 수단이며 또한 기호이다. 인간의 신체 구조는 인종에 따라 조금씩 다르고, 같은 인종 내에서도 사람에 따라 조금씩 다르다. 음성을 만들어 내는 발성 기관 역시 마찬가지이다. 하지만 발성 기관을 통해서 낼 수 있는 소리의 총합은 언어 보편적으로 동일하다고 가정한다. 다만 언어에 따라 주로 사용하는 음성의 종류가 다르고, 또한 음성 중에서도 변별적으로 인식하는 소리의 종류가 다르다. 즉 언어마다 변별적으로 인식할 수 있는 음성의 종류와 수가 각기 다르고, 이러한 차이가 언어적 차이를 유발하는 중요한 한 요인이다. 이 장에서는 음성과 음소, 그리고 음소의 특징, 음운 현상에 대해서 살펴보게 될 것이다.

2.1. 음성과 음소

2.1.1. 음성학과 음운론

음성학이나 음운론이나 음성을 대상으로 연구한다는 점에서는 공통
적이다. 다만 음성학은 음성을 대상으로 소리의 물리적인 특성 및 소
리의 변동을 연구하는 분야이고, 음운론은 음성 가운데서도 주로 변별
적 기능을 하는 소리 즉, 음소를 대상으로 음소의 변동을 연구하는 분
야이다. 음성학은 물리적 실재로서의 음성을 객관적으로 구명하는 것
을 목적으로 한다. 따라서 음소뿐만 아니라 변이음(變異音)도 중요한
연구 대상이다. 하지만 음운론은 물리적 실재로서의 음성이 아니라 심
리적 실재로서의 음소를 주된 연구 대상으로 하기 때문에 변별적 인식
단위가 아닌 변이음이나, 변이음으로의 변동과 같은 현상은 그 자체로
주된 연구의 대상은 아니다.

음성학은 음성을 연구하는 방법에 따라 조음 음성학, 음향 음성학,
청음 음성학으로 나눈다. 조음 음성학은 발성 기관을 통해 소리가 조
음되는 방식, 소리가 조음되는 발성 기관의 위치 등을 통해 소리의 특
성을 연구한다. 즉 각 소리의 조음 방식과 조음 위치를 밝히고, 이를
통해 소리의 특성을 구명하고 소리를 분류한다. 이를 위해 X선과 같은
기계의 도움을 보조적으로 이용하기도 한다.

음향 음성학은 음성이 화자의 입을 떠나 청자의 귀에 이르는 과정을 연구한다. 물리적으로 소리의 세계는 진동의 세계이다. 인간의 발성 기관에서 진동을 발생시키는 장치는 성대이고, 진동을 전달하는 매개체는 공기이다. 물리적으로 발성 기관을 통해 실현되는 말소리는 결국 진동의 세계이다. 음향 음성학은 진동의 모양, 진폭, 진동의 횟수, 음장(音長) 등과 같은 음성의 물리적인 특성을 분석하고 연구하는 분야이다. 따라서 음성의 물리적 특성을 측정할 수 있는 음향 분석기와 같은 기계 장치의 도움이 필수적이다. 음향 음성학은 순수 언어학적인 관점에서의 연구도 이루어지지만, 특히 음성 합성이나 음성 인식과 같은 음성 공학 분야와 연계되어서 활발한 연구가 이루어지는 분야이다. 참고로 인간의 발성 기관을 통해서 나오는 음성의 대부분의 유용한 정보는 초당 200~5,000Hz 내에 담겨 있다. 그리고 들을 수 있는 소리 즉, 가청 주파수는 초당 20~20,000Hz 사이이다. 이때 진동을 충분히 감지할 만큼의 진폭이 있어야 한다. 진폭이 너무 작으면 들을 수 없으며, 진폭이 너무 커도 소리를 구별하지 못하고 그냥 소음으로 들리게 된다.

마지막으로 청음 음성학은 음성을 청자가 어떻게 인식하는지, 그 인식 과정을 연구하는 분야이다. 조음 음성학이나 음향 음성학에 비해 상대적으로 연구가 더딘 분야이기도 하다. 언어 단위(음질, 단어, 구 등)의 인식은 음성 신호 자체의 음향적 구조, 문맥, 화자에 대한 친숙도, 청자로서의 기대 등에 따라 다르게 인지되는 것으로 알려져 있다.

음운론은 음성학적 사실을 바탕으로 이루어지기 때문에 음성학과 불가분의 관계에 있다. 특히 음운론과 직접적으로 관련된 분야가 조음 음성학이다. 많은 부분에서 음운론은 조음 음성학적 사실을 기반으로 한다. 20세기 후반에 들어서 음향 분석기의 발달로 음향 음성학 분야의 연구가 활발해지면서, 음향 음성학적 사실들도 음운론적 사실을 해석하는 데 있어 중요하게 도입되고 있다.

음성의 물리적인 특성 즉, 음성학적 사실은 실제 대부분 음운론적 사실과 일치한다. 다시 말해 소리의 물리적인 차이가 인식상에서도 그대로 반영되어 음운론적 차이로 반영된다. 하지만 그렇다고 음성학적 사실과 음운론적 사실이 반드시 일치하는 것은 아니다. 왜냐하면 물리적인 사실과 이러한 물리적인 사실에 대한 인간의 인식이 반드시 일치하는 것은 아니기 때문이다. 인간의 인식이 소리의 물리적인 차이를 인식할 수도 있고 인식하지 못할 수도 있으며, 물리적으로는 분명 차이가 있는 소리임에도 이러한 물리적인 차이를 인식상에서는 무시하고 동일한 소리로 인식하기도 하기 때문이다. 음운론은 물리적인 실재에 대한 인간의 인식을 다루는 분야이다. 그래서 물리적인 실재에 대한 음성학적 사실과 이에 대한 음운론적 해석이 일치하지 않을 수도 있다.

(1) ㉠ 사람[saram] : 신[ʃin]
　　㉡ file[faɪl] : pile[paɪl]

'사람'의 /ㅅ/과 '신'의 /ㅅ/은 음성학적으로는 각각 [s]와 [ʃ]로 서로 다른 소리이다. 두 소리는 입 안에서 소리를 내는 위치가 서로 다르다. [ʃ]는 /ㅣ/ 모음 앞에서만 실현되는 /s/의 변이음으로, [s]와는 상보적 분포를 이루는 변이음이다. 물리적으로 [ʃ]는 [s]보다 뒤쪽에서 조음되는 소리로 분명 [s]와는 다른 소리이다.

하지만 국어 화자는 [s]와 [ʃ]를 모두 같은 소리인 /ㅅ/으로 인식한다. 영어의 'file'와 'pile'의 경우도 마찬가지이다. 국어 화자는 [f]와 [p]

를 변별적으로 인식하지 못하고 둘 다 /ㅍ/으로 인식한다. 하지만 [f]와 [p]는 분명 음성학적으로는 별개의 다른 소리이다. 또한 영어의 /p/는 음성학적으로 [p]이지만, 국어 화자가 인식하는 영어의 /p/는 [p]가 아니라 [pʰ](/ㅍ/)이다. 즉 영어의 /p/에 대한 국어 화자의 인식은 영어 /p/의 물리적인 실재인 [p]와 차이가 있다.

2.1.2. 음성과 음소의 구분

음성은 두 가지로 정의된다. 하나는 광의의 의미로서의 음성이고, 다른 하나는 협의의 의미로서의 음성이다.

광의의 음성 : 인간의 발성 기관을 통해서 나오는 모든 소리.
협의의 음성 : 인간의 발성 기관을 통해 나오는 소리 중에서 의사소통
을 하기 위해 사용되는 소리.

광의의 음성에는 기침 소리, 신음 소리, 한숨 소리 등도 모두 포함되지만, 협의의 음성에서는 이런 소리들이 포함되지 않는다. 언어학적인 연구 대상으로서의 음성은 협의의 음성이다.

그러면 음소란 무엇인가? 음소는 협의의 음성 가운데서 변별적으로 인식 가능한 소리를 가리킨다. 일반적으로 알고 있는 국어의 자음, 모음은 전형적인 음소들이다. 음성은 모든 언어에서 동일하다고 가정하지만, 음소는 각 언어마다 그 종류도 다르고 그 수도 다르다. 이러한 음소의 수와 종류의 차이가 언어적 차이를 유발하는 중요한 요소 가운데 하나이다. 음소를 달리 음운이라고도 한다. 음소의 정의는 아래와 같다.

음소의 정의 : 의미를 갈라내는 최소의 변별적 단위.

즉 음성 중에서 의미를 갈라내는 기능을 하는 소리만을 음소라고 한다. 의미를 갈라내는 기능이 없으면 음소가 아니며, 의미를 갈라내는 기능을 하지 못할 경우 우리는 이러한 소리를 인식하지 못한다. 예컨대 국어 화자는 영어의 [θ]나 [ʃ]를 인식하지 못한다. 국어에는 이 두 소리가 의미를 갈라내는 기능을 하지 못하기 때문이다. 그래서 국어 화자는 영어의 [θ], [ʃ]를 들어도 /θ/, /ʃ/로 인식하지 못하고 국어에 존재하는 음소 중의 하나로 인식한다. 대체로 [θ]는 /ㅌ/로, [ʃ]는 /ㅅ/로 인식하는 경향이 높다.

음성은 물리적인 실재이지만, 음소는 물리적인 실재인 음성에 대한 심리적 실재이다. 다시 말해 음소는 음성과 달리 추상화된 소리이다. 하지만 물리적인 실재에 기반한 심리적인 실재라는 점에서 물리적인 실재와 무관한 추상화된 소리는 아니다. 우리가 [아]라는 모음을 발음한다고 가정해 보자. 남성의 [아] 발음과 여성의 [아] 발음은 물리적으로 분명 차이가 있고, 한 사람이 [아]를 여러 번 발음할 때조차도 물리적으로는 같은 [아]일 수 없다. 물리적으로는 분명 다른 [아]이지만, 우리는 모두 같은 /아/로 인식한다. 즉 물리적으로는 각기 다른 [아]이지만, 우리의 인식은 동일한 하나의 /아/로 인식한다. 이처럼 음소는 인식과 관련된 심리적 실재이면서 또한 추상적인 실재이다.

음소 판별 기준

그러면 어떠한 소리가 음소인지 아닌지를 어떻게 판별하는가? 첫 번째 방법은 최소대립어에 의한 소리 분석이다.

   (2) ㉠ 불 : 풀 : 뿔
      ㉡ 발 : 벌 : 불

ⓒ 감 : 간 : 강

　(2ⓐ)의 '불·풀·뿔'은 초성의 [ㅂ]:[ㅍ]:[ㅃ] 소리의 차이로 인해 각각 그 의미가 달라진다. 그리고 (2ⓑ)의 '발·벌·불'은 중성의 [ㅏ]:[ㅓ]:[ㅜ] 소리의 차이로 인해 각각 그 의미가 달라지며, (2ⓒ)의 '감·간·강'은 종성의 [ㅁ]:[ㄴ]:[ㅇ] 소리의 차이로 인해 각각 그 의미가 달라진다. 이처럼 (2ⓐ)의 /ㅂ/, /ㅍ/, /ㅃ/, (2ⓑ)의 /ㅏ/, /ㅓ/, /ㅜ/, (2ⓒ)의 /ㅁ/, /ㄴ/, /ㅇ/은 의미를 갈라내는 기능을 하고 있기 때문에 그 정의에 따라 각각 하나의 음소이다. 앞으로 음성은 기호 '[ ]' 안에 표시하고, 음소는 기호 '/ /' 안에 표시한다. 이는 국제적인 규약에 따른 기호의 사용이다.

　(2ⓐ~ⓒ)에서처럼 어떤 소리를 대체하거나 첨가했을 때 의미가 달라지는 집합을 최소대립어라고 한다. 그리고 최소대립어를 이루는 각각의 소리는 그 정의에 따라 각각 하나의 음소가 된다. 그래서 최소대립어에 의한 분석은 어떠한 소리가 음소인지 아닌지를 판별하는 핵심적인 방법이다.

　음소를 판별하는 두 번째 방법은 상보적 분포를 확인하는 것이다. 상보적 분포는 달리 배타적 분포라고도 한다.

　(3) [x] : ------ :　　　　 : E1
　　　[y] :　　　 : ------ : E2
　　　참고 [x], [y]는 소리, E는 환경

　(3)에서 [x]가 나타나는 자리에는 절대로 [y]가 나타날 수 없고, 또한 [y]가 나타나는 자리에는 절대로 [x]가 나타날 수 없다. 이러한 분포를 상보적 분포라고 한다. 이처럼 유사한 두 소리가 절대로 동일한 음성 환경에서 나타나지 않는 경우, 두 소리는 같은 음소의 변이음(變異音)

이다. 이때 변이음들 중 하나를 음소로 설정하고, 나머지는 해당 음소의 변이음으로 본다. 즉 [x]가 음소이고 [y]가 [x]의 변이음이거나 아니면, [y]가 음소이고 [x]가 [y]의 변이음이거나 둘 중 하나이다. 변이음은 정의상 변별적으로 인식하지 못하는 소리이다. 변이음은 달리 이음(異音)이라고도 한다.

(4) ㉠ 나라[nara] : 달[tal]
    ㉡ 배[pa] : 나비[nabi]

국어의 /ㄹ/은 물리적으로 초성에서는 [r]로, 종성에서는 [l]로 실현된다. 다시 말해 초성에 [l]이 나타나거나 종성에 [r]이 나타나지 못한다. 또한 /ㅂ/은 초성에서는 [p]로, 모음 사이에서는 [b]로 실현된다. 그래서 초성에서 [b]가 나타나거나 모음 사이에서 [p]가 나타나지 못한다. 즉 이들은 각각 상보적 분포를 이루면서 [r]과 [l], [p]와 [b]는 서로 음성적으로 유사하다. 그리고 국어 화자는 [r]을 듣든 [l]을 듣든 모두 /ㄹ/(/l/)로 인식하고, 또한 [p]를 듣든 [b]를 듣든 모두 /ㅂ/(/p/)으로 인식한다. 그래서 [l]과 [r]의 관계에서는 /l/을, [p]와 [b]의 관계에서는 /p/가 음소가 되고, [r]은 음소 /l/이 초성에서 실현될 때의 변이음, [b]는 음소 /p/가 모음 사이에서 실현될 때의 변이음이 된다.

음소를 판별하는 세 번째 방법은 음성적 유사성이다. 이는 두 번째 방법의 부칙 조항의 성격을 띠는데, 상보적 분포를 이루더라도 음성적으로 유사하지 않으면 각각 별개의 음소로 판정한다. 다시 말해서 상보적 분포를 이룬다고 해서 항상 변이음 관계는 아니다. 상보적 분포를 이루면서, 해당 분포를 이루는 소리들이 음성적으로 유사할 때에만 변이음 관계로 본다.

예컨대 국어에서 /ㅎ/은 초성에만 올 수 있고, 종성에는 올 수 없다. 반대로 국어의 /ㅇ/([ŋ])은 초성에는 올 수 없고, 종성에만 온다. 따라서 분포상으로만 보면 국어의 /ㅎ/과 /ㅇ/은 상보적 분포이다. 하지만 /ㅎ/은 유기음이고, /ㅇ/은 비음으로 둘 간에는 음성적인 유사성이 전혀 없다. 따라서 비록 상보적 분포를 이루지만 /ㅎ/과 /ㅇ/은 별개의 음소로 분석한다.

2.2. 국어의 음소

음소는 크게 자음과 모음으로 나뉜다. 자음과 모음을 구별하는 기준은 허파에서 나온 공기가 성문을 통과하여 입 밖으로 나올 때까지 장애를 받느냐 받지 않느냐이다. 장애를 받으면 자음, 장애를 거의 받지 않으면 모음이라고 한다. 자음과 모음의 중간적인 성격을 지닌 것으로 활음이 있다. 활음은 달리 반모음 또는 반자음이라고도 한다.

모음은 다시 단모음과 이중모음으로 구분한다. 이중모음은 용어가 암시하듯이 두 개의 음소가 결합한 모음이다. 즉 활음과 모음이 결합한 연쇄가 이중모음이다.

2.2.1. 발음 기관

소리를 내기 위해서는 발음 기관을 움직여야 한다. 소리를 내는 데 관여하는 발음 기관을 보이면 (5)와 같다.

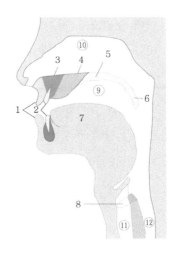

(5) 1: 입술, 2:이, 3:치조, 4:경구개, 5: 연구개, 6:목젖, 7:혀, 8:성대, ⑨: 구강, ⑩:비강, ⑪:기도, ⑫:식도

우리는 허파로부터 공기를 내보내면서 발음을 한다. 즉 공기를 외파 시키면서 소리를 낸다. 특수한 경우에 숨을 들이마시면서 소리를 내기도 하지만, 일상적인 발음은 모두 숨을 내쉬면서 이루어진다. 허파에서 나온 공기가 성대(聲帶)를 통과하면서 진동을 일으키는데, 대부분의 모음은 이러한 성대의 진동을 통해 만들어진다. 성대가 열려 있는 틈을 성문(聲門)이라고 한다. 이때 성대의 진동을 수반하는 소리를 유성음, 성대의 진동을 수반하지 않는 소리를 무성음이라고 한다. 대부분의 모음은 유성음이고, 자음은 비음(/ㅁ, ㄴ, ㅇ/)이나 유음(/ㄹ/)과 같은 일부 소리를 제외하고는 대부분 무성음이다.

성대를 거쳐 나온 진동을 다양한 모양으로 바꾸어서 여러 가지 소리를 내게 하는 것이 혀이다. 혀가 굳어버리면 말을 하지 못한다는 사실에서 발음에서 혀의 역할이 얼마나 중요한지 간접적으로 알 수 있다. 혀가 없으면 말을 하지 못하며, 혀가 지나치게 짧아도 말이 어색하게 들리게 되는 것에서도 소리를 내는 데 혀의 기능이 얼마나 중요한지를 짐작할 수 있게 해 준다.

소리를 낼 때 허파에서 나온 공기는 성대를 거쳐 구강(口腔)을 통해 입 밖으로 나가게 된다. 대부분의 경우 구강을 통해 공기가 밖으로 나가게 되지만, 일부 소리는 비강(鼻腔)을 통해서 나가기도 한다. 이때 구강으로 공기를 내보내면서 내는 소리를 구강음이라고 하고, 비강으로 공기를 내보내면서 내는 소리를 비강음 또는 비음(鼻音)이라고 한다.

성대를 통과한 소리가 구강으로 지나가게 하느냐, 비강으로 지나가게 하느냐를 조절하는 기관이 목젖이다. 따라서 목젖 역시 소리를 내는 데 능동적으로 관여하는 중요한 발음 기관 가운데 하나이다.

조음에 능동적으로 관여하느냐의 유무에 따라서 발음 기관을 조음

체와 조음점으로 구분한다. 성대, 아래턱, 아랫입술, 혀, 목젖은 조음에 능동적으로 관여하는 기관으로 이들을 조음체라고 한다. 반면 윗입술, 윗니, 치조(잇몸), 경구개(센입천장), 연구개(여린입천장)는 고정부로 이들을 조음점이라고 한다.

2.2.2. 소리 분류의 기준

외파, 불파, 내파

인간이 발성 기관을 통해서 소리를 내는 방식은 크게 3가지가 있다. 즉, 외파, 내파, 불파가 그것이다.

> **외파** : 허파에서 공기를 밖으로 내보내면서 하는 조음.
> **내파** : 공기를 허파로 들이마시면서 하는 조음.
> **불파** : 허파에서 공기를 내보내긴 하지만 완전히 입 밖으로 나가기 전에 조음 동작을 닫아 버리는 조음.

일반적으로 소리를 내는 방식은 외파이다. 즉 대부분의 소리는 허파에서 공기를 밖으로 내보내면서 낸다. 우리가 말을 하다가 중간에 쉬었다 말을 하게 되는 것은 말을 하면서 공기를 다 내보내게 되어 다시 공기를 들이마셔야 하기 때문이다. 외파와 반대의 조음 방식이 내파이다. 내파는 공기를 들이마시면서 소리를 내는 방식이다. 언어에 따라서는 내파음이 있기는 하지만, 일반적인 조음 방식이 아니기 때문에 특별한 경우라고 할 수 있다. 일반적이지 않은 조음 상태에서 내파로 소리를 내기는 한다. 예컨대 숨이 막혀서 [획]하는 소리를 낼 때는 숨을 들이마시면서 내는 전형적인 내파음이다.

다른 언어와 구분되는 국어의 특징적인 조음 방식은 불파이다. '잎

'[입]'과 '잎이[이피]'의 발음을 비교해 보면 쉽게 이해할 수 있다. '잎'을 발음하게 되면 발음이 끝난 뒤에 두 입술을 붙이고 있다. 두 입술을 붙이고 있기 때문에 허파에서 나온 공기가 빠져나가지 못하고 닫힌 채 조음을 마치게 된다. 이러한 발음을 불파라고 한다. 공기가 중간에 닫히기 때문에 '잎'의 종성 /ㅍ/이 온전하게 실현되지 못하고 [ㅂ]으로 실현되는 것이다. 즉 /ㅍ/은 /ㅂ/에 비해 추가적인 조음 동작이 요구되는 소리인데, 이러한 추가적인 조음 동작이 온전히 실현되기 위해서는 외파가 되어야 한다. 그런데 중간에 공기를 닫아버림으로 인해 추가적인 조음 동작이 실현되지 못하게 되어 결국 [ㅂ]으로 실현되는 것이다. 이에 비해 '잎이'를 발음해 보면 [이피]로 중간에 공기가 닫히는 조음 동작이 없다. 다시 말해 외파가 된다. '잎이'에서 '잎'의 종성 /ㅍ/이 다음 음절의 초성으로 연음이 됨으로써 외파되어 [ㅍ]으로 실현된다.

외파와 불파, 내파를 도식화하면 (6)과 같다.

(6)

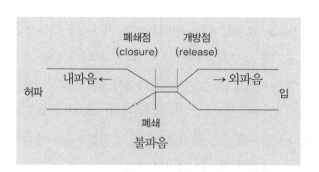

소리 분류의 기준

소리를 분류하는 기준에는 크게 다섯 가지 정도가 있다.

첫째, 성대 진동의 유무
둘째, 공기의 유출 통로가 어디이냐
셋째, 공기가 빠져나갈 때 장애를 받느냐 받지 않느냐
넷째, 소리를 내는 위치 즉, 조음 위치
다섯째, 소리를 내는 방식 즉, 조음 방식

먼저 성대 진동의 유무에 따라 유성음과 무성음으로 구분한다. 유성음은 허파를 통해 나온 공기가 성대를 울리면서 나는 소리이고, 무성음은 성대를 울리지 않고 나는 소리이다. 기본적으로 모음은 모두 성대의 진동을 수반하는 유성음이다. 대부분의 자음은 무성음이지만, 비음(/ㅁ, ㄴ, ㅇ/)과 유음(/ㄹ/)은 모음처럼 성대의 진동이 크지 않지만 약하게나마 성대의 진동을 수반한다. 그래서 비음과 유음을 유성 자음이라고 하고, 나머지 자음들은 무성 자음이라고 한다. 활음도 성대의 진동을 수반하기 때문에 유성음이다.

허파에서 나온 공기나 밖으로 나오는 길은 구강과 비강 두 군데밖에 없다. 모음은 자연스러운 조음 상태에서는 모두 입으로 공기가 나가는 구강음이다. 하지만 우리가 흔히 코맹맹이 소리라고 하는 발음은 공기가 비강을 통해서도 나가는데, 이러한 모음을 비강 모음이라고 한다. 국어에서 구강 모음과 비강 모음은 변별적이지 않다. 자음은 대부분 구강을 통해서 공기가 빠져나가면서 나는 소리이다. 그런데 자음 중에서 비강을 통해 공기가 빠져나가면서 나는 소리가 있는데, 이를 비음(鼻音)이라고 한다. /ㅁ, ㄴ, ㅇ/이 바로 이러한 소리이다.

공기가 빠져나갈 때 장애를 받느냐 받지 않느냐에 따라 소리를 나누기도 한다. 그래서 공기가 빠져나갈 때 장애를 받는 소리를 장애음이라고 하고, 장애를 받지 않는 소리를 공명음이라고 한다. 모음은 당연히 장애를 받지 않으므로 공명음이다. 자음은 대부분 장애를 받지만, 자음 중에서 비음과 유음은 장애를 받지 않는 공명음이다.

입 안에서 소리가 날 때는 제 각기 자신의 위치가 정해져 있다. 그렇기 때문에 자신의 위치를 벗어나면 제 소리가 나지 못하고 다른 소리가 된다. 그래서 소리가 나는 위치 즉, 조음 위치에 따라 소리를 분류할 수 있다. 조음 위치에 따른 소리의 분류는 조음 위치의 이름을 따서 명칭을 붙인다.

자음의 경우에는 앞에서부터 순서대로 '양순음－치조음－경구개음－연구개음－후음'으로 분류한다. 모음의 경우에는 혀의 앞쪽에서 나는 소리이냐 뒤쪽에서 나는 소리이냐에 따라 양분하여 전설 모음, 후설 모음으로 분류한다. 그리고 혀의 높이에 따라 '고모음－중모음－저모음'으로 분류한다.

소리를 내는 방식 즉, 조음 방식에 따라서도 소리를 분류할 수 있다. 자음의 경우에는 소리를 내는 방식에 따라 파열음, 마찰음, 파찰음, 유음(설측음), 비음으로 나뉜다. 그리고 소리를 낼 때 성대의 상태가 어떠하냐에 따라 예사소리(평음), 거센소리(유기음), 된소리(경음)로 나뉜다. 모음의 경우에는 입술을 둥글게 해서 소리를 내느냐, 입술을 평평하게 해서 소리를 내느냐에 따라 원순모음, 평순모음으로 나뉜다.

2.2.3. 자음 체계

국어의 자음에는 /ㄱ, ㄴ, ㄷ, ㄹ, ㅁ, ㅂ, ㅅ, ㅇ, ㅈ, ㅊ, ㅋ, ㅌ, ㅍ,

ㅎ, ㄲ, ㄸ, ㅃ, ㅆ, ㅉ/ 총 19개가 있다. 이는 한글 자모 배열 순서에 따라 자음을 제시한 것인데, 한글 자모 배열 순서는 특별한 원리에 따른 것이 아니라 임의적인 순서이다. 따라서 이를 위에서 살펴본 소리 분류 기준에 따라 국어의 자음을 체계적으로 분류하면 아래와 같다. 자음을 조음 위치와 조음 방식에 따라 체계적으로 분류한 것을 자음 체계라고 한다.

(7) 자음 체계

조음 방식 \ 조음 위치			양순음 (bilabial)	치조음 (alveola)	경구개음 (palatal)	연구개음 (velar)	후음 (laryngeal)
장애음 (obstruent)	파열음 (plosive)	예사소리	ㅂ[p]	ㄷ[t]		ㄱ[k]	
		거센소리	ㅍ[pʰ]	ㅌ[tʰ]		ㅋ[kʰ]	
		된소리	ㅃ[p']	ㄸ[t']		ㄲ[k']	
	파찰음 (affricate)	예사소리			ㅈ[ʧ]		
		거센소리			ㅊ[ʧʰ]		
		된소리			ㅉ[ʧ']		
	마찰음 (fricative)	예사소리		ㅅ[s]			
		거센소리					ㅎ[h]
		된소리		ㅆ[s']			
공명음 (sonorant)	비음(nasal)		ㅁ[m]	ㄴ[n]		ㅇ[ŋ]	
	유음(설측음)(liquid)			ㄹ[l]			

참고 [ ]안에 표시된 것은 한글 자모로 표기된 소리의 국제 음성 기호(IPA)이다.

(7)에서 보듯이 조음 위치에 따라 순서대로 '양순음-치조음-경구개음-연구개음-후음'으로 나뉜다. 가장 앞쪽에서 나는 소리는 두 입술 사이에서 나는 양순음 /ㅂ, ㅍ, ㅃ, ㅁ/이다. 순서대로 치조음 /ㄷ, ㅌ,

ㄸ, ㅅ, ㅆ, ㄴ, ㄹ/, 경구개음 /ㅈ, ㅊ, ㅉ/, 연구개음 /ㄱ, ㅋ, ㄲ, ㅇ/, 후음 /ㅎ/의 순이다. 치조 위치에서 나는 소리가 가장 많은데, 이는 국어뿐만 아니라 다른 언어에서도 마찬가지이다. 이는 자음의 위치 중에서 치조 위치가 가장 많은 소리를 낼 수 있는 자리이기 때문이다.

조음 방식에 따른 분류에서 먼저 파열음은 허파에서 나온 기류를 막았다가 한꺼번에 터트리는 소리로 /ㅂ, ㅍ, ㅃ, ㄷ, ㅌ, ㄸ, ㄱ, ㅋ, ㄲ/이 이에 해당한다. 파열음은 달리 폐쇄음이라고도 한다. 파열음이 공기를 내보내는 방식에 초점을 맞춘 용어라면, 폐쇄음은 공기를 닫는 동작에 초점을 맞춘 용어이다.

마찰음은 허파에서 나온 기류를 막는 조음 과정이 없다. 대신 구강을 좁혀서 공기가 한꺼번에 빠져나가지 않고 좁은 통로로 서서히 빠져나가도록 함으로써 마찰을 일으켜 내는 소리이다. /ㅅ, ㅆ, ㅎ/이 이에 해당한다.

파찰음은 처음에는 파열음을 조음할 때와 마찬가지로 기류를 막는 조음 동작이 있지만, 이후에 공기를 내보낼 때는 마찰음처럼 한꺼번에 내보내지 않고 서서히 내보내면서 내는 소리이다. /ㅈ, ㅊ, ㅉ/이 이에 해당한다.

허파에서 나온 공기가 구강을 통과할 때는 주로 혀의 가운뎃길을 통해서 나간다. 그런데 특이하게 혀의 가장자리로 공기가 빠져나가면서 나는 소리가 있다. 이를 설측음(舌側音)이라고 하는데, /ㄹ/이 바로 이러한 소리이다. 설측음은 달리 유음이라고도 한다. 유음은 소리의 청각적 인상에 초점을 맞춘 용어로, 물이 흘러가듯이 나는 소리라는 의미에서 붙여진 이름이다.

예사소리(평음), 거센소리(유기음), 된소리(경음)의 구분은 성대의 상태에 따른 소리의 분류이다. 거센소리는 예사소리에 비해 상대적으로 성대가 펴져서 나는 소리이고, 된소리는 예사소리에 비해 상대적으로 성대가 긴장되어서 나는 소리이다. /ㅂ, ㄷ, ㅅ, ㅈ, ㄱ/이 예사소리이고, /ㅍ, ㅌ, ㅊ, ㅋ, ㅎ/이 거센소리이고, /ㅃ, ㄸ, ㅆ, ㅉ, ㄲ/이 된소리이다.

그리고 비음과 유음은 약하게나마 성대의 진동을 수반하는 소리이다. 그래서 비음과 유음을 공명음이라고 한다. 반면 비음과 유음을 제외한 나머지 자음들은 모두 허파에서 나온 공기가 입안에서 장애를 받아 나는 소리이기 때문에 장애음이라고 한다.

관련 국어사 지식

현대 국어의 자음 체계와 중세 국어의 자음 체계에는 차이가 있다. 즉 중세 국어의 자음 체계에서 근대 국어를 거쳐 현대 국어에 이르는 동안 자음 체계에 변화가 있었다. 훈민정음의 자음 체계는 아래와 같다.

훈민정음의 자음 체계

	脣	齒	舌	牙	喉
全 清	ㅂ	ㅅ ㅈ	ㄷ	ㄱ	ㆆ
次 清	ㅍ	ㅊ	ㅌ	ㅋ	ㅎ
全 濁	ㅃ	ㅆ ㅉ	ㄸ	ㄲ	ㆅ
不淸不濁	ㅁ		ㄴ	ㆁ	ㅇ
半齒		ㅿ			
半舌			ㄹ		

이 중에서 전탁자인 'ㅃ, ㅆ, ㅉ, ㄸ, ㄲ, ㆅ'이 된소리였는지에 대해서는 논란이 있다. 중세 국어의 된소리 표기는 주로 'ㅅ'계 합용 병서로 나타내었다(ㅽ, ㅾ, ㅼ, ㅺ). 하지만 전탁자 역시 된소리 표기에도 쓰였다. 이렇게 보면 중세 국어에는 된소리를 표기하는 방식이 두 가지였다. 근대 국어로 오면서 된소리 표기는 'ㅅ'계 합용 병서로 단일화되었다. 된소리를 'ㅅ'계 합용 병서로 표기하는 방식은 근대 국어를 거쳐 20세기 초반까지 지속되었다. 그러다가 오늘날과 같이 각자 병서인 'ㅃ, ㄸ, ㅆ, ㅉ, ㄲ'으로 된소리를 표

기하게 된 것은 〈언문철자법〉(1930)에 이르러서이고, 〈한글맞춤법통일안〉(1933)에서 〈언문철자법〉의 표기 방식을 채택함으로써 지금까지 이어져 오고 있다.

후음의 'ㅇ'과 'ㆅ'이 음소였느냐에 대해서도 논란이 있는데, 어쨌든 'ㅇ', 'ㆅ'은 중세 국어 당시에 최소대립어를 확인할 수 없기 때문에 음소였다고 보기에는 무리가 있다. 그런데 'ㅇ'의 경우 중세 국어 당시에 '몰애(모래), 알오(알고)', '엿이(여우), 궁어(그어)'처럼 선행 음절 종성의 /ㄹ/이나 /ㅿ/이 연음되지 않은 표기들이 존재하였는데, 이때 선행 음절의 종성 /ㄹ/이나 /ㅿ/이 연음되지 않은 이유를 'ㅇ'의 음소적 기능에서 찾기도 한다. 이러한 입장에서는 '여희오'처럼 /y/에 의한 순행 동화가 일어나지 않는 것 역시 'ㅇ'의 음소적 기능에서 찾는다. 'ㆅ'의 경우에도 '혀다(引, 燈)(>켜다)', '혈믈(>썰물)'에서 보듯이 고유어 표기에 쓰인 경우가 있기는 하지만, 중세 국어 당시에 이미 '혀다'와 '혈믈'이 공존하고 있었기 때문에 'ㆅ'의 최소대립어를 확인할 수는 없다.

후음의 'ㆆ' 역시 최소대립어를 확인할 수 없으나, 고유어 표기에서 그 존재를 확인할 수 있다. '홇 배', '갏 길'처럼 관형사형 어미 '-(으)ㄹ' 뒤에서 그 존재를 분명히 확인할 수 있다는 사실에서 음소로 보는 견해가 많다. 하지만 또한 '아롫 배라(釋詳 19:5a) : 몬홀 쌔니(法華 3:131b)', '옳 길헤(月釋 8:87a) : 오실 낄ᄒᆞ로(月釋 7:10a)'처럼 'ㅭ + 평음' 표기와 'ㄹ + 각자 병서' 표기가 혼재하고 있다는 사실에서 'ㆆ'을 음소라기보다는 후행 음절의 평음이 경음으로 실현됨을 알려주는 일종의 경음 부호로 보기도 한다.

중세 국어의 현실 자음 체계는 위의 훈민정음의 자음 체계에서 /ㅸ/이 추가된다. /ㅸ/은 훈민정음의 자음 체계에는 빠져 있지만, 분명히 중세 국어에서 음소로 존재했던 소리이다. 훈민정음 용자례(用字例)의 '사ᄫᅵ', '드ᄫᅵ'에서 중세 국어 당시 현실 자음 체계에 /ㅸ/이 실재했음을 확인할 수 있다.

참고로 훈민정음 28자 목록에는 초성 17자, 중성 11자라고 되어 있는데, 훈민정음에서 초성 17자라 함은 위 도표에서 전탁자(ㅃ, ㅆ, ㅉ, ㄸ, ㄲ, ㆅ)를 뺀 나머지를 이르는 말이다. 전탁자가 초성 17자 목록에서 빠진 것은 전탁자에 해당하는 소리가 음소가 아니었기 때문이 아니라, 제자의 방식이 나머지 17자와 달리 병서(각자 병서)라는 이미 만들어진 초성 17자의 2차적 운용 방식에 의해 만들어진 자였기 때문이다. /ㅸ/이 훈민정음 초성자 목록에서 빠진 것 역시 같은 맥락에서 이해할 수 있다. /ㅸ/ 역시 자의 2차적 운용 방식인 연서(連書)에 의해 만들어진 글자였기 때문이었다고 하겠다. 다시 말해 /ㅸ/이 중세 국어 당시에 음소가 아니었기 때문은 아니다.

근대 국어에 오면서 'ㆆ'이 소멸되고, 'ㅸ > w'(더버 > 더워), 'ㅿ > ø'(이어라 > 이어라)의 변화가 일어난다. 그리고 치음으로 분류되었던 /ㅈ, ㅊ, ㅉ/이 설음 /ㄷ/의 뒤쪽인 경구개 쪽으로 조음 위치가 이동하는 변화가 일어났다. 근대 국어에 /ㅈ, ㅊ, ㅉ/이 경구개 위치로 조음 위치 이동을 하는 변화가 발생하면서 구개음화 현상이 나타나게 된다. 중세 국어에서 구개음화가 일어나지 않고 근대 국어에 와서 구개음화가 발생한 것은 바로 이러한 이유에서이다. 즉 중세 국어는 /ㅈ, ㅊ, ㅉ/이 경구개음이 아니었기 때문에, 경구개음이 없는 상황에서 구개음화 현상이 발생할 수 없었기 때문이다. 그리고 아음의 불청불탁자 'ㆁ'의 표기가 'ㅇ'으로 바뀌는데, 이는 음운의 변화가 아니라 소리는 그대로인데 단지 표기만 바뀐 것뿐이다. 그 결과 근대 국어의 자음 체계가 현대 국어와 같은 모습을 띠게 되었다. 현대 국어의 자음 체계는 근대 국어의 자음 체계가 오늘날까지 그대로 이어진 것이다.

2.2.4. 모음 체계

모음은 크게 단모음과 이중모음으로 구분한다. 단모음은 하나의 음소인 반면, 이중모음은 두 개의 음소로 이루어져 있다. 단모음은 하나의 음소이기 때문에 발음을 시작할 때의 조음 동작과 발음을 끝냈을 때의 조음 동작에 변화가 없다. 하지만 이중모음은 두 음소의 결합이기 때문에 발음의 시작과 끝의 조음 동작에 변화가 생긴다.

이중모음을 두 모음의 결합으로 보기도 한다. 하지만 이중모음을 두 모음의 결합체로 보더라도 이중모음과 두 모음의 연쇄는 서로 다르다. 이 중모음은 한 음절 내에서 두 모음이 실현되는 것인 반면, 두 모음의 연쇄 는 두 개의 모음이 각각 하나의 음절로 실현된다. 즉 이중모음은 1음절을 이루는 반면, 두 모음의 연쇄는 2음절을 이룬다. 이중모음을 이루는 두 모 음은 상대적 공명도에 의해 공명도가 낮은 모음이 활음화된다. 그래서 실 질적으로 이중모음은 '활음-모음' 또는 '모음-활음'의 연쇄로 실현된다.

단모음 체계

모음을 조음 위치와 조음 방식에 따라 체계적으로 분류한 것을 모음 체계라고 한다. 일반적으로 모음 체계라고 할 때는 단모음의 체계를 일 컫는다. 국어의 단모음은 /ㅣ, ㅔ, ㅐ, ㅏ, ㅓ, ㅗ, ㅜ, ㅡ, ㅟ, ㅚ/ 10개이 다. 이를 혀의 위치와 높이에 따라 분류한 국어의 단모음 체계는 (8)과 같다.

(8) 모음 체계

		혀의 위치			
		전설모음		후설 모음	
혀의 높이	고모음	ㅣ [i]	ㅟ[ü]	ㅡ[ɨ]	ㅜ[u]
	중모음	ㅔ[e]	ㅚ[ö]	ㅓ[ə]	ㅗ[o]
	저모음	ㅐ[ɛ]		ㅏ[a]	

참고 [ ]안에 표시된 것은 한글 자모로 표기된 소리의 국제 음성 기호(IPA)이다.

먼저 혀의 위치에 따라 전설 모음과 후설 모음으로 나뉜다. 전설 모 음에서 /ㅣ/와 /ㅟ/는 조음의 위치는 같고, 다만 조음의 방식이 서로 다르다. /ㅣ/는 입술을 평평하게 해서 내는 소리인데 비해, /ㅟ/는 입술을 둥글게 해서 내는 소리이다. /ㅔ/와 /ㅚ/의 관계 역시 /ㅣ/와 /ㅟ/의 관계와 평행하다. 후설 모음에서 /ㅡ/와 /ㅜ/, /ㅓ/와 /ㅗ/의 관계도 /ㅣ/ : /ㅟ/, /ㅔ/ : /ㅚ/의 관계와 같다. 즉 /ㅡ/ : /ㅜ/는 조음의 위치가 같고, 다만 조음 방식이 /ㅡ/는 입술을 평평하게 해서 내는 소리인데 비해, /ㅜ/는 입술을 둥글게 해서 내는 소리이다. /ㅓ/ : /ㅗ/의 관계도 마찬가지이다. 입술을 평평하게 해서 내는 소리를 평순 모음이라고 하고, 입술을 둥글게 해서 내는 소리를 원순 모음이라고 한다.

그리고 혀의 높이에 따라 고모음, 중모음, 저모음으로 나뉜다. 고모음은 입을 가장 적게 벌려 발음을 하는 소리이고, 반대로 저모음은 입을 가장 크게 벌려 발음을 하는 소리이다. 그래서 고모음을 폐모음(閉母音), 저모음을 개모음(開母音)이라고도 한다.

조음 방식에서 보면 /ㅟ, ㅚ, ㅜ, ㅗ/는 입술을 둥글게 해야만 나는 소리이고, 나머지 모음들은 입술을 둥글게 하는 조음 동작이 일어나지 않는다. 그래서 /ㅟ, ㅚ, ㅜ, ㅗ/를 원순 모음이라고 하고, /ㅣ, ㅐ, ㅔ, ㅏ, ㅓ, ㅡ/를 평순 모음이라고 한다.

현대 국어에서 /ㅟ, ㅚ/는 단모음으로 실현되기도 하지만, 이중모음 [wi], [we]로 실현되는 경우가 많다. 그래서 현대 국어의 단모음 체계를 말할 때 /ㅟ, ㅚ/를 뺀 /ㅣ, ㅔ, ㅐ, ㅏ, ㅓ, ㅗ, ㅜ, ㅡ/의 8모음 체계를 상정하기도 한다.

참고로 표준 발음법에서도 /ㅟ/, /ㅚ/는 단모음 [ü], [ö]로 발음하는 것을 원칙으로 하되, 이중모음 [wi], [we]로 발음하는 것도 허용한다. 즉 단모음 발음과 이중모음 발음 둘 다 표준 발음의 범주에 들어간다.

훈민정음의 28자 목록에 있는 모음 11자는 단모음을 말하는 것이 아니다. 모음 11자는 기본자 /·, ㅡ, ㅣ/에 초출자 /ㅏ, ㅓ, ㅗ, ㅜ/, 재출자 /ㅑ, ㅕ, ㅛ, ㅠ/인데, 여기에서 재출자 /ㅑ, ㅕ, ㅛ, ㅠ/는 단모음이 아니라 이중모음이다. 훈민정음 해례에서도 /ㅑ, ㅕ, ㅛ, ㅠ/는 '起於ㅣ'라고 설명하고 있는데, '起於ㅣ'는 현대 음운론의 관점에서 보면 활음 /y/로 시작한다는 것과 같은 말이다.

따라서 실제 중세 국어 당시 현실 모음 체계는 훈민정음 중성 11자에서 재출자 /ㅑ, ㅕ, ㅛ, ㅠ/를 뺀 7모음 체계이다.

중세 국어	
전설	후설
ㅣ	ㅡ ㅜ
	ㅓ ㅗ
	ㅏ ·

근대 국어	
전설	후설
ㅣ	ㅡ ㅜ
ㅔ	ㅓ ㅗ
ㅐ	ㅏ (·)

현대 국어	
전설	후설
ㅣ ㅟ	ㅡ ㅜ
ㅔ ㅚ	ㅓ ㅗ
ㅐ	ㅏ

위에서 보듯이 중세 국어 모음 체계의 전설에는 /ㅣ/ 모음 하나뿐이고, 후설에 6개의 모음이 있는 유표적인 모음 체계였다. 그러다가 근대 국어에 오면서 하향 이중모음이었던 'ㅔ[əy]', 'ㅐ[ay]'가 단모음 [e], [ɛ]로 변화하고, 곧 이어 하향 이중모음이었던 'ㅚ[oy]', 'ㅟ[uy]'가 단모음 [ö], [ü]로 변화하였다. 그리고 /·/가 소멸되면서 현대 국어의 10모음 체계가 되었다. /·/는 비어두에서 먼저 /ㅡ/로 변화하는 1단계가 변화가 16세기 말쯤에 발생하고 (ᄃᆞᄅᆞ다 > 다르다, 가ᄉᆞᆷ > 가슴), 이후 18세기 말에 이르러 어두의 /·/가 /ㅏ/로 변화하면서 완전히 소멸되었다(ᄒᆞᆷᄢᅴ > 함께, ᄃᆞᆰ > 닭, ᄡᆞᆯ > 쌀). 음소 /·/는 18세기말에 소멸되었지만, 문자 '·'는 20세기 초반까지도 사용된다.

여기에서 문자와 문자가 표상하는 음가가 현대 국어와 중세 국어가 달랐음을 분명히 인지할 필요가 있다. 문자는 소리를 나타내는 기호이다. 따라서 문자는 바뀌지 않았지만, 문자가 나타내는 소리는 변화할 수 있다. 모음자 'ㅔ', 'ㅐ', 'ㅚ', 'ㅟ'의 경우 중세 국어에서는 이들 문자가 표상하는 소리가 각각 하향 이중모음인 [əy], [ay], [oy], [uy]였지만, 근대 국어 이후에는 단모음 [ㄷ], [ㅌ], [ㆁ], [ㄸ]를 나타낸다. 평행한 예로 자음자 'ㅈ, ㅊ, ㅉ' 역시 중세 국어에서 현대 국어에 이르기까지 문자는 변화하지 않았지만, 문자가 나타내는 소리는 중세 국어와 현대 국어가 다르다. 중세 국어에서 /ㅈ, ㅊ, ㅉ/은 설음의 앞쪽에서 나는 소리였는데 비해, 근대 국어 이후에는 설음의 뒤쪽인 경구개 위치에서 나는 소리로 변화하였다. 이와 반대의 경우 즉, 소리는 그대로인데, 소리를 표상하는 문자가 바뀐 경우도 있다. 'ㆁ(옛이응)'이 바로 이에 해당한다. 중세 국어에서 [ŋ]을 표상하는 문자는 'ㆁ'이었지만, 근대 국어로 오면서 'ㅇ'으로 바뀌었다.

이중모음

이중모음은 '활음—모음' 또는 '모음—활음'의 연쇄를 말한다. 국어의 활음에는 /y/와 /w/가 있다. /y/는 모음 체계 내에서 /ㅣ/ 모음과 같은 전설 위치에서 /ㅣ/ 모음보다 높은 곳에서 발음되며, /w/는 /ㅜ/ 모음과 같은 후설 위치에서 /ㅜ/ 모음보다 높은 곳에서 발음된다.

이중모음은 이중모음을 구성하는 활음의 종류에 따라 /y/계 이중모음, /w/계 이중모음으로 구분한다. 이중모음은 '활음-모음'의 연쇄로 이루어진 경우와 '모음-활음'의 연쇄로 이루어진 것이 있다. 전자를 상향 이중모음(또는 상승 이중모음), 후자를 하향 이중모음(또는 하강 이중모음)이라고 한다. 이때 상향과 하향의 대상은 공명도이다. 즉 활음에 비해 모음은 공명도가 높다. 따라서 '활음-모음'의 연쇄는 공명도가 상승하는 연쇄이고, '모음-활음' 연쇄는 공명도가 하강하는 연쇄이다.

공명은 입 안의 공간이 크면 클수록 높아진다. 따라서 입을 가장 크게 벌려서 발음하는 저모음이 공명도가 가장 높다. 그리고 자음은 아무리 공명도가 커도 공명도가 가장 낮은 모음보다 낮다.

(9) Jespersen(1913)의 공명도 8단계

　　1. 무성 자음(폐쇄음, 마찰음) : p(ㅂ), t(ㄷ), k(ㄱ), ʧ(ㅈ), ʧʰ(ㅊ), s(ㅅ)

　　2. 유성 폐쇄음 : b, d, g

　　3. 유성 마찰음 : z, v

　　4. 비음, 유음 : m(ㅁ), n(ㄴ), ŋ(ㅇ), l(ㄹ)

　　5. 전동음(trills), 설탄음(flaps) : r, ɾ

　　6. 고모음

　　7. 중모음

　　8. 저모음

Jespersen(1913)의 공명도 8단계에는 없지만, 활음(/y, w/)의 공명도
는 공명도가 가장 큰 자음보다는 높고, 공명도가 가장 낮은 모음보다
낮다. 즉 활음은 고모음보다 공명도가 낮고 전동음보다 높다.

국어의 이중모음 체계를 보면, 먼저 /y/계 이중모음은 (10)과 같다.

(10) /y/계 이중모음

		ㅢ iy	ㅠ yu
ㅖ ye		ㅕ yə	ㅛ yo
ㅒ yɛ		ㅑ ya	

/y/계 이중모음 중 상향 이중모음은 /ㅖ, ㅒ, ㅑ, ㅕ, ㅛ, ㅠ/로 6개
가 있다. /y/계 이중모음 중에서 특이한 것이 /ㅢ/(/iy/)인데, /ㅢ/는
활음 /y/가 모음 /i/에 후행하는, 현대 국어에서 유일한 하향 이중모음
이다.

다음으로 /w/계 이중모음은 (11)과 같다.

(11) w계 이중모음

ᅱ wi		
ᅰ we	ᅯ wə	
ᅫ wɛ	ᅪ wa	

/w/계 이중모음은 /ᅱ, ᅰ, ᅫ, ᅯ, ᅪ/ 5개이다. 표기상 'ᅱ'는 단모음으로 실현될 때의 음가는 [ü]이고, 이중모음으로 실현될 때의 음가는 [wi]이다. 즉 표기는 'ᅱ'이지만 그 발음은 2가지로 실현되어 표기와 발음이 1:1로 대응되지 않고 1:2로 대응된다. 이는 'ᅬ'의 경우도 마찬가지이다. 즉 표기상 'ᅬ'는 단모음일 때는 [ö]로, 이중모음일 때는 [we]로 실현되어 표기와 발음이 1:2로 대응된다. 반대로 이중모음 [we]는 'ᅰ'로도 표기되지만, 'ᅬ'로도 표기가 되어 표기와 발음이 2:1이다. 이것은 음소가 고정불변의 것이 아니라 시대에 따라 변화하기 때문에 나타난 표기와 발음의 불일치이다. 이러한 불일치는 음소를 나타내는 표기가 그러한 음소의 변화를 좇아가지 못하기 때문에 나타나게 된다. 이는 앞서 음성 언어와 문자 언어의 특성을 생각하면 쉽게 이해할 수 있다. 음성 언어는 개신적인데 반해 문자 언어는 보수적인 특성이 있다. 그렇기 때문에 음성 언어가 변화해도 문자 언어의 보수성이 음성 언어의 개신을 좇아가지 못하기 때문에 이와 같은 어긋남이 발생하게 되는 것이다.

🔎 관련 국어사 지식

현대 국어에서 하향 이중모음은 /iy/ 하나뿐이다. 하지만 중세 국어에는 하향 이중모음이 현대 국어와 달리 많았다. 즉 'ᅦ', 'ᅢ'. 'ᅬ', 'ᅱ', 'ᆡ', 'ᅴ'가 모두 하향 이중모음들로, 그 음가는 각각 [əy], [ay], [oy], [uy], [ʌy], [iy]였다. 'ㅔ, ㅐ, ㅚ, ㅟ'의 표기는 중세 국어에서 현대 국어에 이르는 동안 변화가 없었지만, 해당 표기의 실제 발음은 중세 국어에서는 하향 이중모음, 현대 국어에서는 단모음으로 서로 다르다.

그러다가 근대 국어에 오면서 'ㅔ, ㅐ'가 각각 'əy > e', 'ay > ɛ'와 같이 하향 이중모음에서 단모음으로 변하고, 'ㅚ, ㅟ' 역시 'oy > ö', 'uy > ü'로 변하게 된다. 또한 18세기 말쯤에 이르러 아래아(/ㆍ/)가 소멸되면서 'ㆎ'가 사라지고, 결국 'ㅢ[iy]'만이 유일하게 현대 국어까지 남아 있다. 특히 'ㅚ'는 'oy > ö > we', 'ㅟ'는 'uy > ü > wi'처럼 하향 이중모음에서 단모음으로 변했다가 다시 /w/계 상향 이중모음으로 변하고 있는 상당히 역동적인 변화의 모습을 보인다.

현대 국어에서 'ㅢ'의 발음은 안정적이지 못하고 불안정하다. 즉 [iy]('의사'에서 '의'), [i]('주의'에서 '의'), [e]('스승의'에서 '의') 3가지로 발음되는데, 이는 중세 국어 하향 이중모음들의 변화에서 'ㅢ'가 혼자 고립되어 현대 국어에 남아 있기 때문이다.

2.3. 음절과 초분절 음소

음절

음소의 연쇄는 일정한 원리에 의해 발화 단위로 조직된다. 이처럼 음소의 연쇄가 발화 단위로 조직된 것을 음절이라고 하고, 음절 단위로 조직되는 과정을 음절화라고 한다. 국어의 최대 음절구조는 (12)와 같다.

(12)
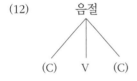

여기서 V는 음절핵, 앞의 C는 음절초, 뒤의 C는 음절말이다. 음절 초나 음절말은 그 자체로는 음절을 이룰 수 없고, 반드시 음절핵과 함 께여야만 음절을 이룰 수 있다. 하지만 음절핵은 음절초나 음절말이 없이 음절핵만으로도 음절을 이룰 수 있다. 음절초, 음절핵, 음절말은 초성, 중성, 종성의 다른 이름이다.

(12)에 따라 국어에서 가능한 음절형은 (13)과 같다.

(13) ㉠ V

　　㉡ CV

　　㉢ CVC

　　㉣ VC

　C는 음절초나 음절말에 오는 요소, V는 음절핵에 오는 요소를 가리킨다. 국어에서 C에 올 수 있는 음소는 자음이다. 그리고 V에 올 수 있는 음소는 단모음일 수도 있고, '활음-모음'으로 이루어진 이중모음일 수도 있다. 국어에서 모음은 그 자체로 하나의 음절을 이룰 수 있지만, 자음은 모음 없이 음절을 이룰 수는 없다. 활음도 모음 없이 홀로 나타날 수 없으며, 자음이 V에 올 수 없기 때문에 결국 국어에서 음절의 수는 V(모음)의 수와 일치한다.

　'값', '닭', '몫'처럼 표기상 겹받침을 가진 것들이 있는데, 이들은 표기상 그런 것이고 실제 음절화될 때는 [갑], [닥], [목]처럼 자음 하나가 반드시 탈락한다. 이는 음절초와 음절말에 하나의 자음만을 허용하는 국어의 음절 구조 제약 때문이다.

(14) ㉠ ㄱ-ㅏ-ㅂ-ㅅ-ㄷ-ㅗ　　→　　갑$도[갑또]

　　㉡ ㄱ-ㅏ-ㅂ-ㅅ-ㅣ　　→　　갑$시[갑씨]

　　참고 $는 음절 경계를 나타낸다.

　(14㉠)과 같은 음소의 연쇄가 주어지면 /ㅅ/이 탈락된 '갑$도'로 음절화되며, (14㉡)과 같은 음소의 연쇄가 주어지면 '갑$시'로 음절화된다. 이처럼 (14㉠)에서는 /ㅅ/이 탈락하는데 반해 (14㉡)에서는 /ㅅ/이 탈락하지 않는다. 이는 음절초와 음절말에 하나의 자음만 허용하는 국어의 음절 구조 제약 때문이다. 그래서 (14㉠)에서는 /ㅂ/이 선행 음절

의 종성에, /ㄷ/이 후행 음절 초성에 자리하기 때문에 어디로도 갈 수 없는 /ㅅ/이 결국 탈락하게 되지만, (14ⓒ)에서는 후행 음절의 초성이 비어 있기 때문에 탈락하지 않고 후행 음절의 초성으로 음절화된다.

음소의 연쇄가 발화 단위로 조직되어 즉, 음절 단위로 발음된다는 것은 언어 보편적으로 동일하다. 하지만 음소의 연쇄가 발화 단위로 조직되는 방식은 나라마다 다르다. 어떤 언어에서는 허용 가능한 음절이 다른 언어에서는 허용 불가능할 수도 있고, 그 반대일 수도 있다. 이와 관련된 것을 음절 구조 제약이라고 한다. 즉 언어마다 음절 구조 제약이 서로 다를 수 있는 것이다. 그렇기 때문에 외래어가 차용될 때 외래어의 음소 연쇄가 모국어의 음절 구조 제약을 어길 때는 모국어의 음절 구조 제약에 맞게 재조정되어 수용된다.

(15) ㉠ strike → 스\$트\$라\$이\$크
　　㉡ 김\$치 → 기\$무\$치

영어에서 strike는 1음절어이다. 영어는 음절초와 음절말에 자음군을 허용하기 때문에 음절초에 'str' 세 개의 자음이 올 수 있다. 하지만 국어는 음절초와 음절말에 하나의 자음만을 허용하는 음절 구조 제약 때문에 음절초에 자음군 'str'이 올 수 없다. 그래서 모음 /ㅡ/를 삽입하여 '스트라이크'의 5음절로 음절 조정을 하게 된다. 마찬가지로 국어의 '김치'는 2음절어이지만, '김치'가 일본어에 차용될 때는 3음절어의 '기무치'가 된다. 일본어는 음절말을 가진 음절을 허용하지 않는 음절 구조 제약이 있기 때문이다. 그래서 모음 /ㅜ/를 삽입하여 '초성-중성-종성'으로 이루어진 '김치'의 첫음절 '김'을 '초성-중성\$초성-중성'의 '기\$무'로 음절 조정을 하여 결국 '기무치'가 되는 것이다.

현대 국어와 달리 중세 국어에는 어두 자음군이 존재했었다. 즉 초성에 하나 이상의 자음이 올 수 있었다.

- ㅅ계 어두자음군 : 쎄다, 쫑, 쐴
- ㅂ계 어두자음군 : 뜯, 뿔, 딱, 뜬다, 쁠다
- ㅄ계 어두자음군 : 쁠, 쩨

이 가운데서 실제 자음의 연쇄인 어두 자음군은 'ㅂ'계 어두 자음군이었다. 'ㅅ'계 어두 자음군은 표기상 두 자음의 결합이지만 실제 소리는 된소리였다. 따라서 'ㅄ'계 어두 자음군은 'ㅂ+ㅅ계 어두 자음군'의 연쇄로 그 소리는 'ㅂ-된소리'의 어두 자음군이다.

'ㅂ'계 어두 자음군이 자음군이었다는 증거는 오늘날 '찹쌀, 좁쌀, 휩쓸다'에서 보이는 종성의 /ㅂ/의 존재를 통해서 확인할 수 있다. '좁쌀, 찹쌀'은 '조+ 쏼', '차+ 쏼'의 합성어로 원래 '조'와 '차'에는 /ㅂ/이 없다. '좁쌀', '찹쌀'에서의 종성 /ㅂ/은 '쏼'의 초성 어두 자음군 'ㅄ'의 /ㅂ/이 선행 요소의 종성으로 내려와 그대로 굳어진 것이다. /ㅂ/이 선행 요소의 종성으로 내려올 수 있다는 것은 'ㅄ'이 자음군이었기 때문에 가능할 수 있는 일이다. 만일 'ㅄ'이 자음군이 아니라 하나의 소리를 나타내는 것이었다면, 'ㅂ'과 'ㅅ'이 분리될 수 없었을 것이기 때문이다. '입때', '접때'의 종성 /ㅂ/, '휩쓸다'의 종성 /ㅂ/ 역시 마찬가지이다. 'ㅂ'계 어두 자음군은 근대 국어로 오면서 'ㅅ'계 어두 자음군으로 통합된다(뜯> 쓷, 딱> 짝). 'ㅅ'계 어두 자음군이 된소리이므로 'ㅂ'계 어두 자음군이 'ㅅ'계 어두 자음군으로 통합되었다는 것은 'ㅂ'계 어두 자음군이 된소리로 변화하였다는 것을 의미한다. 결국 이는 어두 자음군의 소멸을 뜻한다.

초분절 음소suprasegmental phoneme

음절은 자음과 모음으로 분절된다. 그래서 자음과 모음을 분절음이라고 한다. 반면 자음과 모음처럼 분절되지 않는 소리를 초분절음이라고 한다. 초분절음에는 음장, 성조, 강약(stress), 악센트(accent) 등이 있다.

음성 중에서 변별적 기능을 하는 소리를 음소라고 하듯이, 초분절음 중에서 변별적 기능을 하는 것을 초분절 음소라고 한다. 이를 달리 운소(韻素)라고도 한다. 국어에서 초분절 음소에 해당하는 것으로는 음장과 성조가 있다.

(16) ㉠ 말(馬) – 말:(語)
     ㉡ 이사(移徙) – 이:사(理事)
     ㉢ 이동(移動) – 이:동(二洞)

(16)에서 '말(馬)'과 '말:(語)'은 동음어이다. 즉 동일한 음소의 연쇄로 이루어져 있다. 하지만 그 뜻은 다르다. 이때 뜻을 다르게 하는 요소는 분절음인 자음과 모음이 아니라 바로 소리의 길이 즉, 음장이다.

(17) ㉠ 손L(手) – 손H(客)
     ㉡ 배L(腹) – 배H(梨)
     ㉢ 보다(부사)LL – 보다(동사)HL

(17)은 경상도 방언의 성조인데, '손(手)'과 '손(客)'은 동음어이고 음장도 같다. 그럼에도 그 뜻을 다르게 하는 것은 '손(手)'은 저조(L)이고 '손(客)'은 고조(H)이기 때문이다. 즉 성조가 그 뜻을 다르게 하는 것이다.

(16), (17)에서 의미를 갈라내는 기능을 하는 것은 분절음인 음소가

아니다. 음소의 연쇄는 동일하나, (16)에서는 음장이, (17)에서는 성조가 의미를 갈라내고 있다. 음소의 정의가 의미를 갈라내는 최소의 변별적 단위인데, (16)에서는 음장이, (17)에서는 성조가 이러한 기능을 한다. 따라서 음장과 성조는 음소의 정의에 부합한다. 분절 음소인 자음, 모음과 구별하여 음장과 성조를 초분절 음소, 또는 비분절 음소라고 한다.

중세 국어에는 성조가 초분절 음소로서 변별적 기능을 담당하였지만, 근대 국어로 들어오면서 성조가 소멸되었다. 그러나 경상도나 강원도, 함경도 등 여러 방언에서는 여전히 성조가 변별적인 기능을 담당하는 초분절 음소로 존재하고 있다.

🔎 관 련 국 어 사 지 식

중세 국어 성조는 평성, 거성, 상성으로 구분이 되었다. 입성은 종성에 받침이 있느냐의 유무에 따른 것으로 종성에 받침이 있으면 입성이다. 따라서 성조의 대립은 평성, 거성, 상성 3가지이다.

훈민정음의 기술에 따르면, 평성은 '뭇ᄂ갖가ᄫᆞᆯ 소리', 거성은 '맛ᄂ노ᄑᆞᆫ 소리', 상성은 '처ᅀᅥ미 ᄂᆞᆺ갑고 신終이 노ᄑᆞᆫ 소리'이다. 그리고 평성은 무점, 거성은 한 점, 상성은 두 점으로 표시하였다.

• 내(주격) – 내(속격),   :네(주격) – 네(속격),   • 뉘(주격) – :뉘(속격)

즉 동일한 '내'이지만 한 점이 찍힌 거성의 '• 내'는 주격형이고, 무점인 평성의 '내'는 속격형으로 성조에 의해 의미가 달라졌다. 마찬가지로 상성의 ':네'는 주격형, 평성의 '네'는 속격형이고, 거성의 '• 뉘'는 주격형이고, 상성의 ':뉘'는 속격형이다.

현대 언어학의 관점에서 보면 평성은 L(저조), 거성은 H(고조), 상성은 LH(저고조)이다. 그래서 상성은 평성이나 거성에 비해 LH의 복합조이기 때문에 평성, 거성과 달리 길이도 길다. 중세 국어 상성이 현대 국어에서 장음(長音)으로 실현되는 것은 바로 이때문이다. 즉 중세 국어의 성조는 소멸되었지만, 음장은 여전히 유지되고 있기 때문에 중세 국어의 상성이 현대 국어에서는 장음으로 반사되는 것이다. 역으로 보면, 현대 국어에서 음장을 가진 말들은 중세 국어에서 대부분 상성을 가진 말들이었다.

2.4. 음운 현상

음소와 음소가 결합할 때 일어나는 변화를 음운 현상이라고 한다.
변화는 통시적인 변화와 공시적인 변화를 아우르는 개념으로 사용되
기도 하지만, 공시적으로 일어나는 변화인 교체에 대응되는 개념으로
통시적으로 일어난 변화만을 가리키는 말로 사용되기도 한다. 일반적
으로 변화는 통시적으로 일어난 것을 가리킬 때 사용하고, 공시적으로
일어나는 변화는 따로 교체(또는 변동)로 구분한다.

변화(change) ┬── 변화(change)
       └── 교체(alternation) 또는 변동(variation)

일반적으로 변화를 기술할 때는 'a > b'처럼 '>' 기호를, 교체를 기
술할 때는 'a → b'처럼 '→' 기호를 사용하여 나타낸다.
그리고 'a > b'의 변화를 연구하는 것을 통시적 연구라고 하고, 'a
→ b' 교체를 연구하는 것을 공시적 연구라고 한다.

2.4.1. 기저형과 표면형

음소와 음소가 결합했을 때 아무런 교체 없이 실현되기도 하지만,

많은 경우 교체가 일어난다. 이때 교체가 일어나기 전의 형태를 기저형, 교체가 일어난 형태를 표면형이라고 한다. 다시 말해 하나의 형태소가 기저 차원에서 가지는 형태를 기저형(underlying form)이라고 하고, 표면 차원에서 가지는 형태를 표면형(surface form)이라고 한다. 발화되기 이전의 머릿속에 저장된 형태가 기저형이라면, 그것이 입을 통해 실현된 형이 표면형이다.

교체란 기저형이 표면형으로 도출되는 과정에서 일어나는 음운 현상이다. 따라서 교체가 없으면, 표면형이 곧 기저형이다. 실제 우리가 관찰할 수 있는 언어 자료는 표면형뿐이다. 기저형은 그 자체로는 관찰할 수 없다. 단지 우리는 표면형을 통해서 귀납적으로 기저형을 밝힐 수 있다.

(18)

        /빛/

    [빋]   [빈만]   [비치]

(18)에서 /빛/은 단독으로 실현되거나 뒤에 자음이 올 때 [빋], [빋또]처럼 [빋]으로 실현되고, 비음으로 시작하는 보조사 '-만'이 오면 [빈]으로, 모음으로 시작하는 조사가 오면 [비치]처럼 [빛]으로 실현된다. 즉 우리가 표면에서 관찰할 수 있는 것은 [빋], [빈], [빛]의 세 가지 형태이다. 이들 표면형 가운데 하나가 기저형이다. (18)에서 기저형 /빛/은 선험적으로 존재하는 것이 아니라, 표면형 [빋], [빈], [빛] 가운데서 귀납적으로 밝혀진 것이다.

그래서 표면형이 하나이면 그 표현형이 곧 기저형이다. 예컨대 '하늘', '땅', '구름' 등은 언제나 [하늘], [땅], [구름]으로만 실현되므로, 이들의 기저형은 표면형과 같은 /하늘/, /땅/, /구름/이다. 하지만 많은 경우는 (18)처럼 여러 개의 표면형으로 실현된다. 이때 표면형 가운데 하나가 기저형이 되며, 나머지 형태들은 기저형으로부터 음운 규칙의 적용을 받아 도출되는 것으로 설명한다. 기저형은 기호 '/ /' 안에 나타내고, 표면형은 기호 '[ ]' 안에 나타낸다.

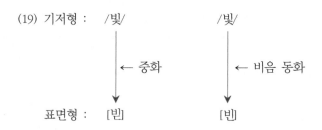

(19) 기저형 :　　/빛/　　　　　　　/빛/

　　　　　　　　　↓ ← 중화　　　　↓ ← 비음 동화

　　　표면형 :　　[빋]　　　　　　　[빈]

[빋]은 기저형 /빛/에서 중화 규칙의 적용을 받아 도출된 형이고, [빈]은 기저형 /빛/에서 비음 동화 규칙의 적용을 받아 도출된 것이다.

복수 기저형

기저형은 일반적으로 하나라고 가정한다. 그런데 하나의 기저형으로는 복수의 표면형들을 설명할 수 없는 경우가 있다. 표면형이 둘 이상이고, 하나의 기저형으로부터 나머지 표면형을 공시적인 규칙으로 도출해 낼 수 없을 때, 표면형 각각을 모두 기저형으로 설정하기도 한다. 이를 복수 기저형이라고 한다.

(20) ㉠ [덥따, 덥꼬, 덥찌, 더우니, 더우면, 더워서]
　　　㉡ [파라타, 파라코, 파라치, 파라니, 파라면, 파래서]

(20㉠)에서 용언 어간의 표면형으로 [덥-]과 [더우-]를 확인할 수 있

다. 하지만 둘 중 어느 하나를 기저형으로 설정하더라도 나머지 표면형을 공시적인 규칙으로 설명할 수 없다. '덥-'을 기저형으로 설정할 경우 '더우-'는 모음 앞에서 /ㅂ/이 /ㅜ/로 교체한다고 해야 하며, 반대로 '더우-'를 기저형으로 설정할 경우 자음 앞에서 /ㅜ/가 /ㅂ/으로 교체한다고 해야 한다. 그런데 공시적으로 /ㅂ/이 /ㅜ/로 교체하는 규칙이나 /ㅜ/가 /ㅂ/으로 교체하는 규칙을 설정할 수 없다. 왜냐하면 '입다'의 경우에는 [입따, 입꼬, 입찌, 이브니, 이브면]처럼 같은 /ㅂ/이지만 /ㅂ/이 /ㅜ/로 교체하지 않기 때문이다. 그래서 (20㉠)의 경우 /덥- ∝ 더우/라는 복수 기저형을 설정하기도 한다. (20㉡)의 경우도 평행하다. (20㉡)에서 용언 어간의 표면형으로 [파랗-], [파라-], [파래]를 확인할 수 있다. 그런데 [파랗-]과 [파라-], [파래]의 관계를 공시적인 음운 규칙으로 설명할 수 없기 때문에 /파랗- ∝ 파라- ∝ 파래/의 복수 기저형을 설정하기도 한다.

이러한 설명 방식에 따르면, '덥다'의 [덥-]은 복수 기저형 중의 하나인 /덥-/이라는 어간을 선택해서 사용한 것이고, '더우니'의 [더우-]는 복수 기저형 중의 하나인 /더우-/라는 어간을 선택해서 사용한 것이다. 따라서 표면형 [덥-]과 [더우-]는 공시적으로 아무런 관계가 없는 것이 된다. 이처럼 /덥- ∝ 더우-/의 복수 기저형을 설정하는 것은 표면형 [덥-]과 [더우-]가 더 이상 공시적인 교체의 관계가 아니라고 보는 것이다.

복수 기저형을 설정하는 것은 불규칙 활용을 설명하는 하나의 방법이다. 불규칙 활용이라는 말은 활용형 즉, 표면형들의 관계를 하나의 단일 기저형으로부터 공시적인 음운 규칙의 적용을 통해 설명할 수 없다는 것을 이미 내포하고 있다. 복수 기저형을 설정하는 것은 이러한 관점을 그대로 반영한 설명이다. 복수 기저형을 설정하게 되면, 표면형들은 단지 기저형에 존재하는 복수의 기저형 중의 하나일 뿐이다.

다시 말해 표면형들은 음운 규칙의 적용을 받아서 도출된 것이 아니다.

2.4.2. 교체의 환경

교체는 주로 음소와 음소의 통합 관계에서 발생한다. 즉 음소와 음소의 연쇄에서 일어나는데, 이를 음절구조를 통해 나타내면 (21)과 같다.

(21) ㉠ (C)VC₁$C₂V의 $C_1$$C_2$ 관계에서
ㄴ (C)V₁$V₂의 $V_1$$V_2$ 관계에서
ㄷ (C)V₁$CV₂의 $V_1$$V_2$ 관계에서
참고 C: 자음, V: 모음, $: 음절의 경계, (C)VC: VC이거나 CVC

자음의 교체는 자음과 자음이 인접되었을 때에만 일어난다. 그래서 음절의 관점에서 보면 (21㉠)처럼 선행 음절 종성과 후행 음절 초성 자음 간에 교체가 일어나게 된다. 모음의 교체는 (21ㄴ)처럼 모음과 모음이 인접되었을 때에 주로 일어나지만, (21ㄷ)처럼 모음 사이에 자음이 개재되었을 때에도 일어난다.

(21㉠~ㄷ) 각각에 해당하는 예들은 (22㉠~ㄷ)과 같다. 각각의 예늘에 대한 사세한 실명은 아래의 해당 부분에서 자세히 설명하기로 하고, 여기서는 대표적인 유형만 제시한다.

(22) ㉠ 국민[궁민], 신래[실래], 국개[국깨], 날개[날깨~낙깨]

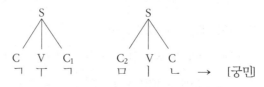

ⓛ 기어[겨~기여], 나누어[나눠~나누워]

→   [겨~기여]

ⓒ 어미[에미], 손잡이[손재비]

→   [에미]

많지는 않지만, 한 음절 내의 초성과 중성 사이에서 교체가 일어나
기도 한다. 즉 CV에서 C에 의해 V가 교체를 일으키는 경우인데, '아프
다[아푸다], 아버지[아부지], 잎으로[이푸로]'가 그 예이다. 즉 양순 자음
(/ㅂ, ㅍ, ㅃ, ㅁ/) 아래에서 /ㅡ/나 /ㅓ/ 모음이 /ㅜ/로 교체한다.

(23)

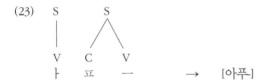

→   [아푸]

2.4.3. 교체의 기술

교체를 기술하는 방식은 무엇이 무엇으로 어떤 조건 환경에서 바뀌
었는가로 나타낸다. 이를 기호로 나타내면 아래와 같다.

㉮ X → Y / __Z   (X가 Z 앞에서 Y로 바뀌었다.)

ⓝ X → Y / Z__   (X가 Z 뒤에서 Y로 바뀌었다.)

ⓓ X → Y / A__ B   (X가 A와 B 사이에서 Y로 바뀌었다.)

이때 X가 입력이고, Y가 출력, Z가 환경이다. 'ⓖ~ⓓ'를 음소 배열
로 나타내면 아래와 같다.

ⓖ XZ → YZ

ⓝ ZX → ZY

ⓓ AXB → AYB

따라서 자료를 분석할 때도 교체를 기술하는 틀에 입각하여 분석하
게 된다.

첫째, 무엇이 바뀌었는가?

둘째, 무엇으로 바뀌었는가?

셋째, 어떤 조건 환경에서 바뀌었는가?

넷째, 왜 그러한 교체가 일어났는가?

넷째의 경우는 설명이 가능한 경우도 있고, 설명이 여전히 불가능
한 경우도 있다. 어쨌든 교체의 기술이 넷째 단계까지 가는 것이 이상
적이지만, 그렇지 못할 경우에도 적어도 셋째 단계까지는 기술되어야
한다.

2.5. 교체의 종류

　교체에는 크게 중화, 동화, 탈락, 첨가, 축약이 있다. 중화는 대립을 이루던 둘 또는 그 이상의 소리가 특정 조건 환경에서 대립을 상실하는 현상을 말한다. 국어에서 /잎/과 /입/은 모두 [입]으로 실현되어 음절말에서 /ㅍ/과 /ㅂ/이 더 이상 대립을 이루지 못하고 [ㅂ]으로만 실현된다. 이는 음절말에서 자음이 불파되는 국어의 특성으로 인해 야기되는 현상인데, 이를 중화라고 한다. 동화는 서로 다른 두 소리가 같거나 비슷하게 바뀌는 현상을 말한다. 그리고 첨가는 새로이 어떤 소리를 첨가시키는 현상인 반면, 탈락은 있던 소리를 탈락시키는 현상이다. 즉 음소의 개수라는 관점에서 보면, 첨가는 +1이 되는 현상인 반면, 탈락은 -1이 되는 현상이다. 축약은 결과적으로 음소의 개수가 -1이 된다는 점에서는 탈락과 비슷하지만, 음소가 완전히 탈락되는 것이 아니라 남은 음소에 그 흔적을 남긴다는 점에서 탈락과 다르다.

　이밖에 경음화, 두음 법칙, 이화와 같은 교체도 있다. 경음화는 평음 /ㅂ, ㄷ, ㅅ, ㅈ, ㄱ/이 어떠한 이유로 /ㅃ, ㄸ, ㅆ, ㅉ, ㄲ/으로 교체하는 현상을 말한다. 그리고 두음 법칙은 어두에서 /ㄹ/이나 /ㄴ/의 분포가 제약되는 현상을 이른다. 마지막으로 이화는 서로 같거나 비슷한 소리를 다르게 바꾸는 현상으로, 동화에 반대되는 개념이다.

2.5.1. 중화와 유표 · 무표

중화

중화는 대립하던 두 소리가 대립을 상실하는 것을 이른다. 중화에는 조건 중화와 무조건 중화가 있다. 조건 중화는 특정 조건 환경에서 그러한 대립이 상실되는 것을 말하고, 무조건 중화는 조건이 없이 즉, 모든 환경에서 대립이 상실되는 경우를 이른다.

중화에 해당하는 음운 현상으로는 음절말 자음의 불파화가 있다. 국어의 초성에는 /ㅇ/을 제외한 18개의 자음이 모두 올 수 있다. 하지만 음절말에 올 수 있는 자음의 종류는 제약된다.

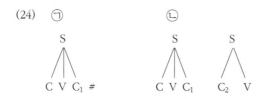

(24㉠처럼 뒤에 휴지(#)가 오거나, (24㉡처럼 뒤에 자음이 올 경우에 음절의 종성인 C_1에 올 수 있는 자음은 [ㅂ, ㄷ, ㄱ, ㅁ, ㄴ, ㅇ, ㄹ]의 7개로 제약된다. 이는 국어가 음절말 자음을 외파시키지 않고 불파시키는 특성을 갖고 있기 때문이다. 즉 음절말 자음이 외파되지 않고 불파됨으로써 특정 자음들이 제 음가대로 온전히 실현되지 못하게 되는 것이다. 하지만 뒤에 모음이 와서 외파 환경이 되면, 후행 음절의 초성으로 연음되어 제 음가대로 실현된다.

(25) ㉠ 입[입] : 잎[입]
　　 ㉡ 낫[낟] : 낟[낟] : 낮[낟] : 낯[낟] : 있다[인때] : 낱개 [낟깨]

ⓒ 국국 : 밖[박] : 동녘[동녁]

이처럼 음절말이라는 조건 환경에서 자음의 대립이 상실되는 현상을 중화라고 한다. 중화의 원인은 음절말 자음의 불파화 때문이다. 불파는 조음의 과정을 완전히 실현시키지 않고, 중간에 조음을 닫는 것이다. 중화의 내용은 (26)과 같다.

(26) ㉠ ㅂ : ㅍ : ㅃ → [ㅂ] / ___ {C, #}

㉡ ㅅ : ㄷ : ㅈ : ㅊ : ㅆ : ㅌ → [ㄷ] / ___ {C, #}

㉢ ㄱ : ㄲ : ㅋ → [ㄱ] / ___ {C, #}

참고 '___{C, #}'은 자음 앞(___{C})에서와 휴지 앞(___{#})이라는 두 환경을 하나로 합친 것이다.

국어의 자음 중 유성 자음인 비음(/ㅁ, ㄴ, ㅇ/)과 유음(/ㄹ/)은 음절말에서도 불파되지 않기 때문에 뒤에 자음이 오거나 휴지가 오더라도 제 음가대로 실현된다. 그 결과 음절말에서 발음될 수 있는 자음은 /ㅂ, ㄷ, ㄱ, ㅁ, ㄴ, ㅇ, ㄹ/ 7개가 된다. 이러한 결과적 양상에서 이름을 붙여 흔히 7종성 법칙이라고도 한다.

유표markedness와 무표unmarkedness

유표의 개념은 트루베츠코이(Trubetzkoy, 1936)에 의해 제안된 개념이다. 트루베츠코이의 유표 개념은 원래 중화의 위치에서만 의미를 갖는 개념이었다. 즉 대립을 이루는 구성원들 가운데 중화가 일어나는 자리에 나타나는 것이 무표적인 구성원이고, 그렇지 못한 것이 유표적인 구성원이다. 이에 따르면 /ㄱ/은 /ㅋ, ㄲ/에 비해 무표적인 소리이고, 또한 /ㄷ/은 /ㅌ, ㄸ, ㅅ, ㅆ, ㅈ, ㅊ, ㅉ/에 비해 무표적인 소리이다.

트루베츠코이의 유·무표 개념은 생성 이론에 와서 중화의 위치에 국한하지 않고, 언어 보편적인 단계로 끌어올려져 유표 이론(Markedness Theory)으로 발전하였다. 그래서 단순히 분절음들 사이의 복잡도뿐만 아니라 체계들 사이에서의 복잡도에도 유·무표의 개념이 적용 가능하게 되었다.

일반적으로 무표는 자연스러운 것이고, 유표는 자연스럽지 못한 즉, 눈에 띄는 것을 의미한다. 무표와 유표는 절대적인 개념이 아니라 상대적인 개념이다. 그래서 절대적인 유표와 절대적인 무표를 상정할 수 없다. 유표의 개념을 정리하면 다음과 같다.

첫째, 유표는 어떤 것이 더해졌다는 의미가 있다. 그래서 더해지기 전의 것이 더해진 것보다 무표적이다. 예컨대 /ㅋ/은 /ㄱ/에서 추가적인 조음 동작이 요구되는 소리이다. 따라서 /ㅋ/이 /ㄱ/보다 유표적인 소리이고, /ㄱ/이 /ㅋ/에 비해 무표적인 소리이다.

둘째, 언어 보편적으로 빈번하게 나타나는 것이 그렇지 못한 것보다 무표적이다. 이는 통계적인 개념과 관련이 있다. 예컨대 모음 [a]는 대부분의 언어에서 나타나지만, 모음 [i]가 나타나는 언어는 극히 제한적이다. 따라서 모음 [a]는 모음 [i]보다 무표적이다.

셋째, 보다 배우기 쉬운 소리가 보다 배우기 어려운 소리보다 무표적이다. 따라서 유아의 언어 습득에서 일찍 배우는 소리가 보다 늦게 배우는 소리보다 무표적이다. 유아의 언어 습득에서 자음 중에서는 양순음을 다른 조음 위치의 자음보다 먼저 습득하고, 모음 중에서는 [a] 모음을 가장 먼저 습득한다. 따라서 양순음이 연구개음보다 무표적이고, [a] 모음이 다른 모음보다 무표적이다.

유표음은 무표음의 존재를 내포하고 있지만, 그 역은 성립하지 않는다. 예컨대 /ㅋ/은 /ㄱ/에 비해 유표적인 소리이다. 그래서 어떤 언어에 /ㅋ/이 존재한다는 것은 /ㄱ/의 존재를 내포한다. 하지만 어떤 언어에 /ㄱ/이 존재한다고 해서 /ㅋ/의 존재를 내포하지는 못한다.

🔍 관련 국어사 지식

중세 국어에서는 현대 국어와 달리 음절말에서 실현될 수 있는 자음이 8개였다. 즉 현대 국어의 7개 /ㅂ, ㄷ, ㄱ, ㅁ, ㄴ, ㅇ, ㄹ/에 더하여 /ㅅ/이 음절말에서 실현되었다. 이는 훈민정음 종성해에서 'ㄱ ㆁ ㄷ ㄴ ㅂ ㅁ ㅅ ㄹ 八字可足用也'라는 기술에서 분명히 확인할 수 있다. 그러다가 16세기 이후에 음절말 [ㅅ]과 [ㄷ]이 더 이상 대립을 이루지 못하고 음절말의 [ㅅ]이 [ㄷ]으로 중화되어 오늘날에 이르고 있다.

이때 발음상으로는 [ㅅ]이 [ㄷ]으로 중화되었지만, 표기상으로는 'ㅅ' 표기로 단일화되었다. 즉 중세 국어에서 'ㄷ' 종성을 가지고 있던 '벋, 붇(筆,) 곧(處,) 갇(笠)'이 근대 국어에서 '벗, 붓, 곳, 갓'으로 표기되었다. 이로 인해 원래 /ㅅ/ 종성을 가지고 있던 '옷, 이웃, 웃듬, 맛'과 원래 /ㄷ/ 종성을 가지고 있던 단어들이 표기상으로 구분이 되지 않게 되었다.

근대 국어 표기법에서는 이를 구분하기 위한 방법으로 원래 /ㄷ/ 종성을 가지고 있던 단어들은 '벗이, 붓이'처럼 분철 표기를 하고, 원래 /ㅅ/ 종성을 가지고 있던 단어들은 '이우시, 오시'처럼 연철 표기를 하여 구분하기도 하였다. 이러한 표기상의 구분은 근대 국어 당시의 문법 의식의 발달을 보여주는 한 증거로 설명된다.

2.5.2. 동화

동화는 어떤 음소가 다른 음소의 영향을 받아 그와 비슷하거나 같은 음으로 바뀌는 현상을 이른다. 동화는 발음의 경제성 즉, 발음을 좀 더 편하게 하고자 하는 욕구에서 비롯된 현상이다. 동화는 보통 조음 방식을 같게 하거나 또는 조음 위치를 같게 하는 양상으로 나타난다.

인접한 두 소리의 조음 방식의 차이를 좁히거나 조음 위치의 거리를 좁히게 되면 조음이 편해지게 된다.

동화의 명칭은 'X화'와 같은 형식으로 불리는데, 이는 원래 X가 아닌 어떤 소리가 어떤 조건 환경에서 X로 바뀌었음을 의미한다. 따라서 X화된다는 것은 원래의 소리는 X가 아니었음을 전제한다. 예컨대 비음 동화는 원래 비음이 아닌 소리가 비음이 된다는 뜻이다.

동화는 다음과 같이 분류된다.

자음 동화와 모음 동화

동화를 입는 소리가 자음이면 자음 동화, 모음이면 모음 동화라고 한다. 이때 동화의 환경은 관여적이지 않다.

┌ 자음 동화 : 비음 동화, 유음 동화, 구개음화, 변자음화(양순음화,
│   연구개음화)
└ 모음 동화 : 움라우트(/ㅣ/모음 역행 동화), 원순모음화

순행 동화와 역행 동화

선행하는 소리에 의해 후행하는 소리가 동화를 입으면 순행 동화라고 하고, 반대의 경우 즉, 후행하는 소리에 의해 선행하는 소리가 동화를 입으면 역행 동화라고 한다. 국어의 동화 현상 중에는 순행 동화에 비해 역행 동화가 압도적으로 많다.

┌ XY → YY : 역행 동화 : 신래[실래], 국민[궁민], 같이[가치]
└ XY → XX : 순행 동화 : 달나래[달라래]

조음 위치 동화와 조음 방식 동화

동화는 크게 조음 위치 동화와 조음 방식 동화가 있다. 조음 위치 동화가 두 음소 간의 조음의 거리를 좁힘으로써 조음의 편의를 추구하는 현상이라면, 조음 방식 동화는 조음의 방식을 일치시킴으로써 또한 조음의 편의를 추구하는 현상이다.

구개음화, 변자음화, 움라우트 등은 조음 위치 동화이고, 비음 동화, 유음 동화, 원순모음화는 조음 방식 동화에 해당한다.

완전 동화와 불완전 동화(부분 동화)

완전 동화는 조음 위치와 조음 방식을 모두 같게 하는 것으로 조음 위치와 조음 방식이 같아지면 동일한 소리가 된다. 불완전 동화는 조음 위치만 같아지게 하거나 또는 조음 방식만 같아지게 하는 경우이다.

    XY → XX, YY : 완전 동화 : 달나래[달라래], 눈물[눔물]
    XY → XX', Y'Y : 불완전 동화 : 국민[궁민], 아기[애기]

인접 동화와 원격 동화

인접 동화는 동화주와 피동화주가 인접되어 있고, 그 사이에 다른 소리가 개재되지 않은 환경에서 일어나는 동화를 말한다. 이에 비해 원격 동화는 동화주와 피동화주 사이에 다른 소리가 개재되었음에도 일어나는 동화를 이른다. 대부분의 동화는 인접 동화이다. 자음 동화는 모두 인접 동화이고, 모음 동화 가운데 움라우트(/ㅣ/ 모음 역행동화)는 원격 동화에 해당한다.

1) 비음 동화(비음화)

비음 동화는 비음 앞에서 비음이 아닌 소리가 비음으로 교체되는 현상이다. 비음 동화는 음소의 위치는 그대로 두고, 음소의 조음 방식을 자신과 동일하게 바꾸는 전형적인 조음 방식 동화에 해당한다.

(27) ㉠ 입냄새[임냄새], 앞문[암문], 덮는대[덤는다], 돕는[돔는]
　　 ㉡ 빗물[빈물], 낱말[난말], 닫는대[단는대], 맞는대[만는대]
　　 ㉢ 국물[궁물], 작년[장년], 먹는대[멍는대], 닦는대[당는대]

(28)

(28)에서처럼 C_1에 비음이 아닌 소리가 오고, C_2에 비음이 오면 C_1이 C_2의 비음에 동화되는 현상을 비음 동화라고 한다. 위의 조건 환경에서 C_1에 올 수 있는 자음은 /ㅂ, ㄷ, ㄱ, ㅁ, ㄴ, ㅇ, ㄹ/ 7개이고, C_2에 올 수 있는 비음은 /ㅁ, ㄴ/이다. C_1이 비음이면, 이미 비음이기 때문에 비음 동화가 일어나지 않는다. 따라서 비음 동화는 C_1에 /ㅂ, ㄷ, ㄱ/이 오고 C_2에 /ㅁ, ㄴ/이 올 때, /ㅂ, ㄷ, ㄱ/이 비음 /ㅁ, ㄴ, ㅇ/으로 동화되는 현상이다. 즉 /ㅂ/, /ㄷ/, /ㄱ/이 비음 앞에서 각각 자신과 동일한 조음 위치의 비음 /ㅁ/, /ㄴ/, /ㅇ/으로 교체한다.

(27㉠)의 '앞문, 덮는다', (27㉡)의 '빗물, 낱말, 맞는다', (27㉢)의 '닦는다'의 경우에는 비음 동화가 적용되기 전에 중화를 먼저 겪는다.

(29) /앞문/ ⟶ [압문] ⟶ [암문]

/빗물/ ⟶ [빋물] ⟶ [빈물]

/닦는다/ ⟶ [닥는다] ⟶ [당는다]

중화   비음 동화

위에서 살펴본 것과 같지는 않지만, 결과적으로 비음으로 바뀐다는 점에서 비슷한 현상이 있다.

(30) ㉠ 담력[담녁], 침략[침냑], 강릉[강능], 종로[종노]

㉡ 국력[궁녁], 백리[뱅니], 입력[임녁], 합리[함니], 몇 리[면니]

㉢ 노래, 고려, 오리, 다리

(30㉠, ㉡)에서 보듯이 $CVC_1\$C_2V(C)$ 환경에서 즉, 선행 음절의 종성이 채워져 있고, 후행 음절의 초성이 /ㄹ/일 때 /ㄹ/이 /ㄴ/으로 교체한다. (30㉢)처럼 $CV\$CV(C)$ 환경에서는 즉, 선행 음절의 종성이 없을 때는 이러한 교체가 일어나지 않는다. 이때 C_1 즉, 선행 음절 종성에 올 수 있는 자음 /ㅂ, ㄷ, ㄱ, ㅁ, ㄴ, ㅇ, ㄹ/ 가운데 /ㄴ, ㄹ/을 제외한 자음이 오면 /ㄹ/은 /ㄴ/으로 교체한다. C_1에 /ㄹ/이 올 때는 C_2의 /ㄹ/과 같기 때문에 교체가 없고, C_1에 /ㄴ/이 올 때는 뒤에서 살펴보겠지만 /ㄴ/이 /ㄹ/로 교체하는 것이 일반적이다.

이를 규칙의 구조 기술로 나타내면 (31)과 같다.

(31) ㄹ → ㄴ / C____ (단 C가 /ㄹ/일 때는 제외)

2) 유음 동화(설측음화)

국어에서는 $CVC_1\$C_2V(C)$ 환경에서 C_1-C_2에 'ㄴ-ㄹ' 또는 'ㄹ-ㄴ'이 표

면형으로 실현되는 것이 제약된다. 그래서 이러한 연쇄가 주어지면 /ㄴ/ 이 /ㄹ/로 교체하여 결국 '르-르'로 실현된다. 이를 유음 동화(유음화) 또는 설측음화라고 한다.

(32) ㉠ 난로[날로], 신래[실래], 대관령[대괄령], 논란[놀란]
　　 ㉡ 칼날[칼랄], 물난리[물랄리], 불놀이[불로리]

(32㉠), (32㉡)을 규칙으로 나타낸 것이 각각 (33㉠), (33㉡)이다. 그리고 (33㉠)과 33㉡)의 규칙의 구조 기술을 하나로 합친 것이 (33㉢)이다.

(33) ㉠ ㄴ → ㄹ / ＿＿＿ ㄹ
　　 ㉡ ㄴ → ㄹ / ㄹ＿＿＿
　　 ㉢ ㄴ → ㄹ ％ ㄹ

이때 환경을 나타내는 기호 '％'는 앞이나 뒤라는 의미를 나타낸다. 즉 '％ㄹ'은 /ㄹ/의 앞이나 뒤라는 뜻이다.

그런데 'ㄴ-ㄹ'의 연쇄일 때 유음 동화되지 않고, 오히려 /ㄹ/이 /ㄴ/으로 교체하는 경우도 있다.

(34) 음운론[음운논], 의견란[의견난], 생산량[생산냥], 공신력[공신녁]

이때는 유음 동화에 앞서 선행 음절의 종성이 채워져 있을 때 /ㄹ/이 /ㄴ/으로 교체하는, 앞에서 살펴본 (30)의 현상이 먼저 적용된 것이다.

3) 구개음화

구개음화는 구개음이 아닌 음이 구개음으로 교체하는 현상을 이른다. 여기서 구개음이란 경구개 자음을 일컫는다. 그래서 더 정확히 표현할 때는 경구개음화라고 하기도 한다. 구개음화의 조건 환경은 /ㅣ/ 모음과 활음 /y/인데, 이들의 조음 위치는 자음의 조음 위치상으로 보면 경구개 위치이다. 두 음소 간의 조음 거리가 길면 길수록 조음은 그만큼 더 힘들다. 따라서 구개음화는 /i, y/가 선행하는 치조음 /ㄷ, ㅌ, ㄸ/을 자신의 조음 위치에 있는 자음인 경구개자음 /ㅈ, ㅊ, ㅉ/으로 바꿈으로써 조음의 편의를 도모하고자 하는 현상이다.

> (35) ㉠ 굳이[구지], 같이[가치], 해돋이[해도지], 미닫이[미다지]
> ㉡ 밭이[바치], 솥이[소치], 밑이[미치]
> ㉢ 붙이다[부치다], 닫히다[다치다], 묻히다[무치다]

(35)에서 보듯이 /ㄷ, ㅌ/이 /ㅣ/ 모음 앞에서 /ㅈ, ㅊ/으로 바뀐다. 구개음화의 입력은 치조음 /ㄷ, ㅌ, ㄸ/이다. 다만 /ㄸ/이 /ㅉ/으로 바뀌는 예는 실재하지 않는 것일 뿐, 만일 예가 있다면 당연히 구개음화의 적용을 받는다.

(35㉠)은 단어 내부의 환경이고, (35㉡)은 '체언+조사'의 곡용 환경으로 차이가 있다. (35㉠)의 경우 그 표면형이 항상 [구지, 가치, 해도지, 미다지]이기 때문에, 기저형이 구개음화된 /구지, 가치, 해도지, 미다지/로 설정해야 한다고 주장하기도 한다. 이럴 경우 (35㉠)은 이미 구개음화된 형으로 재구조화한 것이 되므로 공시적인 구개음화의 예가 되지 못한다. 하지만 (35㉠)이 각각 '굳 + -이', '같 + -이', '해돋 + -이', '미닫 + -이'의 결합형이라는 형태론적 구성에 대한 언어 지식을 언중

들이 갖고 있다고 보면, 여전히 공시적인 구개음화의 예가 된다. (35
ⓒ)은 용언 어간에 피·사동 접미사가 결합한 파생어이다. 이 경우도
피·사동 파생이 공시적인 조어 과정이 아니라고 해석하는 입장에서
는 그 기저형을 이미 구개음화된 /부치다, 다치다, 무치다/로 설정하
고, 공시적인 구개음화의 적용 대상이 아니라고 하기도 한다. 이는 단
어 내부에서 일어나는 음운 현상을 공시적인 것으로 볼 것이냐 아니
면, 통시적인 것으로 볼 것이냐, 그리고 피·사동 파생을 공시적인 조
어 과정으로 볼 것이냐 아니면 통시적인 조어의 결과로 볼 것이냐에
따른 해석상의 차이이다.

/ㅣ/ 모음뿐만 아니라 활음 /y/ 역시 구개음화의 조건 환경이다. 다
만 공시적으로 /y/ 앞에서의 구개음화 예를 찾기가 어려울 뿐이다. 그
런데 '붙이-＋-어 → 붙여[부처]'의 도출 과정을 '붙이-＋-어 → [부텨]
→ [부처]'로 보게 되면, 즉 중간 도출형 [부텨]를 상정하게 되면, '부텨
[putʰyə] → 부처[pucʰə]'에서 /y/ 앞에서의 구개음화의 예를 상정할 수
있다. 표면형 '부처[pucʰə]'는 /ㅌ/이 /y/ 앞에서 /ㅊ/으로 구개음화된
후 /y/가 탈락한 것이다. 그런데 이 경우도 표면형 [부처]가 '붙이-＋-어
→ 부티어 → 부치어 → 부처'의 도출 과정을 거쳤다고 보게 되면, /ㅣ/
앞에서의 구개음화 예가 된다.

구개음화를 ㅠ직의 구조 기술로 나타내면 (36)과 같다.

$$(36) \quad \begin{Bmatrix} ㄷ \\ ㅌ \\ ㄸ \end{Bmatrix} \rightarrow \begin{Bmatrix} ㅈ \\ ㅊ \\ ㅉ \end{Bmatrix} / \underline{\quad} \begin{Bmatrix} i \\ y \end{Bmatrix}$$

통시적으로 /y/ 앞에서 구개음화된 예들은 이미 어간이 구개음화된
상태로 모두 재구조화되었기 때문에 현대 국어에서 그 예를 찾아보기

어렵다(예: 뎡수리 > 졍수리, 둏다 > 좋다, 텬디 > 천지). 물론 / ㅣ / 모
음 앞에서도 많은 단어들이 이미 구개음화된 상태로 재구조화되었다
(예: 디다 > 지다, 디르다 > 지르다, 티다 > 치다).

한편 구개음화의 조건 환경임에도 구개음화가 적용되지 않는 일련
의 어휘들이 있다.

(37) ㉠ 잔디, 마디, 부디, 티끌, 느티나무, 디디다, 버티다
㉡ 디자인, 디스크, 디지털, 오디오, 라디오, 티셔츠

(37㉠)의 경우는 원래는 '잔듸, 마듸, 부듸, 듸듸다'처럼 어간의 모음
이 이중모음이었다. 그래서 구개음화 규칙의 적용 대상이 되지 않던
단어들이었다. 그런데 이중모음 / ㆎ/, /ㅢ/가 단모음 / ㅣ /로 변화하면
서 구개음화의 조건 환경이 만들어진 것들이다. 하지만 이중모음이 단
모음화되던 19세기 말에는 이미 형태소 내부에서의 구개음화가 소멸
되었기 때문에 구개음화가 적용되지 않은 것으로 설명한다. 마찬가지
로 (37㉡) 역시 형태소 내부에서의 구개음화가 소멸된 이후인 20세 이
후의 차용어들이기 때문에 구개음화가 적용되지 않았다. 이렇게 볼 경
우 현대 국어의 구개음화는 형태소 경계에서만 적용되는 것으로 규칙
의 적용 환경이 축소된 것이다. 실제 (35)의 예들은 모두 형태소 경계
에서 일어난 구개음화이다.

구개음화가 발생한 것은 근대 국어에 와서의 일이다. 그러면 중세 국어에서는 왜 구개음화가 발생하지 않았는가? 이는 중세 국어의 자음 체계에서 그 원인을 찾을 수 있다. 즉 중세 국어의 자음 체계에서 /ㅈ, ㅊ, ㅉ/은 현대 국어처럼 경구개 위치에서 나는 소리가 아니었다. 다시 말해 경구개음이 아니었다. 훈민정음의 기술을 그대로 따른다면 /ㅈ/은 설음인 /ㄷ/보다 앞쪽에서 나는 소리였다. 학자에 따라서는 /ㅈ/을 설음과 같은 위치 즉, 현대 국어로 보면 치조음 위치에서 나는 소리였던 것으로 보기도 하는데, 어쨌든 적어도 중세 국어의 /ㅈ/은 경구개 위치에서 나는 소리는 아니었다. 즉 /ㅈ, ㅊ, ㅉ/은 중세 국어에서 현대 국어에 이르는 동안 문자는 변화 없이 그대로이지만, 문자의 소릿값은 중세 국어와 현대 국어가 달랐다. 구개음화라는 말은 구개음의 존재를 전제한다. 그런데 중세 국어에는 /ㅈ, ㅊ, ㅉ/이 구개음이 아니었으므로, 당연히 구개음화가 발생할 수 없었다. /ㅈ, ㅊ, ㅉ/이 현대 국어와 같은 경구개 위치에서 나는 소리로 변화한 것이 근대 국어이다. 그렇기 때문에 구개음화의 발생이 /ㅈ, ㅊ, ㅉ/이 경구개 위치로 이동한 근대 국어에 와서야 발생할 수 있었던 것이다.

근대 국어에 일어난 구개음화 중에는 '기픈 → 집픈', '계집 → 제집'처럼 /ㄱ/이 /i, y/ 앞에서 /ㅈ/으로 바뀌는 /ㄱ/ 구개음화도 있다. /ㄱ/ 구개음화는 어두 음절에서만 나타나는 특징이 있었다. 또한 근대 국어 시기에 '녀자 > 여자, 량반→ 양반'처럼 어두에서 /ㄴ/, /ㄹ/이 /i, y/ 앞에서 탈락하는 현상이 나타나는데, 이를 /ㄴ/ 구개음화, /ㄹ/ 구개음화라고 부르기도 한다. 아무튼 현대 국어의 두음 법칙은 근대 국어 시기에 발생한 /ㄴ/ 구개음화, /ㄹ/ 구개음화와 직접적으로 관련된 사건이다. 학자에 따라서는 '효ᄌᆞ → 쇼ᄌᆞ', '형님 → 셩님'처럼 /ㅎ/이 /i, y/ 앞에서 /ㅅ/으로 바뀌는 현상도 구개음화의 범주에 포함하여 /ㅎ/ 구개음화라고 부르기도 하는데, /ㅎ/ 구개음화가 발생한 시기 역시 근대 국어이다.

/ㄱ/ 구개음화, /ㄴ/ 구개음화, /ㄹ/ 구개음화, /ㅎ/ 구개음화 모두 /ㄷ/ 구개음화와 달리 어두 음절에서만 나타나는 특성을 보인다는 점에서는 공

통적이다. 그리고 /ㄴ/ 구개음화와 /ㄹ/ 구개음화는 /ㄴ/과 /ㄹ/이 경구개
음소로 교체하는 것이 아니라 각각 경구개 변이음 [ɲ], [ʎ]으로 교체한 뒤
결과적으로 탈락한다는 점에서 /ㄷ/, /ㄱ/, /ㅎ/ 구개음화와는 그 성격이 다
르다.

4) 움라우트(/ㅣ/모음 역행 동화)

움라우트는 기본적으로 후설 모음이 전설 모음으로 교체되는 현상
을 이른다. 그 조건 환경은 /i, y/ 앞이다. 이는 /i, y/가 전설 모음이기
때문에 앞에 있는 후설 모음을 자신과 같은 전설의 위치로 바꿈으로써
조음의 편의를 도모하기 위한 현상이다. 이때 조음 방식과 높이는 동
화되지 않는다. 그래서 후설의 평순모음 /ㅓ, ㅏ/는 각각 같은 높이의
전설의 평순모음 /ㅔ, ㅐ/로, 그리고 후설의 원순모음 /ㅗ, ㅜ/는 각각
같은 높이의 전설의 원순모음 /ㅚ, ㅟ/로 바뀐다.

(38) ㉠ 어미[에미], 먹이다[메기다]
     ㉡ 아비[애비], 지팡이[지팽이], 아끼다[애끼다]
     ㉢ 고기[괴기], 속이다[쇠기다]
     ㉣ 구경[귀경], 후비다[휘비다]

이를 규칙의 구조 기술로 나타내면 다음과 같다.

(39) [후설 모음] → [전설 모음 /___C{i, y}
     참고 단, C는 치조음, 경구개음이 아니어야 함.

움라우트는 동화주인 /i, y/와 피동화음인 후설 모음(/ㅏ, ㅓ, ㅗ, ㅜ/)
사이에 반드시 자음이 개재하는 환경에서 일어나는데, 이때 자음은 양

순음과 연구개음이 개재할 때이다. 그래서 (40㉠)처럼 치조음이나 경구개음이 개재할 때는 움라우트가 일어나지 않는다. 또한 (40㉡)처럼 개재 자음이 없을 때도 역시 움라우트가 일어나지 않는다.

(40) ㉠ 바지, 가지, 마디, 부디, 고니, 소리, 고리
     ㉡ 오이, 아이, 구이, 누이, 보이다, 누이다

움라우트는 후설 모음이 후행하는 /i, y/의 전설성에 동화되어 전설 모음이 되는 위치 동화이다. 그리고 위치 동화이기 때문에 높이나 조음 방식은 달라지지 않는다.

(41) 호미, 나비, 거미, 구비

(41)은 움라우트의 조건 환경이 충족되었음에도 움라우트가 일어나지 않는 예들이다. (41)에서 움라우트가 적용되지 않는 이유에 대한 설명은 이들이 움라우트가 적용될 당시에 이중모음이었다는 사실에서 찾는다. 즉 원래 이들은 움라우트가 적용될 당시에 '호믜, 나븨, 거믜, 구븨'로 움라우트의 적용 환경이 아니었다. 19세기 이후 이중모음이 단모음화되어 '호미, 니비, 거미, 구비'가 되었지만, 이때는 이미 형태소 내부에서 적용되던 움라우트 규칙이 소멸되었기 때문에 움라우트의 적용을 받지 않게 되었다는 것이다.

움라우트는 어휘에 따라서 적용되기도 하고 적용되지 않기도 하는 특성을 보인다. 예컨대 '높이다, 보기, 저기, 목욕' 등은 움라우트의 조건 환경임에도 움라우트가 일어나지 않는다. 즉 움라우트는 필수적인 규칙이라기보다는 수의적인 규칙의 속성을 보인다. 특히 움라우트는

세대에 따라 적용과 비적용의 차이를 보이는 음운 현상 중의 하나이다. 젊은 세대일수록 움라우트가 잘 적용되지 않는다.

🔎 관 련 국 어 사 지 식

움라우트가 발생한 것은 적어도 18세기 이후의 일이다. 그러면 중세 국어에서는 왜 움라우트가 발생하지 않았는가? 움라우트는 후설 모음이 전설 모음으로 바뀌는 현상이다. 그런데 중세 국어 모음 체계에서는 전설 모음에 /ㅣ/밖에 없었다. 표기상 'ㅔ, ㅐ, ㅚ, ㅟ'는 중세 국어 당시 각각 [əy], [ay], [oy], [uy]의 이중모음이었고, 'ㅔ, ㅐ, ㅚ, ㅟ'가 현대 국어와 같이 단모음 [e], [ɛ], [ö], [ü]로 변화한 것은 근대 국어에 와서의 일이다. 움라우트는 전설성 동화이므로 당연히 모음 체계에서 전설 모음의 존재를 전제한다. 하지만 중세 국어에서는 동화될 수 있는 전설 모음이 존재하지 않았기 때문에 움라우트가 발생할 수 없었던 것이다. 그래서 근대 국어에 와서 'ㅔ, ㅐ, ㅚ, ㅟ'가 전설 모음 [e, ɛ, ö, ü]로 바뀌는 변화가 일어난 후에야 비로소 움라우트가 발생하였다.

5) 모음조화

모음조화는 특정 모음끼리의 결합을 선호하는 현상을 이르는데, 엄밀히 말하면 동화 현상이라고 하기 어려운 면이 있다. 국어의 모음조화는 일반적으로 음성 모음과 양성 모음의 조화로 설명한다. 즉 음성 모음은 음성 모음끼리, 양성 모음은 양성 모음끼리 결합하는 현상을 이른다.

현대 국어에서 모음조화는 (42)처럼 의성어나 의태어, 그리고 (43)처럼 일부 어미(부사형 어미 '-아/어', 과거 시제 선어말 어미 '-았/었-')에서만 그 흔적이 남아 있고, 대부분은 붕괴되었다.

(42) ㉠ 팔짝팔짝, 아장아장, 개골개골, 꾀꼴꾀꼴

  ㉡ 펄쩍펄쩍, 어정어정, 데굴데굴, 쉬엄쉬엄

(43) ㉠ 잡았다/잡아서, 보았다/보아서

  ㉡ 먹었다/먹어서, 주었다/주어서, 베었다/베어서, 쉬었다/쉬어서

  ㉢ 개었다/개어서, 꾀었다/꾀어서, 씻었다/씻어서

(42)의 의성·의태어에서는 /ㅏ, ㅐ, ㅗ, ㅚ/가 양성 모음, /ㅓ, ㅔ, ㅜ, ㅟ/가 음성 모음으로 서로 조화를 이루는데 비해, (43)에서는 /ㅏ, ㅗ/ 모음만이 '-아X' 계열의 어미와 결합하여 차이를 보인다. 다시 말해 현대 국어의 활용에서는 /ㅏ, ㅗ/ 만이 양성 모음인 '-아X', '-았-' 어미와 결합하고, /ㅐ, ㅚ/는 음성 모음인 '-어X', '-었-' 어미와 결합한다. 의성·의태어의 경우에도 이미 모음조화가 붕괴된 예들도 상당수 있다.

(44) 깡충깡충, 실룩샐룩, 가물가물, 나풀나풀, 오물오물

🔎 관련 국어사 지식

 모음조화의 붕괴는 국어사적으로 /ㆍ/(아래 아)의 소멸과 직접적으로 관련이 있다. /ㆍ/의 소멸은 2단계에 걸쳐 일어난다. 1단계 변화는 16세기 무렵에 일어난 비어두에서의 /ㆍ/ > /ㅡ/의 변화이고, 2단계 변화는 18세기 무렵에 일어난 어두에서의 /ㆍ/ > /ㅏ/의 변화이다. /ㆍ/의 2단계 변화에 해당하는 예로는 'ᄒᆞ나>하나', 'ᄑᆞ리>파리' 등이 있다. 모음조화 붕괴와 직접적으로 관련이 있는 변화는 /ㆍ/의 1단계 변화이다.

 중세 국어의 '아ᄎᆞᆷ, 가ᄂᆞᆯ다'가 /ㆍ/의 1단계 변화에 의해 '아ᄎᆞᆷ > 아츰 > 아침', '가ᄂᆞᆯ다 > 가늘다'로 변화하면서 단어 내부에서의 모음조화가 붕괴된다. 활용에서도 중세 국어에서는 '마ᄀᆞ니(막으니) : 머그니(먹으니)', '마ᄀᆞ면 : 머그면'처럼 '-ᄋᆞX : -으X'의 대립이 유지되었다. 그러나 /ㆍ/의 1단계 변화

6) 위치 동화

위치 동화는 조음 방식과는 무관하게 조음 위치를 동화시키는 현상이다. 위치 동화는 역행 동화만 있고, 순행 동화는 없다.

(45) ㉠ 깃발 → [긷빨~깁빨], 듣고 → [듣꼬~득꼬], 밥그릇
　　　 → [밥끄륻~박끄륻]
　　 ㉡ 돈만 → [돈만~돔만], 난국 → [난국~낭국], 감기
　　　 → [감기~강기]

(45)에서 보듯이 위치 동화는 다른 동화와 달리 필수적인 동화가 아니라 수의적인 동화이다. 그래서 [긷빨]이라는 발음도 나타나면서 또한 [깁빨]이라는 발음도 나타난다. 즉 동일한 조건 환경에서 위치 동화가 일어날 수도 있고, 일어나지 않을 수도 있다.

위치 동화의 방향은 (45')와 같다.

(45') ㉠ ㅂ ← ㄷ → ㄱ

　　 ㉡ ㅁ ← ㄴ → ㅇ

즉 /ㄷ/이 양순 자음(ㅂ, ㅍ, ㅃ) 앞에서 /ㅂ/으로 동화되거나 또는, /ㄷ/이나 /ㅂ/이 연구개 자음(ㄱ, ㅋ, ㄲ) 앞에서 /ㄱ/으로 동화된다. 비음의 경우에도 평행하다. /ㄴ/이 양순 자음 앞에서 /ㅁ/으로 동화되거

나 또는, /ㄴ/이나 /ㅁ/이 연구개 자음(/ㄱ, ㅋ, ㄲ/) 앞에서 /ㅇ/으로 동화된다. 자음 체계 상에서 /ㅂ/과 /ㄱ/은 가장자리에 있는 소리이다. 그래서 (45)의 현상을 변자음화라고 부른다. 달리 동화된 소리의 이름을 따서 /ㄷ/ → /ㅂ/과 /ㄴ/ → /ㅁ/을 양순음화, 그리고 /ㄷ, ㅂ/ → /ㄱ/과 /ㄴ, ㅁ/ → /ㅇ/을 연구개음화라고 부르기도 한다.

2.5.3. 탈락

탈락은 원래 있던 소리가 어떠한 이유로 떨어져 나가는 현상이다. 즉 음소의 수가 원래보다 -1이 되는 현상이다. 탈락의 규칙 기술은 'x → ø / z'와 같이 나타낸다. 국어에서 탈락은 /ㅡ/ 탈락, 동일 모음 탈락(/ㅏ, ㅓ/ 탈락), /ㄹ/ 탈락이 있다. 탈락한 음소는 어떠한 흔적도 남기지 않는다.

어간말 자음군 단순화 역시 후행 음절의 초성이 자음으로 채워져 있을 때 자음군 중에 하나가 탈락한다는 점에서는 탈락에 해당한다. 그런데 어간말 자음군 단순화는 초성과 종성에 하나의 자음만 허용하는 국어의 음절 구조 제약 때문에 두 자음 중 하나가 탈락하는 것으로, 여타의 탈락과는 그 원인이 다르다.

1) /ㅡ/ 탈락

어미나 조사 가운데는 /ㅡ/로 시작되는 것들이 많다. 이들 /ㅡ/로 시작하는 어미나 조사는 모음으로 끝나는 어간과 만나면 어미나 조사의 두음 /ㅡ/가 탈락한다.

(46) ㉠ 가- + -으면 → 가면

　　　 가- + -(으)ㄹ → 갈

　　　 가- + -(으)ㄴ → 간

　　㉡ 나무 + -으로 → 나무로

　　　 배 + -으로 → 배로

(47) ㉠ 먹- + -으면 → 먹으면

　　　 먹- + -(으)ㄹ → 먹을

　　　 먹- + -(으)ㄴ → 먹은

　　㉡ 손 + -으로 → 손으로

　　　 집 + -으로 → 집으로

　(46)과 (47)에서 보듯이 국어의 '-으x'계 어미(-으니, -으면, -(으)ㄹ, -(으)ㄴ ……)나 /ㅡ/로 시작하는 조사 '-으로'는 (47)처럼 어간이 자음으로 끝나면 그대로 실현되지만, (46)처럼 어간이 모음으로 끝나면 /ㅡ/가 탈락한다. 이를 규칙의 구조 기술로 나타내면 (48)과 같다.

　(48) /ㅡ/ → ø / V]stem_____

　　　참고 V]stem_____은 모음으로 끝나는 용언이나 체언 어간 뒤.

　다만 '돌로(돌 + -으로), 길로(길 + -으로)', '나니(날- + -으니), 도니(돌 + -으니)'처럼 어간의 말자음이 /ㄹ/일 때에는 어간이 자음으로 끝나지만, 모음 뒤에서와 마찬가지로 /ㅡ/가 탈락한다. 즉 이 경우에 /ㄹ/은 모음과 같은 행동을 보인다. 이를 형식화하면 (49)와 같다.

　(49) 날- + -으니 ──────→ 날니 ──────→ 나니

　　　　　　　　 ↑　　　　　 ↑

　　　　　 /ㄹ/ 뒤 /ㅡ/ 탈락　 /ㄴ/ 앞에서 /ㄹ/ 탈락

어간의 말모음이 /ㅡ/인 경우에는 어간의 /ㅡ/와 어미의 /ㅡ/ 가운데서 어느 것이 탈락한 것일까?

(50) ㉠ 끄- + -으면 → 끄면, 쓰 + -으니까 → 쓰니까
　　 ㉡ 끄어도[꺼도], 아프아서[아파서], 쓰어라[써라]

(50㉠)의 경우 표면적으로는 어간의 /ㅡ/ 모음이 탈락했다고 할 수도 있고, 어미의 /ㅡ/ 모음이 탈락했다고 할 수도 있다. 그런데 (50㉡)을 보면, 어간의 /ㅡ/ 모음이 탈락했음을 확인할 수 있다. 따라서 (50㉡)과 평행하게 (50㉠)에서도 어간의 /ㅡ/가 탈락한 것으로 본다.

2) 동일 모음 탈락(/ㅏ, ㅓ/ 탈락)

부사형 어미 '-아/어, -아/어서'나 과거 시제 선어말 어미 '-았/었-'의 경우 어간말 모음이 /ㅏ/나 /ㅓ/로 끝나면 어미의 /ㅏ, ㅓ/가 탈락한다. 이는 어간말 모음과 어미 두음이 같은 모음이기 때문에 하나를 탈락시키는 현상으로, /ㅡ/ 탈락과는 그 이유가 다르다. 동일한 모음일 때만 탈락하기 때문에 이를 '동일 모음 탈락'이라고 한다.

(51) ㉠ 가+아도 → 가도, 서+어라 → 서라
　　 ㉡ 가+았+다 → 갔다, 서+었+다 → 섰다

3) /ㄹ/ 탈락

/ㄹ/ 탈락은 /ㄹ/이 특정 음소 앞에서 탈락하는 현상인데, /ㄹ/ 탈락은 탈락의 조건 환경을 파악하는 것이 중요하다. 우선 활용에서의 /ㄹ/ 탈락과 단어 내부에서의 /ㄹ/ 탈락이 그 조건 환경에서 차이가 있다.

(52) ㉠ 알+(으)니 → 아니, 울+(으)니 → 우니

㉡ 알+(으)시+고 → 아시고, 울+(으)시+고 → 우시고

㉢ 알다, 알지

(53) ㉠ 아들+님 > 아드님, 날+날+이 > 나날이, 물+논 > 무논, 솔+나
무 > 소나무

㉡ 불+삽 > 부삽, 물+서리 > 무서리

㉢ 달+달+이 > 다달이

㉣ 불+젓가락 > 부젓가락

(52)는 활용에서의 /ㄹ/ 탈락이고, (53)은 단어 내부에서의 /ㄹ/ 탈
락이다. 활용에서는 /ㄴ, ㅅ/ 앞에서만 /ㄹ/이 탈락하고, (52㉢)에서 보
듯이 /ㄷ, ㅈ/ 앞에서는 /ㄹ/ 탈락이 일어나지 않는다.

이에 비해 단어 내부에서는 (53)에서 보듯이 /ㄴ, ㅅ, ㄷ, ㅈ/ 앞에
서 /ㄹ/이 탈락하였다. 단어 내부의 /ㄹ/ 탈락은 이미 /ㄹ/이 탈락한
형태로 어간 재구조화가 일어난 것으로 보기도 한다. 이렇게 볼 경우
공시적인 /ㄹ/ 탈락은 활용의 경우로 국한되고, /ㄹ/ 탈락의 조건 환
경도 /ㄴ, ㅅ/ 앞으로 제한된다.

(52)의 경우 /ㄹ/ 탈락이 일어나기 위해서는 (49)에서처럼 먼저 어
미의 두음 /ㅡ/가 탈락하는 현상이 일어나야만 한다. 다시 말해 어미
의 두음 /ㅡ/가 탈락해야만 /ㄹ/ 탈락의 조건 환경이 만들어진다. 따
라서 '/ㅡ/ 탈락 → /ㄹ/ 탈락'의 순으로 규칙이 적용된다.

단어 내부에서의 /ㄹ/ 탈락과 활용에서의 /ㄹ/ 탈락은 차이가 있다.
전자는 통시적인 변화의 결과이고, 후자는 공시적인 음운 과정이다.
즉 '솔+나무 > 소나무'의 경우 공시적으로 '솔'과 '나무'가 결합하여 '솔
나무'가 된 후 /ㄹ/이 탈락되어 '소나무'가 도출된 것이 아니라, '솔+나

무'의 합성어가 만들어질 때 /ㄹ/ 탈락이 적용되어 '소나무'가 된 후에 이 '소나무'가 현대 국어까지 이어져 내려온 것이다. 따라서 현대 국어의 '소나무'에는 /ㄹ/ 탈락이 적용되었던 흔적이 있는 것이지, 공시적으로 /ㄹ/ 탈락이 적용된 것은 아니다.

반면 '나니, 우시니'에서처럼 활용에서의 /ㄹ/ 탈락은 공시적으로 /ㄹ/ 탈락 규칙이 적용된 것이다. 왜냐하면 어간에 어미가 결합하는 활용이 통시적인 과정일 수는 없기 때문이다. 다시 말해 어간에 어미가 결합하는 활용은 순수히 공시적인 과정이다. 따라서 공시적인 /ㄹ/ 탈락 규칙의 조건 환경은 /ㄴ, ㅅ/으로 제한된다. 이러한 사실은 /ㄹ/ 탈락 규칙의 조건 환경이 예전에 비해 축소되었다는 것을 말해 준다.

4) 어간말 자음군 단순화

국어의 음절 구조상의 특징은 표면형에서 음절의 초성에 올 수 있는 자음도 최대 하나이고, 음절의 종성에 올 수 있는 자음도 최대 하나이다. 따라서 어간말 자음군을 가진 어간들은 뒤에 자음으로 시작하는 조사나 어미가 오면 자음군 가운데 하나가 반드시 탈락한다. 다만 모음으로 시작하는 조사나 어미가 오면 자음군의 마지막 자음이 후행하는 모음으로 연음되어 탈락이 일어나지 않는다. 이때 자음군 중에서 어떤 자음이 탈락하느냐는 지역마다, 세대마다 약간의 차이가 있다.

(54) 값도[갑또], 넋도[넉또] / 없대[업때], 읽괴[일꾀], 훑대[훌때]

다만 자음군 가운데서 'ㄶ, ㅀ'은 자음으로 시작하는 어미 중에서도 그 초성이 /ㅂ, ㄷ, ㅈ, ㄱ/일 때는 /ㅎ/이 탈락하지 않고 이들 자음과 축약되어 /ㅍ, ㅌ, ㅊ, ㅋ/이 된다. 이는 /ㅎ/ 말음 어간이 보이는 음운 현상과 동일하다. 어간말 /ㅎ/은 뒤에 모음이 오면 /ㅎ/이 탈락하고, /ㅂ, ㄷ, ㅈ, ㄱ/이 오면 이들과 축약되어 /ㅍ, ㅌ, ㅊ, ㅋ/이 된다.

(55) ㉠ 놓- + -으니 → [노으니]

놓- + -아서 → [노아서]

㉡ 놓고[노코], 놓지[노치], 놓더라[노터라]

2.5.4. 첨가

첨가는 원래는 없던 소리가 덧붙는 현상이다. 첨가의 경우 첨가되는 소리를 확인하는 것은 쉬우므로, 첨가의 환경을 파악하는 것이 중요하다. 첨가되는 소리에 따라 첨가되는 소리가 /ㄴ/이면 /ㄴ/첨가, 사이시옷이면 사이시옷 첨가라고 부른다.

1) /ㄴ/ 첨가

/ㄴ/ 첨가는 그 조건 환경을 파악하는 것이 중요하다. /ㄴ/첨가는 단일어에서는 일어나지 않고, 합성어나 파생어의 형태소 경계에서만 일어난다. 음운론적인 조건 환경은 선행 음절의 종성이 자음으로 끝나고, 후행 음절의 초성이 /i, y/로 시작할 때이다.

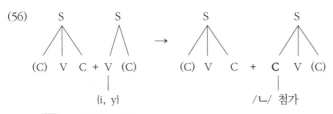

(56) 참고 + : 형태소 경계

(57) ㉠ 밭-이랑[반니랑], 꽃-이름[꼰니름], 낮-일[난닐], 나뭇-잎[나문닙]

　　　㉡ 맨-입[맨닙], 막-일[망닐], 홑-이불[혼니불]

　　　㉢ 내복약(內服藥)[내봉냑], 식용유(食用油)[시공뉴], 종착역(終着驛)
　　　　[종창녁]

(57㉠)은 고유어 합성어, (57㉡)은 파생어, (57㉢)은 한자어 합성어의 예이다. /ㄴ/ 첨가는 (56)의 음운론적 조건이 충족되기만 하면 일어나는 순수히 음운론적인 현상이다. 그래서 아래에서 살펴볼 사이시옷 첨가와는 차이가 있다. 사이시옷 첨가는 합성어의 선후행 어근 간의 의미 관계에 따라 일어나는 현상으로 순수히 음운론적인 현상이 아니다.

선행 음절 종성의 자음이 /ㅂ, ㄷ, ㄱ/일 때는 /ㄴ/ 첨가 후, 첨가된 /ㄴ/에 의해 비음 동화가 일어난다. 즉 /ㄴ/ 첨가가 비음 동화의 환경을 만들어 준다.

(58) 밭+이랑 ──────→ 반니랑 ──────→ 반니랑
　　　　　　　　↑　　　　　　　↑
　　　　　중화, /ㄴ/ 첨가　　비음 동화

2) 사이시옷 첨가

사이시옷 첨가는 합성어의 단어 경계에서만 일어나는 현상이다. 단일어나 파생어에서는 원칙적으로 일어나지 않는 것으로 본다. 합성어는 단어의 구성이 '어근 + 어근'으로 이루어져 있는데, 두 어근이 모두 한자어일 때는 사이시옷이 첨가되지 않는다. 즉 두 어근이 모두 고유어이거나, 적어도 두 어근 중 하나는 반드시 고유어이어야만 사이시옷 첨가가 일어난다.

사이시옷이 첨가되었는지 첨가되지 않았는지는 후행 어근의 초성이

된소리가 되었느냐의 유무로 판단한다. 즉 후행 어근의 초성이 된소리가 되면, 사이시옷이 첨가된 것으로 본다.

(59) ㄱ 내+개[내까] → 냇가, 코+등[코뜽] → 콧등, 해+살[해쌀] → 햇살, 귀+밥[귀빱] → 귓밥

ㄴ 장마+비[장마삐] → 장맛비, 장미+빛[장미삧] → 장밋빛, 개+과[개꽈] → 갯과, 고양이+과[고양이꽈] → 고양잇과, 대표+값[대표깝] → 대푯값, 최대+값[최대깝] → 최댓값

(60) 발자국, 바람소리, 춤바람, 발바닥, 산돼지, 들쥐, 산불, 물고기, 안방

(59ㄱ)은 두 어근이 모두 고유어인 경우이고, (59ㄴ)은 두 어근 중 하나만이 고유어이고 다른 하나는 한자어인 경우이다. (59)에서처럼 선행 어근이 모음으로 끝난 경우에는 첨가된 사이시옷이 표기상에 반영이 된다. 하지만 선행 어근이 자음으로 끝난 경우에는 (60)에서처럼 첨가된 사이시옷을 표기상에 반영하지 않는다. 선행 어근이 자음으로 끝난 경우에는 표기법상 첨가된 사이시옷을 표기에 반영할 수 없기 때문이다.

(61) 코+날[콘날] → 콧날, 이+몸 → 잇몸[인몸]

(61)은 표면형만 보면, /ㄴ/이 첨가된 것이다. 하지만 (61)은 (57)의 /ㄴ/ 첨가와는 조건 환경이 다르다. 즉 선행 요소가 자음으로 끝나지도 않았고, 후행 요소가 /i, y/로 시작하지도 않았다. 그래서 (61)은 /ㄴ/ 첨가가 아닌 사이시옷 첨가로 본다. 왜냐하면 사이시옷이 첨가되면, 결국 후행 음절의 비음에 의해 비음 동화되어 표면형에서는 /ㄴ/이 첨가된 것처럼 나타날 수밖에 없기 때문이다.

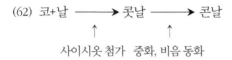

(62) 코+날 ────→ 콧날 ────→ 콘날
　　　　　 ↑　　　　　 ↑
　　　　 사이시옷 첨가　 중화, 비음 동화

2.5.5. 축약

축약은 음소의 수가 -1이 된다는 점에서는 탈락과 같다. 하지만 탈락은 탈락한 음소가 흔적을 남기지 않고 완전히 없어지는 것인 반면, 축약은 그 흔적을 남긴다는 점에서 탈락과는 그 성격이 다르다. 다시 말해 흔적 없이 사라지는 경우는 탈락이고, 자신의 흔적을 남기고 사라지는 경우는 축약이다.

자음 축약(유기음화)

유기음은 /ㅍ, ㅌ, ㅊ, ㅋ, ㅎ/을 가리키는데, 유기음화란 결국 유기음이 아닌 소리가 유기음으로 바뀌는 현상을 이른다. 이때 유기음이 아닌 소리라는 것은 /ㅎ/과 축약되어 유기음이 될 수 있는 /ㅂ, ㄷ, ㅈ, ㄱ/을 이른다.

(63) ㉠ 입학[이팍], 축하[추카], 맏형[마텽], 잡히다[자피다], 넓히다[널피다]
　　 ㉡ 좋다[조타], 낳다[나타], 많다[만타], 잃다[일타]

(63㉠)은 /ㅎ/이 후행하는 경우이고, (63㉡)은 /ㅎ/이 선행하는 경우이다. /ㅎ/이 선행하든 후행하든 /ㅎ/이 /ㅂ, ㄷ, ㅈ, ㄱ/과 만나면 /ㅍ, ㅌ, ㅊ, ㅋ/이 된다.

(64) ㉠ /ㅂ, ㄷ, ㅈ, ㄱ/ + /ㅎ/ → /ㅍ, ㅌ, ㅊ, ㅋ/
　　 ㉡ /ㅎ/ + /ㅂ, ㄷ, ㅈ, ㄱ/ → /ㅍ, ㅌ, ㅊ, ㅋ/

단 /ㅅ/은 /ㅎ/과 만나면 /ㅆ/이 된다. 이는 /ㅅ/의 유기음이 음소로 존재하지 않기 때문이다.

(65) 닿소[다쏘], 놓소[노쏘], 싫소[실쏘]

'암닭', '수탉'에서는 왜 '닭'이 아니라 '탉'인가? 중세 국어에서 '암'과 '수'는 원래 'ㅎ' 종성 체언인 '암ㅎ', '수ㅎ'이었다. 따라서 중세 국어에서 '암ㅎ'과 '수ㅎ'에 '닭'이 결합할 경우에는 종성의 /ㅎ/이 후행하는 '닭'의 /ㄷ/과 축약되어 '암탉', '수탉'이 된다. 즉 중세 국어 당시에 '암탉', '수탉'은 공시적으로 유기음화 규칙이 적용된 것이다. 그런데 근대 국어 이후 'ㅎ' 종성 체언의 'ㅎ'이 모두 소멸되면서 '암ㅎ', '수ㅎ'은 각각 '암', '수'로 그 형태가 변화하였다. 하지만 중세 국어 당시에 만들어진 합성어 '암탉'과 '수탉'은 '암ㅎ', '수ㅎ'의 변화에도 불구하고, 중세 국어 당시의 '암탉', '수탉'을 현대 국어까지 그대로 유지하고 있는 것이다. '암캐, 수캐, 암코양이, 수코양이……' 등도 마찬가지이다. 이와 평행하게 '조팝나무', '이팝나무'에서도 원래는 '조', '이'가 '조ㅎ', '이ㅎ'이었음을 알 수 있다.

모음 축약

모음 축약에는 두 종류가 있다. 하나는 달리 활음화라고 불리는 것이고, 다른 하나는 두 모음이 만나 제 3의 모음으로 축약되는 경우이다. 음소 단위에서 볼 때 진정한 의미의 축약은 후자의 경우이다. 왜냐하면 전자의 경우에는 음소의 탈락은 없고, 다만 음절이 -1로 줄어드는 것이기 때문이다.

(66) ㉠ 기어[kiə] → 겨[kyə], 아니오[anio] → 아뇨[anyo]

㉡ 보아[poa] → 봐[pwa], 주어[ʧuə] → 줘[ʧwə]

(66㉠)은 / ㅣ / 모음과 / ㅏ, ㅓ, ㅗ, ㅜ, ㅔ, ㅐ/가 만나 / ㅑ, ㅕ, ㅛ, ㅠ, ㅖ, ㅒ/로 바뀌는 경우이고, (66㉡)은 / ㅗ, ㅜ/ 모음과 / ㅣ, ㅔ, ㅐ, ㅏ, ㅓ/ 모음이 만나 /ㅟ, ㅞ, ㅙ, ㅘ, ㅝ/로 바뀌는 경우이다. 실제 각 모음별로 예가 모두 존재하는 것은 아니다. 그것은 해당 조건 환경의 예가 없기 때문이지 구조적으로 불가능한 것은 아니다.

활음화의 경우 음소에 초점을 맞춰서 보면, 활음화되기 전인 '기어[kiə]', '보아[poa]'도 3개의 음소이고, 활음화된 '겨[kyə]', '봐[pwa]'도 3개의 음소이다. 즉 음소의 개수에는 변동이 없다. 다만 모음 /i/, /o, u/가 각각 활음 /y/, /w/로 바뀐 것밖에 없다. 이러한 까닭에 축약이라고 하지 않고 활음화라고도 하는 것이다. 하지만 음절에 초점을 맞춰서 보면 2음절이 1음절로 바뀌었다. 이러한 이유로 활음화를 축약이라고도 한다. 활음화는 음소의 개수에 초점을 맞춘 명칭이고, 축약은 음절의 개수에 초점을 맞춘 명칭이다.

활음화와 달리 두 모음이 결합하여 제3의 모음으로 바뀌는 경우가 있다.

(67) 아이 → 애, 사이 → 새

(67)은 두 모음이 만나 제3의 모음이 된다는 점에서 진정한 의미의 모음 축약이라고 할 수 있다.

2.5.6. 경음화

경음화는 경음이 아닌 /ㅂ, ㄷ, ㅅ, ㅈ, ㄱ/이 경음으로 교체하는 현상이다. 경음화에는 네 가지 유형의 각기 원인이 다른 경음화가 있다. 첫째, 음절말 자음의 불파화에 따른 경음화이다.

(68)
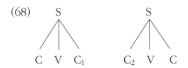

(68)의 음절 연쇄가 주어지면, 음절말 불파화로 인해 C_1에 올 수 있는 자음은 /ㅂ, ㄷ, ㄱ, ㅁ, ㄴ, ㅇ, ㄹ/ 7개이다. 이 가운데서 C_1이 /ㅂ, ㄷ, ㄱ/ 중의 하나이고, C_2가 경음화가 될 수 있는 자음 /ㅂ, ㄷ, ㅅ, ㅈ, ㄱ/ 중의 하나일 때 반드시 후행하는 C_2가 경음화된다.

(69) ㉠ 목소리 → [목쏘리], 밭갈이 → [받까리]
　　 ㉡ 잡다 → [잡따], 익다 → [익따]
　　 ㉢ 집도 → [집또], 낯도 → [낟또]

음절말 자음이 불파화되면, 허파에서 나온 공기가 밖으로 나가지 못하고 모여 있다가 다음 음절의 자음을 발음할 때 한꺼번에 방출되면서 경음화가 일어나게 되는 것이다. 이때의 경음화는 예외가 없고 필수적으로 일어난다.

둘째, 관형사형 어미 '-(으)ㄹ' 뒤에서의 경음화이다.

(70) ㉠ 먹을 것　　　　→　　[머글껃]
　　 갈 데　　　　　→　　[갈떼]

	줄 수	→	[줄쑤]
ⓛ	할 사람	→	[할싸람]
	잘 방	→	[잘빵]
	앉을 자리	→	[안즐짜리]
ⓒ	돌아갈 고향	→	[돌아갈] [고향]
	사라질 다리	→	[사라질] [다리]

참고 '[ ]' : 기식 단위

관형사형 어미 '-(으)ㄹ' 뒤에 (70㉠)처럼 의존 명사가 오면 예외 없이 후행 음절의 두음이 경음화된다. (70ⓛ)처럼 관형사형 어미 '-(으)ㄹ' 뒤에 자립 명사가 올 때도 경음화가 일어난다. 그런데 이러한 환경에서는 (70ⓒ)에서 보듯이 항상 경음화가 일어나는 것은 아니다. (70ⓛ)처럼 '수식어 + 피수식어' 구성이 하나의 기식 단위를 이룰 때는 경음화가 일어나는데 반해, (70ⓒ)처럼 '수식어 + 피수식어' 구성이 두 개의 기식 단위를 이룰 때는 경음화가 일어나지 않는다. '관형어 + 의존 명사' 구성은 하나의 기식 단위를 이루기 때문에 항상 경음화가 일어난다.

셋째, 용언 어간말 비음 뒤에서 일어나는 경음화이다.

(71) ㉠ 안디/안고/안지 → [안띠/안꼬/안찌]
신다/신고/신지 → [신따/신꼬/신찌]
감다/감고/감지 → [감따/감꼬/감찌]
ⓛ 삶다/삶고/삶지 → [삼따/삼꼬/삼찌]
젊다/젊고/젊지 → [점따/점꼬/점찌]

(71)의 경음화는 용언 어간의 말자음이 비음인 /ㅁ, ㄴ/으로 끝나고, 뒤에 오는 어미의 두음이 /ㅂ, ㄷ, ㅅ, ㅈ, ㄱ/일 때 일어난다.

(72) ㉠ 안기다, 신기다, 감기다

 ㉡ 나는 그를 잘 안다[안다]

(72㉠)의 어간은 '안기-, 신기-, 감기-'로 어간의 말음절이 '기'로 끝나기 때문에 경음화의 조건 환경이 되지 않는다. (72㉡)에서 경음화가 일어나지 않는 것은 '안다'의 /ㄴ/이 용언 어간의 말자음이 아니기 때문이다. 즉 '안다'는 '알-+-ㄴ-+-다'의 활용형으로, '안다'의 /ㄴ/은 현재 시제 선어말 어미 '-ㄴ-'이다.

넷째, 한자어 /ㄹ/ 뒤에서의 경음화이다.

(73) 발달(發達)[발딸], 발생(發生)[발쌩], 발전(發展)[발쩐], 결전(決戰)
 [결쩐]

(73)에서 보듯이 한자어에서 선행 음절의 말음이 /ㄹ/로 끝나고, 후행 음절의 두음이 치조 자음이나 경구개 자음 /ㄷ, ㅅ, ㅈ/일 때 경음화가 일어난다. 후행 음절의 두음이 양순 자음이나 연구개 자음 /ㅂ, ㄱ/일 때는 (74)에서 보듯이 경음화가 일어나지 않는 것이 일반적이다.

(74) 불발(不發), 발견(發見), 물건(物件), 일과(日課), 결과(結果)

2.5.7. 두음 법칙

두음 법칙은 일종의 음절 구조 제약에 해당한다. 국어의 경우 어두에 /ㄹ/이나 /ㄴ/이 오는 것이 제약되는 현상이 있다. 이 제약은 단어의 두음에만 적용되고, 단어의 둘째 음절부터는 적용되지 않기 때문에 두음 법칙이라고 한다. 두음 법칙에는 /ㄹ/ 두음 법칙과 /ㄴ/ 두음 법칙이 있다.

먼저 /ㄹ/은 어떠한 경우든 어두에 올 수 없다. 어두에 오는 /ㄹ/은 /ㄴ/으로 바뀐다.

(75) 로인(老人) → 노인, 락원(樂園) → 낙원, 로동(勞動) → 노동, 래일(來日) → 내일

그리고 어두의 /ㄴ/ 역시 /i, y/ 앞에서는 오지 못한다. 이때 /ㄴ/은 ø로 바뀐다.

(76) 니불(泥佛) → 이불, 녀자(女子) → 여자, 뉴대(紐帶) → 유대, 념려(念慮) → 염려

따라서 어두의 /ㄹ/이 /i, y/ 앞의 조건 환경일 때는 (77)에서 보듯이 결과적으로 ø로 바뀌게 된다.

(77) 력사(歷史) → 역사, 리자(利子) → 이자, 리익(利益) → 이익, 력도(力道) → 역도, 륙지(陸地) → 육지, 료리(料理) → 요리

즉 어두의 /i, y/ 앞의 /ㄹ/은 /ㄹ/ 두음 법칙에 의해 먼저 /ㄴ/으로 바뀌고, 나시 /ㄴ/ 두음 법칙에 의해 ø로 바뀐다. 예컨대 '력사'의 경우 먼저 /ㄹ/ 두음 법칙에 의해 '녁사'가 되고, '녁사'는 다시 /ㄴ/ 두음 법칙에 의해 '역사'로 바뀌게 되는 것이다(력사 → 녁사 → 역사).

제3장

형태소와
단어

뜻을 갈라내는 기능을 하는 최소의 단위인 음소와 이들의 결합 관계에서 발생하는 교체를 다루는 분야가 음운론이라면, 형태론은 의미를 가진 단위를 다루는 분야이다. 의미를 가진 최소의 단위는 형태소이고, 형태소 중에서 자립해서 쓰일 수 있는 단위가 단어이다. 단어보다 큰 단위인 구나, 문장도 의미를 가진 단위이긴 하지만, 형태론에서는 의미를 가진 단위 중에서 형태소와 단어 단위까지만 다룬다.

형태소와 단어는 그 자체로 하나의 의미 단위이지만, 하나의 형태소나 단어가 또 다른 형태소나 단어와 결합하여 더 큰 구성의 단어를 만들기도 한다. 이러한 분야를 따로 조어론(造語論)이라고 부른다. 단어는 다시 그 기능이나 형태적 특성 등에 따라 몇 개의 갈래로 나뉘는데, 이렇게 나뉜 갈래를 품사라고 한다. 이 장에서는 형태소의 특성 및 단어의 특성에 대해서 살펴보고, 국어의 품사 분류에 대해서도 살펴보게 될 것이다.

3.1. 형태소와 이형태

형태소는 뜻을 가지고 있는 최소의 단위 즉, '최소의 유의적 단위'이다. 그러므로 일단 형태소라고 하면, 그 크기가 어떠하든 의미를 가지고 있는 단위이다. 형태소는 1음절 이상으로 이루어져 있는 것이 일반적이지만, 반드시 그렇지 않은 경우도 있다.

(1) ㉠ 먹는다 : 먹- + -는 + -다
    ㉡ 간다　 : 가- + -ㄴ- + -다

(1㉠)에서 '-는'은 현재 시제를 나타내는 선어말 어미이다. 마찬가지로 (1㉡)에서 현재 시제를 나타내는 형태는 '-ㄴ-'이다. 즉 (1㉡)의 '-ㄴ-' 역시 (1㉠)의 '-는'과 마찬가지로 현재 시제라는 의미를 가지고 있는 단위이다. 그런데 (1㉡)의 '-ㄴ-'은 표면적으로는 음소 /ㄴ/과 구별이 되지 않는다. 그러나 음소 /ㄴ/은 의미가 없는 단위이지만, (1㉡)의 '-ㄴ-'은 의미를 가지고 있는 단위이기 때문에 하나의 형태소이다.

형태소의 정의가 최소의 유의적 단위이므로 정의에 의해 형태소는 더 이상 쪼개면 의미를 확인할 수 없다. 다시 말해 형태소를 더 이상 쪼개면 무의미 단위가 된다.

(2) ㉠ 바람, 하늘, 마음, 돌, 손, 발

    ㉡ 오솔길, 헛-웃음, 게으름뱅이, 손질

    ㉢ 손발, 사과나무, 돌다리, 노래방

(2㉠)의 '바람'은 '바-람'처럼 '바'와 '람'으로 쪼갤 수 있다. '바'와 '람'은 다시 'ㅂ-ㅏ', 'ㄹ-ㅏ-ㅁ'으로 쪼갤 수 있다. 하지만 이렇게 쪼개진 '바'와 '람' 각각은 의미를 갖지 못하는 단위이다. 이처럼 더 이상 쪼개면 의미를 잃어버려서, 더 이상 쪼갤 수 없는 단위가 형태소이다. 정의에 따라 '바람'은 더 이상 쪼개면 의미가 없어지는 단위이므로 '바람'이 하나의 형태소이다. '하늘, 마음, 돌, 손, 발'도 같은 이유로 하나의 형태소이다.

(2㉠)과 달리 (2㉡)의 '오솔길', (2㉢)의 '손발' 경우는 각각 '오솔-길', '손-발'로 쪼개더라도 '오솔'과 '길', '손'과 '발'이 여전히 의미를 갖고 있는 단위이다. 따라서 '오솔-'도 형태소이고, '길'도 형태소이다. '손발' 역시 '손', '발'이 각각 형태소이다. 즉 '오솔길', '손발'은 두 개의 형태소로 이루어져 있는 단위이다.

두 개 이상의 형태소로 이루어져 있다는 점에서는 (2㉡)과 (2㉢)이 공통적이다. 하지만 (2㉢)의 경우에는 쪼개진 각각이 저 혼자 쓰일 수 있는 데 반해, (2㉡)은 쪼개진 둘 가운데 하나만이 저 혼자 쓰일 수 있고 다른 하나는 저 혼자 쓰일 수 없다는 점에서 차이가 있다. 즉 '오솔-길'에서 '길'은 단독으로 쓰일 수 있지만, '오솔-'은 단독으로 쓰이지 못한다. 이때 단독으로 쓰일 수 있는 형태소를 자립 형태소라고 하고, 단독으로 쓰이지 못하는 형태소를 의존 형태소라고 한다. (2㉠)은 단독으로 쓰일 수 있기 때문에 자립 형태소이다.

형태소는 늘 같은 모습으로 나타나기도 하지만, 환경에 따라 모습을 달리하여 나타나기도 한다. 이처럼 하나의 형태소가 환경에 따라 그 형태를 달리하는 것들을 이형태라고 한다.

(3) ㉠ 밥 : [밥], [밤만](밥+만)
    ㉡ 닭 : [닥], [달기](닭+이), [당만](닭+만)

(3㉠)에서는 '밥', '밤'이라는 형태를, (3㉡)에서는 '닥', '닭', '당'이라는 형태를 확인할 수 있다. 이때 '밥'과 [밤만](밥+만)에서의 '밤'은 형태는 다르지만, 그 의미는 같다. [닥](닭), [달기](닭+이), [당](닭+만)의 [닥~닭~당] 역시 형태는 다르지만, 그 의미는 같다. 이처럼 의미는 같지만, 환경에 따라 그 형태를 달리하는 것을 이형태라고 한다.

(4)   닭   : 형태소

     닭 닥 당 : 이형태(형태)
   닭 : 모음이 후행할 때
        닭을[달글], 닭으로[달그로]
   닥 : 단독으로 실현될 때나 비음 이외의 자음이 후행할 때
        닭[닥], 닭도[닥또]
   당 : 비음이 후행할 때
        닭만[당만]

이형태들은 음소와 변이음의 관계와 마찬가지로 반드시 상보적 분포를 이룬다. 만일 상보적 분포를 이루지 않는다면, 각각의 형태는 별개의 형태소이다. (4)에서 보듯이 '닭~닥~당'의 경우, '닭'은 모음으로 시작되는 조사 앞에서, '닥'은 단독으로 실현되거나 비음을 제외한 자

음으로 시작하는 조사 앞에서, '닭'은 비음으로 시작하는 조사 앞에서 각각 실현된다. 그리고 '닭'이 나타나는 환경에서 '닥'이나 '당'이 절대로 나타날 수 없으며, 마찬가지로 '닥'이 나타나는 환경에서 '닭'이나 '당'이 나타날 수 없다. 이처럼 의미가 같으면서 상보적 분포를 이루는 형태들의 집합을 이형태라고 한다.

형태소는 이형태들 중의 하나이다. 둘 이상의 형태로 실현될 때, 그 가운데 하나를 형태소로 설정한다. 이형태가 없으면 그 자체가 형태소이다. 예컨대 '하늘'은 언제나 '하늘'의 형태로만 실현되기 때문에 '하늘'이 곧 형태소이다. 반면 '닭~닥~당'에서는 세 형태 중의 하나인 '닭'이 형태소이다. 형태소라는 말 대신에 '대표형' 또는 '기본형'이라고도 한다. 이형태와 형태는 같은 말이긴 하지만, 특별히 이형태라고 할 때는 '형태소'를 염두에 두고 표현하는 것이다.

그러면 '닭~닥~당'에서 어떻게 해서 '닭'이 형태소인가? 형태소는 아무렇게나 설정되는 것이 아니라 몇 가지 기준에 의해 설정된다. 우선적으로 설명적 타당성을 고려하게 되고, 이밖에 분포량(빈도), 역사적 사실을 고려하여 형태소를 설정하게 된다.

설명적 타당성

이형태늘 가운데 하나를 형태소로 성했을 때, 나머지 다른 형태들을 가장 타당하게 설명할 수 있는 것을 형태소로 설정한다. 즉 복수의 이형태들은 모두 형태소가 될 수 있는 후보이긴 하지만, 그 가운데서 다른 형태들을 가장 타당하게 설명할 수 있는 형태를 형태소로 설정한다. 예컨대 '닭~닥~당'의 경우 '닭'을 형태소로 설정하게 되면, '닥'은 휴지나 자음 앞에서의 자음군 탈락 규칙으로, '당'은 비음 앞에서 자음군 탈락 규칙에 이은 비음 동화 규칙으로 각각 설명할 수 있다. 자음군 탈락이나 비음 동화 규칙은 공시적으로 국어에 존재하는 규칙이므로, '닭'으로부터 '닥', '당'을 타당하게 설명해 낼 수 있다.

그런데 만일 '닥'을 형태소로 설정하게 되면, '당'은 비음 앞에서의 비음 동화 규칙으로 설명할 수 있다. 하지만 '닭'을 설명하기 위해서는 모음 앞에서 /ㄹ/이 첨가되는 규칙을 설정해야 하는데, 국어에서 모음 앞에서 /ㄹ/이 첨가되는 규칙은 공시적으로 존재하지 않는다. 따라서 '닥'을 형태소로 설정할 경우 '당'은 타당하게 설명할 수는 있지만, '닭' 은 타당하게 설명하지 못한다. '당'을 기본형으로 설정할 경우에도 마찬가지이다. '닥'에서는 휴지나 자음 앞에서 'ㅇ → ㄱ'의 규칙을, '닭'에 서는 모음 앞에서 'ㅇ'이 'ㄺ'으로 바뀌는 규칙을 설정해야 한다. 하지 만 두 규칙 모두 국어에 공시적으로 존재하는 규칙이 아니기 때문에 설명적 타당성을 잃게 된다.

따라서 '닭~닥~당'의 경우 가장 설명적 타당성이 높은 '닭'을 형태소 로 설정한다. '닭'이 형태소로 설정이 되면, '닥'과 '당'은 형태소 '닭'의 이형태가 된다.

복수의 이형태가 존재할 때, 그 가운데 어느 것이 형태소인지를 결 정함에 있어서 가장 중요한 기준은 설명적 타당성이다. 대부분의 경우 형태소의 결정은 설명적 타당성이라는 기준을 통해 이루어진다. 다만 설명적 타당성이라는 측면에서 어느 쪽도 설명적 우위를 차지하지 못 하는 경우가 있을 수 있다. 이때는 부득이 분포량(빈도)이나 역사적 사실을 고려하여 결정한다.

분포량(빈도)

설명적 타당성이라는 기준으로 기본형을 설정하기 어려울 때는 형 태의 분포량 또는 빈도를 고려하게 된다. 즉 분포량이 높은 형태를 형태소로 설정한다.

(5) 먹었다 / 잡았다 / 하였다

(5)에서 과거 시제 선어말 어미 '-았/었-'과 '-였-'을 확인할 수 있다. '-았/었-'과 '-였-' 가운데 만일 '-았/었-'을 형태소로 설정한다면, 용언 '하-' 뒤에서 '-았/었-'이 '-였-'으로 바뀌는 것을 설명할 수 있어야 한다. 반대로 '-였-'을 형태소로 설정한다면, '하-' 이외의 용언 뒤에서 '-였-'이 '-았/었-'으로 바뀌는 것을 설명할 수 있어야 한다. 하지만 어느 쪽도 공시적으로 국어에 존재하는 현상이 아니다. 따라서 설명적 타당성이라는 기준으로는 '-았/었-'과 '-였-' 가운데 어느 것도 형태소로 설정할 수 없게 된다.

그래서 이때는 분포량을 고려하여 분포량이 높은 '-았/었-'을 형태소로 정한다. '-였-'은 용언 '하-' 뒤라는 제한된 환경에서만 나타나는 '-았/었-'의 이형태이다. '-았-'과 '-었-'의 경우에는 어간의 모음에 따른 이형태이기 때문에, 이 경우에는 어느 쪽이 기본형이라고 말하기 어렵다.

역사적 사실

실명직 다당성으로도, 분포량으로도 기본형을 결정할 수 없을 때는 역사적으로 앞선 형을 기본형으로 설정하기도 한다. 예컨대 주격 조사의 경우 어간이 자음으로 끝나면 '-이', 어간이 모음으로 끝나면 '-가'로 실현된다. 그런데 '-이'로부터 '-가'가 되는 것을, 반대로 '-가'로부터 '-이'가 되는 것을 공시적으로 설명할 수 없다. 또한 분포량에서도 '-이'와 '-가'의 경우에는 어느 한 쪽이 다른 쪽보다 높다고 말하기 어렵다. 그래서 이 경우에는 역사적으로 '-이'가 '-가'보다 앞선 시기부터 나타나는 형태라는 사실을 고려하여 '-이'를 기본형으로 설정하기도 한다. 목적격 조사 '-을/를'의 경우에도 이와 마찬가지이다. 이 역시 역사적으로 '-을'이 '-를'에 비해 앞선 시기부터 나타나는 형태이므로, '-을'을 기본형으로 설정한다.

3.1.1. 이형태의 종류

형태소가 특정 조건 환경에서 그 모양을 달리하는 것을 교체라고 하는데, 이때 교체가 일어난 형태가 곧 이형태이다. 다시 말해 형태소의 교체형이 이형태이다. 이때 교체가 일어나는 조건 환경, 교체의 양상, 그리고 교체의 성격에 따라 이형태를 분류한다.

(6) 교체의 유형
    ㉠ 음운론적으로 조건된 교체 : 형태론적으로 조건된 교체
    ㉡ 규칙적 교체 : 불규칙적 교체
    ㉢ 자동적 교체 : 비자동적 교체

음운론적으로 조건된 교체형이 음운론적으로 조건된 이형태이고, 형태론적으로 조건된 교체형이 형태론적으로 조건된 이형태이다.

음운론적으로 조건된 교체와 형태론적으로 조건된 교체

음운론적으로 조건된 교체는 교체의 환경이 음운론적인 정보로 조건 지워진 교체를 말한다. 그리고 형태론적으로 조건된 교체는 교체의 환경이 형태론적인 정보에 의해 조건 지워진 교체를 이른다.

(7) ㉠ 먹다, 먹는대[멍는대]
　　㉡ 먹어라, 잡아라, 오너라

(7㉠)에서 /먹-/의 이형태 '멍-'은 비음 앞에서 실현되는 이형태이다. 이에 비해 (7㉡)의 명령형 어미 '-너라'는 '오다'라는 동사와만 결합하는 어미이다. 비음 앞이라는 조건 환경은 음운론적인 정보로 이루어진 환경인데 비해, '오다' 동사 뒤라는 조건 환경은 형태론적인 정보로 이루어진 환경이다. 그래서 (7㉠)의 '먹-~멍-'을 음운론적으로 조건된 교체라고 하고, (7㉡)의 '-아라/어라~-너라'를 형태론적으로 조건된 교체라고 한다. 다시 말해 '멍-'은 음운론적으로 조건된 '먹-'의 이형태이고, '-너라'는 형태론적으로 조건된 '-아라/어라'의 이형태이다.

규칙적 교체와 불규칙적 교체

교체가 어떤 조건 환경에서 규칙적으로 일어나면 규칙적 교체이고, 그렇지 못하면 불규칙적 교체이다.

(8) ㉠ 사과가, 고양이가, 바다가
　　㉡ 귤이, 곰이, 땅이

주격 조사 '-이~-가' 교체의 경우 체언 어간의 말음이 모음이면 항상 '-가'가 실현되고, 체언 어간의 말음이 자음이면 항상 '-이'가 실현된다. 이처럼 주격 조사 '-이~-가'의 교체는 체언 어간 말음의 음운론적 조건에 따라 규칙적으로 교체한다. 이러한 교체를 규칙적 교체라고 한다. 여기서 규칙적이라고 하는 것은 '-이'가 선택되고 '-가'가 선택되는 것이 규칙적이라는 의미이다. '-이'와 '-가'의 관계는 공시적으로 '-이'로

부터 '-가'를 도출할 수 없고 또한, '-가'로부터 '-이'를 도출할 수 없으므로 공시적인 교체가 아니다.

그런데 실제 규칙적 교체와 불규칙적 교체를 가를 때 중요하게 고려되는 사항은 해당 교체가 공시적으로 존재하는 규칙이냐 아니냐이다. 즉 해당 교체에 적용되는 규칙이 공시적으로 존재하는 규칙일 때 그러한 교체를 규칙적 교체라고 하고, 해당 교체에 적용되는 규칙이 공시적으로 존재하는 규칙이 아닐 때 불규칙적 교체라고 한다.

(9) ㉠ 묻다(問), 묻고, 물으면, 물어서, 묻는대[문는대]

   ㉡ 눕다, 눕고, 누우면, 누워서, 눕는대[눔는대]

   ㉢ 잇다, 잇고, 이으면, 이어서, 잇는대[인는대]

(10) ㉠ 묻다(埋), 묻고, 묻으면, 묻어서, 묻는대[문는대]

   ㉡ 입다, 입고, 입으면, 입어서, 입는대[임는대]

   ㉢ 씻다, 씻고, 씻으면, 씻어서, 씻는대[씬는대]

(9㉠)에서 용언 어간의 이형태 '묻~물-~문-'을 확인할 수 있다. '묻는대[문는대]'에서 이형태 '문-'은 형태소 '묻-'이 비음 앞에서 비음 동화라는 공시적 규칙의 적용을 받은 것으로 설명할 수 있다. 그런데 이형태 '물'을 설명하기 위해서는 모음 앞에서 '묻-'이 '물-'로 즉, 모음 앞에서 /ㄷ/이 /ㄹ/로 교체하는 규칙을 설정해야 한다. 하지만 (10㉠)에서 보듯이 일반적으로 모음 앞에서 /ㄷ/이 /ㄹ/로 교체하지는 않는다. 즉 공시적으로 '묻으면, 묻어서'에서 보듯이 모음 앞에서 /ㄷ/은 그대로 /ㄷ/으로 실현된다. 이러한 사실은 공시적으로 모음 앞에서 /ㄷ/이 /ㄹ/로 교체하는 규칙을 설정할 수 없음을 말해 준다. 그렇기 때문에 (9㉠)의 교체는 불규칙적 교체이다. (9㉡)과 (10㉡), (9㉢)과 (10㉢) 역시 (9

⊙)과 (10⊙)의 관계와 평행하다.

용언 어간의 말자음을 따서 각각 (9⊙)을 'ㄷ 불규칙', (9ⓛ)을 'ㅂ 불규칙', (9ⓒ)을 'ㅅ 불규칙'이라고 부른다.

자동적 교체와 비자동적 교체

자동적 교체와 비자동적 교체는 어떠한 교체가 해당 언어에 존재하는 구조적인 제약으로 인해 일어났느냐의 유무로 가른다. 즉 어떠한 교체가 국어 화자라면 그렇게 발음할 수밖에 없는 음성적인 제약으로 인해 일어났을 때 자동적 교체라고 하고, 그렇지 않은 경우 비자동적 교체라고 한다.

예컨대 '먹다, 먹는데[멍는데]'에서 '먹-'의 이형태 '멍-'은 국어의 비음 동화 규칙이 적용된 교체형인데, 비음 동화는 국어에서 조건 환경이 주어지면 예외 없이 적용되는 필수적인 현상이다. 그렇기 때문에 '먹-~멍-'의 교체를 자동적 교체라고 한다. 이와 달리 주격 조사 '-이~-가' 교체의 경우, 체언 어간이 자음으로 끝나더라도 '굴가, 곰가, 땅가'처럼 발음을 할 수 없는 것은 아니다. 마찬가지로 체언 어간이 모음으로 끝날 때도 '사과이, 고양이이, 바다이'라고 발음하는 것이 불가능한 것은 아니다. 다시 말해 '-이~-가'의 교체가 선행하는 체언 어간 말음의 음운론적 조건에 의해 일어나는 교체이긴 하지만, 이러한 교체가 일어나는 이유가 국어의 음성적인 제약으로 인한 것은 아니다. 그렇기 때문에 '-이~-가'의 교체를 비자동적 교체라고 한다.

지금까지 살펴 본 교체의 유형을 정리하면 다음과 같다.

- 먹-~멍- : 음운론적으로 조건된 교체, 규칙적 교체, 자동적 교체
- 묻-~물-~묻- : 음운론적으로 조건된 교체, 불규칙적 교체, 비자동적

교체
‣ -이~-가 : 음운론적으로 조건된 교체, 규칙적 교체, 비자동적 교체
‣ -아/어라 ~ -너라 : 형태론적으로 조건된 교체, 불규칙적 교체, 비자
동적 교체

자동적 교체는 규칙적 교체이고, 또한 음운론적으로 조건된 교체이
다. 하지만 그 역은 반드시 성립하지 않는다. 즉 음운론적으로 조건
교체라고 해서 규칙적 교체임을 보장하지 못하며, 또한 규칙적 교체라
고 해서 자동적 교체임을 보장하지 못한다. 그리고 형태론적으로 조건
된 교체는 비자동적 교체이면서 또한 불규칙적 교체이다.

3.1.2. 형태소의 분류

형태소는 그 기능에 따라 다시 하위 분류할 수 있다. 먼저 자립성의
유무에 의해 자립 형태소와 의존 형태소로 나뉜다. 그리고 어휘적인
의미를 갖고 있느냐 아니면, 문법적인 의미만 갖고 있느냐에 따라 실
질 형태소(또는 어휘 형태소)와 형식 형태소(또는 문법 형태소)로 나뉜다.

형태소 가운데는 한 번만 나타나는 것도 있다. 예컨대 '아름답다,
부드럽다, 오슬길'에서 '아름, 부드, 오슬-'이 이에 해당하는데, '아름'은
'아름답다'에서만, '부드'는 '부드럽다'에서만, '오슬-'은 '오슬길'에서만
나타난다. 이러한 형태소를 '유일 형태소'라고 한다.

자립 형태소와 의존 형태소

자립 형태소는 다른 요소와 결합하지 않고서도 자기 혼자 쓰일 수
있는 형태소를 말한다. 반면 의존 형태소는 자기 혼자서는 쓰일 수 없
고, 반드시 다른 요소와 결합해야만 쓰일 수 있는 형태소이다. 최소의

자립 형식이 단어이므로 자립 형태소는 그 자체로 단어의 자격을 가진다. 반면 의존 형태소는 자립해서 쓰일 수 없기 때문에 단어의 자격을 갖지 못한다.

(11) 하늘, 달, 흙, 코, 바람, 어느, 벌써, 아직, 하나, 둘, 여기, 저기

(12) ㉠ **맨**-손, **오솔**-길, **개**-살구, 점-**장이**, 나무-**꾼**, 손-**질**
      ㉡ 먹-다, 먹-니?, 먹-는다, 먹-었-다

(11)은 자립 형태소의 예들이다. '하늘'은 더 이상 쪼개면 의미를 갖지 못하므로 그 자체로 하나의 형태소이며, 다른 형태소의 도움 없이 자립해서 쓰일 수 있기 때문에 자립 형태소이다. 그리고 자립해서 쓰일 수 있기 때문에 단어이다.

(12)는 (11)과 달리 둘 또는 그 이상으로 쪼갤 수 있다. 그리고 쪼개진 각각이 하나의 의미를 갖는다. 그런데 '맨손'에서 '손'은 홀로 쓰일 수 있는 자립 형태소이지만, '맨-'은 홀로 쓰이지 못하고 '맨-손', '맨-발', '맨-몸'처럼 다른 요소에 덧붙어서 쓰인다. '먹다'의 경우에도 '먹-'이 그 자체로 홀로 쓰이지 못하고, '먹다', '먹니'에서 보듯이 반드시 뒤에 '-다', '-니' 등과 함께 쓰인다. 따라서 '맨손'의 '맨-', 그리고 '먹-', '-다', '-니'는 모두 의존 형태소이다.

실질 형태소와 형식 형태소

원래 자립 형태소와 의존 형태소는 굴절어인 인구어(印歐語)를 대상으로 만들어진 개념이다. 그렇기 때문에 이를 교착어(첨가어)인 국어에 그대로 적용할 경우 국어의 현상에 잘 맞지 않는 부분이 생긴다.

(13) ㉠ I love you.

   ㉡ She is a pretty woman.

(14) ㉠ 나는 너를 사랑한다.

   ㉡ 그녀는 예쁜 여자이다.

   (13)에서 영어의 'love'나 'pretty'는 자립해서 쓰이는 단위이지만, 이에 대응하는 국어의 '사랑하-', '예쁘-'는 그 자체로는 자립해서 쓰이지 못하고 '사랑하-ㄴ-다', '예쁘-(으)ㄴ'처럼 뒤에 다른 요소가 반드시 덧붙어야만 쓰일 수 있다는 점에서 차이가 있다. 하지만 의미는 'love : 사랑하-', 'pretty : 예쁘-'가 직접적으로 대응된다. 즉 국어의 '사랑하-', '예쁘-'가 영어의 'love', 'pretty'처럼 홀로 자립해서 쓰이지는 못하지만, 영어의 'love', 'pretty'에 직접적으로 대응하는 실질적인 의미를 갖고 있다.

   그래서 형태소에 실질적인 의미가 있느냐 아니면, 실질적인 의미는 없이 문법적인 관계를 나타내는 의미만 있느냐에 따라 실질 형태소와 형식 형태소로 분류한다. 실질 형태소는 어휘 형태소, 형식 형태소는 문법 형태소라고도 한다.

   국어의 동사와 형용사의 어간은 실질적인 의미가 있지만, 자립해서 쓰이지는 못하는 단위이다. 따라서 국어의 동사와 형용사의 어간은 자립의 유무로 보면 의존 형태소이지만, 실질적인 의미의 유무로 보면 실질 형태소이다. 그리고 국어의 조사나 어미는 자립의 유무로 보면 의존 형태소이면서 또한, 실질적인 의미는 없고 문법적인 관계를 나타내는 의미만 있는 형식 형태소이다.

   이를 정리하면 아래와 같다.

─ 실질 형태소 : 자립 형태소 + 용언(동사, 형용사)의 어간
└ 형식 형태소 : 의존 형태소 − 용언(동사, 형용사)의 어간

　자립 형태소는 모두 실질 형태소이고, 여기에 의존 형태소인 용언의 어간을 포함한 것이 실질 형태소이다. 따라서 형식 형태소는 의존 형태소에서 용언의 어간을 뺀 나머지가 된다.

♀ 관 련 국 어 사 지 식

　실질 형태소가 형식 형태소로 변화하기도 한다. 이를 문법화(grammarticalization)라고 한다. 현대 국어의 보조사 '-부터', '-조차', '-까지'가 대표적인 경우이다.

　法性 모물 **브터** 得ᄒ시며〈석보상절 20:14〉
　샹녯 이룰 **조차** ᄒ는〈석보상절 19:25〉
　님금 셤기ᅀᆞ보물 힚 **ᄀ장** 홀씨〈월인석보 2:63〉

　'-부터'는 중세 국어의 동사 '븥-'의 활용형 '브터'가 문법화된 것이고(브터 > 부터), '-조차'는 중세 국어의 동사 '좇-'의 활용형 '조차'가 문법화된 것이다. 그리고 '-까지'는 중세 국어의 명사 'ᄀ장(極)'이 문법화된 것이다(ᄀ장 > ᄭ장 > 까지).

3.2. 단어와 품사

최소의 자립 형식(minimal free form)을 단어라고 한다. 이러한 단어의 정의에 따르면, 국어의 동사와 형용사의 어간은 자립 형태소가 아니므로 단어라고 할 수 없다. 하지만 국어에서도 동사와 형용사는 단어로 분류하고 있다. 따라서 국어에서는 자립성의 유무보다는 실질적인 의미의 유무로 단어를 정의하고 있다고 할 수 있다.

품사는 단어의 갈래를 이르는 말이다. 품사는 단어의 갈래이므로, 명사, 대명사처럼 'ㅇ(ㅇ)사'에 해당하는 단위들은 그 개념상 모두 단어이다.

3.2.1. 단어의 정의와 분류

단어는 최소의 자립 형식을 말한다. 이때 최소의 자립 형식이라고 하면, 국어에서 용언(동사, 형용사)의 어간은 홀로 쓰일 수 없고, 항상 어미와 결합해야만 쓰일 수 있다는 점에서 자립 형식이 아니다. 굴절어인 인구어의 경우에는 동사나 형용사가 홀로 쓰일 수 있기 때문에 최소의 자립 형식이라는 단어의 정의에 부합한다. 하지만 교착어인 국어의 경우 용언의 어간은 반드시 어미와 결합해야만 쓰일 수 있기 때문에 최소의 자립 형식이라는 정의에 부합하지 않는다. 이는 인구어를 기반으로 만들어진 단어의 정의를 그대로 국어에 적용함으로써 부수

되는 문제점이라고 할 수 있다.

그래서 국어의 단어 정의는 최소의 자립 형식이라기보다는 오히려 실질 형태소의 개념에 더 가깝다. 단어를 실질적인 의미를 가진 형식 즉, 실질 형태소로 정의함으로써 국어의 동사, 형용사의 어간도 단어의 범주로 들어오게 된다.

하나의 단어는 최소한 하나 이상의 형태소로 이루어져 있다. 따라서 형태소보다 작은 단위가 단어일 수는 없고, 단어는 최소한 형태소보다 같거나 큰 단위가 된다.

하나의 자립 형태소로 이루어진 단어를 단일어라고 한다. 그리고 둘 이상의 형태소로 이루어진 단어를 복합어라고 한다. 복합어는 다시 그 내부 구성이 어떻게 이루어졌느냐에 따라 파생어와 합성어로 분류한다. 합성어는 다시 합성어의 결합 구성이 국어의 통사적인 통합 관계를 따르는 통사적 합성어와 국어의 통사적인 통합 관계를 따르지 않는 비통사적 합성어로 구분한다.

```
단어 ┬ 단일어
     └ 복합어 ┬ 파생어(어근 + 접사)
              └ 합성어(어근 + 어근) ┬ 통사적 합성어
                                    └ 비통사적 합성어
```

참고로 한 언어가 굴절어이냐 교착어이냐를 가르는 기준은 문법적인 의미를 나타내는 방식에 따른 것이다. 즉 문법적인 의미를 형태의 변화를 통해서 나타내는 언어를 굴절어라고 하고, 문법적인 의미를 형태소의 첨가에 의해 나타내는 언어를 교착어라고 한다.

(15) ㉠ He loved her. : She loves him.

㉡ 그가 그녀를 사랑했다. : 그녀가 그를 사랑한다.

굴절어인 영어의 경우 주격을 나타낼 때는 he, She이지만 목적격을 나타날 때는 him, her처럼 형태를 바꾸어서 나타낸다. 반면 교착어인 국어의 경우 주격을 나타낼 때는 '-이/가'를 첨가해서, 목적격을 나타낼 때는 '-을/를'을 첨가해서 나타낸다. 하지만 영어의 경우에도 과거를 나타낼 때는 '-ed'를, 3인칭 단수 현재를 나타낼 때는 '-s'를 첨가시키는데, 이는 굴절적인 특성이 아니라 교착적인 특성에 해당한다.

3.2.2. 구성과 직접 구성 요소(Immediate Constituent) 분석

음운론의 최소 단위는 음소이고, 형태론의 최소 단위는 형태소이다. 그리고 4장에서 살펴보겠지만 문장을 구성하는 최소 단위는 '어(語)'이다. 음소가 모여 음절을 구성하고, 형태소가 모여 단어를 구성하고, '어(語)'가 모여 '구(句)'를 구성하고 '구(句)'가 모여 문장을 구성한다. 이처럼 보다 작은 단위들이 모여 이루어진 단위를 구성(construction)이라고 한다. 이때 구성을 이루는 각각의 보다 작은 단위들을 '구성 요소'라고 한다.

하나의 구성을 보다 작은 단위로 분석하는 것을 구성 요소 분석이라고 한다. 그리고 직접 구성 요소란 어떤 구성을 처음 둘로 쪼개었을 때, 그 각각을 이른다. 따라서 직접 구성 요소 분석은 어떤 구성을 처음 둘로 분석하는 것을 이른다. 이를 영어의 Immediate Constituent 첫 글자를 따서 'IC 분석'이라고 한다.

단어를 대상으로 한 IC 분석은 그 단어가 파생어인지, 합성어인지를 결정하는 데 유용하다. 즉 어떤 단어를 처음 둘로 쪼개었을 때 —
1차 IC 분석을 했을 때 — 두 요소 가운데 하나가 접사이면 파생어이
고, 두 요소 어느 것도 접사가 아니면 합성어이다. 1차 IC 분석된 결과
를 다시 쪼개는 — 2차 IC 분석 — 것은 단어의 내부 구조를 파악하기
위한 것이지, 파생어와 합성어를 결정하는 데는 관여적이지 않다. 물
론 단어를 둘로 쪼갤 수 없다면, 그 단어는 단일어이다.

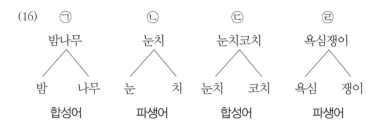

(16) ㉠ 밤나무 / 밤 나무 합성어 ㉡ 눈치 / 눈 치 파생어 ㉢ 눈치코치 / 눈치 코치 합성어 ㉣ 욕심쟁이 / 욕심 쟁이 파생어

　(16㉠)과 (16㉢)은 1차 IC 분석을 하였을 때, 두 구성 요소 가운데
접사가 없으므로 합성어이다. 반면 (16㉡), (16㉣)은 두 구성 요소 가
운데 하나가 접사이므로 파생어이다. (16㉡)에서는 '-치'가, (16㉣)에서
는 '-쟁이'가 접사이다.

　단어 가운데는 파생어인지 합성어인지 논란이 되는 것들이 있다.
논란의 핵심은 결국 1차 IC 분석을 어떻게 하느냐와 관련되어 있다.

　(17) (가) 줄넘기, 목걸이, 구두닦이, 고래잡이, 술래잡기

　　　 (나) ㉠ 줄넘기 / 줄 넘기　　㉡ 줄넘기 / 줄넘 기

(17)의 예들은 모두 같은 구조로 이루어져 있다. 1차 IC 분석을 (17
ㄱ)처럼 할 수도 있고, (17ㄴ)처럼 할 수도 있다. 1차 IC 분석을 (17ㄱ)
처럼 하게 되면, 구성 요소 중에 접사가 없으므로 합성어로 분류하게
된다. 반면 (17ㄴ)처럼 하게 되면, 구성 요소 중에 '-기'가 접사이므로
파생어로 분류하게 된다. 현재 학교 문법은 후자의 관점을 취하여 (17)
을 파생어로 본다.

(17ㄴ)의 구조로 분석하는 관점에서는 (17)의 예들을 통사적 파생이
라고 하여 어휘적 파생과 구분한다.

(18)

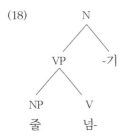

즉 통사적 파생은 어근에 접사가 결합하는 것이 아니라, 동사구(VP)
에 접사가 결합하여 명사가 되는 것이다. 보통의 어휘적 파생은 어근
즉, X범주(명사(N), 동사(V), 형용사(ADj), 부사(ADV))에 접사가 결합
하여 파생어를 만든다. 하지만 (18)은 통사적 단위인 동사구(VP)에 접
사가 결합하여 다시 단어를 만드는 것이기 때문에 통사적 파생이라고
부른다.

3.2.3. 단일어, 파생어, 합성어

단어는 단어의 내부 구성이 어떠하냐에 따라 다시 단일어와 복합어

로 나뉘고, 복합어는 다시 파생어와 합성어로 나뉜다. 단일어는 하나
의 형태소로 이루어진 단위이므로 IC 분석이 불가능하다. 복합어는 둘
이상의 구성 요소로 이루어진 단어를 이르며, 1차 IC 분석의 결과 두
구성 요소 중 하나가 접사이면 파생어, 두 구성 요소가 모두 어근이면
즉, 접사가 아니면 합성어이다.

(19) ㉠ 눈, 얼굴, 이마, 하늘, 강, 바람, 낮, 밤
　　 ㉡ 어느, 무슨, 아직, 꼭
　　 ㉢ 춥다, 덥다, 예쁘다, 가다, 오다, 뛰다, 읽다

(20) ㉠ 맨-손, 군-소리, 헛-소리, 오솔-길, 돌-배, 엇-갈리다, 휘-감다, 새
　　 　-파랗다
　　 ㉡ 잠-보, 점-장이, 개구-쟁이, 점-박이, 넓-이, 덮-개, 지-게, 찌-개,
　　 　아름-답다, 자랑-스럽다, 정-답다

(21) ㉠ 손-목, 눈-물, 안개-비, 어깨-동무, 돌-다리, 팔-다리, 잘-못
　　 ㉡ 뛰어-가다, 내려-오다, 올라-가다
　　 ㉢ 앞-지르다, 자리-잡다, 남-부끄럽다

　　(19)는 단일어의 예이고, (20)은 파생어, (21)은 합성어의 예이다.
(19㉢)은 용언(동사, 형용사)의 예들인데, 이들은 다시 '춥-다', '덥-다'처럼
어간과 어미로 나뉘어지기 때문에 실질적으로는 두 개의 형태소이다.
하지만 용언의 어간은 자립 형태소가 아니기 때문에 용언의 경우에는
편의상 어미 '-다'가 결합한 형태를 기본으로 나타낸다. 사전에 표제어
로 올릴 때에도 같은 이유로 '-다'가 결합한 형태를 기본형으로 삼는다.
따라서 편의상 용언 어간을 이를 때는 '덥-'이 아니라 '덥다'와 같은 형

식으로 나타낸다.

(20㉠)은 '접두사 + 어근'으로 이루어진 파생어이고, (20㉡)은 '어근 +
접미사'로 이루어진 파생어이다. 전자를 접두 파생어, 후자를 접미 파
생어로 구분하기도 한다. 합성어는 (21)처럼 '어근 + 어근'으로 이루어
진 구성을 이른다.

합성어는 구(句)와 구별이 잘 안 되는 면이 있다. 실제로 '우리나라',
'힘들다'처럼 원래는 '우리 나라', '힘 들다'의 구 구성이었던 것이 두 단
어 사이의 긴밀도가 높아지면서 합성어가 된 것들도 있다. 그렇기 때
문에 합성어와 구를 엄격하게 구분하기가 쉽지는 않다. 하지만 단어와
구를 판별하는 기준이 없는 것은 아니다.

첫째, 단어는 그 내부에 휴지를 둘 수 없지만, 구는 그 내부에 휴지
를 둘 수 있다

(22)   합성어   구
  [작은아버지(叔父)]   : [작은] [아버지]
  [큰아버지]   : [큰] [아버지]

표기법상으로 합성어는 하나의 단어이므로 붙여 쓰고, 구는 띄어 쓰게
되어 있다. 띄어 쓴다는 것은 그 사이에 휴지를 둔다는 것을 의미한다.

둘째, 단어는 제 3의 요소가 중간에 끼어들 수 없지만, 구는 제 3의
요소가 중간에 끼어들 수 있다.

(23) 작은아버지(叔父) → *작은 우리 아버지
  작은 아버지(구) → 작은 우리 아버지, 작은 철수 아버지

그런데 이 두 기준은 절대적인 기준이라고 볼 수는 없다. '알 수', '할 줄'처럼 '관형어 + 의존 명사' 구성의 경우에도 휴지를 두거나 제3의 요소가 개입할 수 없다. 그렇다고 해서 '알 수', '할 줄'을 합성어라고 하지는 않는다.

파생어와 합성어를 가르는 기준은 1차 IC 분석에 의해 쪼개어진 두 구성 요소의 성격이다. 즉 둘 다 어근이면 합성어이고, 둘 중 하나가 접사이면 파생어이다. 그런데 접사인지 아닌지를 판단하기가 쉽지 않은 경우도 있다.

(24) ㉠ 생각하다, 공부하다, 일하다, 노력하다
     ㉡ 생각되다, 거짓되다, 안정되다, 잘되다

(24)의 경우 각각 '하다', '되다'를 어떻게 보느냐에 따라 파생어로 분류하기도 하고, 합성어로 분류하기도 한다. 학교 문법의 입장은 (24)의 '-하다', '-되다'를 접사로 본다. 따라서 (24)의 단어들을 모두 파생어로 분류한다. 이와는 달리 '생각하다'와 '사용되다'의 '하다', '되다'를 접사로 보지 않는 입장도 있다. 이는 '생각하다'를 '생각을 하다'에서 '거짓되다'를 '거짓이 되다'에서 만들어졌다고 보는 것이다. 이러한 관점에서는 (24)를 합성어로 분류하게 된다.

합성어는 다시 두 어근의 결합이 국어의 일반적인 통사적 구성과 일치하느냐의 유무에 따라 일치하면 통사적 합성어, 그렇지 않으면 비통사적 합성어로 구분한다.

(25) ㉠ 돌아가다, 굴러가다, 예뻐지다, 슬퍼지다
     ㉡ 새해, 큰형, 작은아버지

ⓒ 혼나다, 힘들이다, 잘나다

(26) ㉠ 여-닫다, 우-짖다, 검-붉다, 나-서다, 오르-내리다
    ㉡ 부슬-비, 깜짝-쇼
    ㉢ 늦-잠, 꺽-쇠, 늦-가을

(25)는 통사적 합성어의 예이고, (26)은 비통사적 합성어의 예이다. 국어의 문장 구성에서 용언과 용언이 결합할 때는 '읽어 보다, 읽게 하다, 읽지 않다, 읽고 있다'처럼 두 용언 사이에 보조적 연결 어미(-아/어, -게, -지, -고)가 개재한다. (25㉠)은 이러한 방식을 따르기 때문에 통사적 합성어이지만, (26㉠)은 이러한 방식을 따르지 않고 용언의 어간과 어간이 바로 결합했기 때문에 비통사적 합성어이다.

그리고 국어의 문장 구성에서 수식어는 항상 피수식어 앞에 오며, 주어와 목적어는 항상 서술어 앞에 온다. 그리고 수식 구성에서 관형어는 체언 앞에 오고, 부사어는 용언 앞에 온다. (25㉡)은 관형어가 체언 앞에, 부사어가 용언 앞에 오는 국어의 통사적 구성 방식과 일치하기 때문에, 그리고 (25ⓒ)은 국어 문장의 어순인 '주어-서술어'(혼나다), '목적어-서술어'(힘들이다), '부사어-서술어(잘나다)의 어순을 따르기 때문에 통사적 합성어이다. 반면 (26㉡)은 부사가 체언 앞에 왔기 때문에 비통사적 합성어이다. 그리고 문장에서 용언이 명사를 수식할 때는 관형사형 어미가 결합한 형태로 수식하는데, (26㉢)은 용언의 어간이 바로 명사 앞에 왔기 때문에 비통사적 합성어이다.

(27) 열쇠, 자물쇠, 빨대, 밀대

(27)의 경우에는 통사적 합성어로 분류될 수도 있고, 비통사적 합성

어로 분류될 수도 있다. '열쇠'에서 '열'의 경우 이때의 '열'이 어간 '열-'이라고 볼 수도 있고, 어간 '열-'에 관형사형 어미 '-(으)ㄹ'이 결합한 형태라고 볼 수도 있기 때문이다. '열-'에 관형사형 어미가 결합해도 그 형태는 여전히 '열'이기 때문이다. 그래서 전자로 해석하면 비통사적 합성어가 되고, 후자로 해석하면 통사적 합성어가 된다. 나머지 예들도 마찬가지이다.

파생과 합성은 일회적이지 않고, 반복되어 새로운 단어가 만들어질 수 있다.

- ■파생어 → 합성어 : 개-살구(파생어) → 개살구-나무(합성어)
- ■합성어 → 파생어 : 거짓-말(합성어) → 거짓말-쟁이(파생어)
- ■파생어 → 파생어 : 잔-소리(파생어) → 잔소리-꾼(파생어)

즉 파생어에 다시 어근이 결합하여 합성어가 되기도 하고, 합성어에 다시 접사가 결합하여 파생어가 되기도 한다. 즉 파생이나 합성에 의해 만들어진 단어가 다시 또 다른 파생이나 합성에 참여할 수 있다.

파생 접사 가운데는 생산적인 접사와 그렇지 않은 접사가 있다. 파생 접사의 생산성을 얘기할 때는 크게 두 가지 관점이 있다.

첫째, 해당 접사로 만들어진 파생어의 수가 많으면 생산적이고 그렇지 않으면 비생산적이라는 관점이다. 이러한 관점에서 보면 '웃음, 삶, 죽음, 노름, 잠, 울음……'처럼 '-(으)ㅁ' 접사에 의해 만들어진 파생어의 수가 많기 때문에 '-(으)ㅁ'은 생산적인 접사이다. 반면 '오솔길'의 '오솔'은 '오솔길' 외에는 '오솔-'이 결합한 단어가 없으므로 비생산적인 접사가 된다.

둘째, 접사에 의해 만들어진 파생어의 수와 무관하게 해당 접사가 새로운 파생어를 만들어 내면 생산적인 접사로, 그렇지 않으면 비생산적인 접사로 보는 관점이다. 이 경우 '-(으)ㅁ'은 비생산적인 접사이다. 왜냐하면 현대 국어에서 용언으로부터 명사를 파생시킨다면 그것은 접사 '-(으)ㅁ'에 의해서가 아니라 접사 '-기'에 의해서이기 때문이다. 즉 '-(으)ㅁ'에 의해서는 더 이상 새로운 파생어가 만들어지지 않기 때문에 '-(으)ㅁ'에 의해 파생된 파생어의 수와 상관없이 '-(으)ㅁ'은 비생산적인 접사가 된다.

파생 접사 가운데 복수의 의미를 더하는 접미사 '-들'이나 높임의 의미를 더하는 접미사 '-님'의 경우에는 다른 접사와 비교할 수 없을 정도로 생산적이다. 즉 '-들'은 셀 수 있는 명사나 대명사에는 언제든 결합할 수 있고, '-님'은 신분이나 직위를 나타내는 말뿐만 아니라 사람이 아닌 일부 사물에도 결합할 수 있다. 이처럼 '-들'이나 '-님'에 의해 파생되는 단어의 수가 많기도 하고, 또한 파생될 수 있는 단어 역시 일정 정도 예측 가능하다. 이러한 이유로 사전에는 '-들'이나 '-님'이 결합한 단어를 등재하지 않는다. 사전에 등재되어 있지 않을 뿐 '-들'과 '-님'이 결합한 단어가 파생어라는 사실은 바뀌지 않는다.

파생과 합성은 새로운 단어를 만드는 기본적인 방법이다. 그런데 많지는 않지만 파생과 합성이 아닌 다른 방법에 의해 새로운 단어가 만들어지기도 한다.

(28) ㉠ 갖은, 다른, 이른, 이런, 저런, 그런
     ㉡ 단숨에, 대번에, 정말로, 진실로

(28㉠)은 용언의 활용형이 단어가 된 것이고, (28㉡)은 '체언+조사' 즉, 체언의 곡용형이 단어가 된 것이다.

단일어, 파생어, 합성어의 구분은 현대 국어라는 공시태에서의 단어의 구조에 대한 해석이다. 단어 형성 과정에 대한 역사적 사실이 해당 단어의 공시적 해석에 관여하지는 않는다. 예컨대 부사 '자주', '마주'는 중세 국어에서는 '잦다'의 어간 '잦-'에, 그리고 '맞다'의 어간 '맞-'에 부사 파생 접미사 '-오/우'가 결합한 파생어였다. 그러나 현대 국어에서 '자주', '마주'는 단일어이다. 이러한 해석상의 차이가 발생하는 이유는 부사 파생 접미사 '-오/우'의 공시적 성격 때문이다. 즉 중세 국어의 공시태에서는 부사 파생 접미사 '-오/우'가 존재했지만, 현대 국어의 공시태에는 '-오/우'가 더 이상 부사 파생 접미사로 존재하지 않는다. 이러한 이유로 중세 국어에서는 '자주', '마주'가 파생어였지만, 현대국에서는 단일어이다.

현대 국어의 '무덤, 주검, 기둥'의 경우도 중세 국어에서는 용언 어간에 명사 파생 접미사가 결합한 파생어였다.

　　　　묻- + -엄(명사 파생 접미사) → 무덤
　　　　죽- + -엄(명사 파생 접미사) → 주검
　　　　긷- + -웅(명사 파생 접미사) → 기둥

하지만 현대 국어에서 이들이 여전히 파생어라고 할 수는 없다. 왜냐하면 현대 국어에서는 명사 파생 접미사 '-암/엄', '-웅'이 존재하지 않기 때문이다. 즉 역사적으로 '무덤, 주검, 기둥'은 파생어였지만, 현대 국어에서 '무덤, 주검, 기둥'은 단일어이다. 이에 비해 현대 국어에서 '죽음'은 파생어이다. 그것은 '죽음'의 명사 파생 접미사 '-음'의 경우 '웃음, 울음, 기쁨, 졸음' 등에서 확인할 수 있듯이 현대 국어에 존재하는 접미사이기 때문이다.

중세 국어에서는 합성어였던 것이 합성어를 이루던 어근이 접사로 문법화되면서 현대 국어에서 파생어가 된 경우도 이다. '엿보다', '엿듣다'의 접두사 '엿-'이 그것이다. 원래 '엿'은 동사였다(窓으로 여서 지블 보니〈능엄경언해 5:72〉, 뭇구새 고기 엿느니는 수업슨 가마오디오〈번역박통사 上:70〉).

그러나 동사 '엿'이 사라지고, '엿보다, 엿듣다, 엿살피다'처럼 합성어에만 '엿'이 남아 있다. 이로 인해 현대 국어에서는 더 이상 '엿'이 동사로 기능 하지 못하고 접사로 문법화되었다.

파생 접사와 굴절 접사

접사(affix)라는 용어는 원래 단독으로는 실현되지 못하고, 다른 요소 에 덧붙어서 실현되는 것을 이르는 말이다. 국어에서 이러한 개념에 해당하는 것은 파생 접사와 어미이다. 국어에서 어미 역시 어간에 덧 붙는 요소라는 점에서 넓은 의미의 접사의 개념에 포함된다. 그래서 어미를 파생 접사와 구분하여 굴절 접사라고 하기도 한다. 파생 접사 는 어근에 결합하고, 굴절 접사는 어간에 결합한다.

용언의 경우 어간과 어근이 명확히 구분되지 않는 경우도 있지만, 그렇다고 전혀 구분이 안 되는 것은 아니다. 예컨대 '먹다'에서 어간은 '먹-'이다. 그리고 '먹이다'에서 어간은 '먹이-'이다. 어간 '먹-'은 하나의 형태소이므로 단일어이고, '먹이-'는 '먹-'에 접사 '-이-'가 결합한 파생어 이다. '먹다, 먹고, 먹으니'의 활용에서 '먹-'은 어간이고, '먹이다'의 파 생에 참여한 '먹-'은 어근이다. 같은 '먹-'이지만 활용에 참여하는 '먹-'은 어간이고, 조어에 참여하는 '먹-'은 어근이 되는 것이다.

파생 접사와 굴절 접사는 그 기능에서 분명한 차이가 있다. 그래서 흔히 접사라고 할 때는 파생 접사만을 가리키고, 굴절 접사는 따로 어 미로 부르는 것이 일반적이다. 파생 접사와 굴절 접사의 가장 큰 차이 점은 새로운 단어를 형성하느냐의 유무이다. 즉 파생 접사는 새로운 단어를 만들 수 있지만, 굴절 접사는 새로운 단어를 만들 수 없다. 파 생 접사는 새로운 단어를 만드는 과정에서 어근의 품사 범주를 바꾸기도 한다. 하지만 굴절 접사는 어떠한 경우에도 어간의 품사 범주를 바꿀 수 없다. 또한 파생 접사는 어근의 의미를 변화시키기도 하지만, 굴절 접사는 어간의 의미에 영향을 주지 않는다. 마지막으로 파생 접사는 결합할 수 있는 어근이 제약되지만, 굴절 접사는 결합할 수 있는 어간에 제약이 거의 없다.

(29) 학생답다 사람답다 어른답다 *생각답다 *희망답다 *사랑답다

(30)

		파생 접사	굴절 접사	
형용사		깊이	깊고	깊지
		높이	높고	높지
		넓이	넓고	넓지
		*짧이	짧고	짧지
		*낮이	낮고	낮지
		*예삐	예쁘고	예쁘지
동사		*찾이	찾고	찾지
		*가이	가고	가지
		*오이	오고	오지

(29)에서 보듯이 접미사 '-답-'은 구체 명사와 결합하여 '그러한 성질이나 특성이 있음'의 뜻을 더하면서 명사를 형용사로 파생시키는 접미사이다. 그렇기 때문에 '생각, 희망, 사랑'과 같은 추상 명사와는 결합할 수 없다. 이처럼 접사 '-답-'은 결합할 수 있는 어근에 제약이 있다.

그리고 (30)에서 보듯이 척도를 나타내는 명사를 만드는 접미사 '-이'의 경우에도 결합할 수 있는 어근에 제약이 있다. 우선 형용사에만 결합할 수 있고, 형용사 가운데서도 일부와만 결합할 수 있음을 알

수 있다. 반면 굴절 접사 '-고, -지'의 경우에는 결합할 수 있는 어간에 제약이 거의 없다.

파생 접사와 굴절 접사의 차이를 정리하면 아래와 같다.

파생 접사	굴절 접사(어미)
새로운 단어를 형성할 수 있다.	새로운 단어를 형성하지 못한다.
어근의 품사 범주를 바꿀 수 있다.	어간의 품사 범주를 바꿀 수 없다.
어근의 의미를 변화시키기도 한다.	어간의 의미를 변화시킬 수 없다.
결합하는 어근에 제약이 있다.	어간과의 결합에 제약이 거의 없다.

파생 접사가 어근의 의미를 변화시킨 예로는 '노름'을 들 수 있다. '노름'은 원래 어간 '놀-'에 명사 파생 접미사 '-음'이 결합한 파생어이다. 그런데 오늘날 '노름'은 '도박'의 의미로 쓰이는데, 이는 '놀다'의 의미와 거리가 꽤 멀다.

파생 접사는 결합하는 위치에 따라 접두사와 접미사로 나눈다. 어근의 앞에 붙으면 접두사, 어근의 뒤에 붙으면 접미사이다. 언어에 따라서는 어근의 내부에 결합하는 접사가 있기도 한데, 이를 접요사라고 한다. 국어에는 접요사가 없다. 접두사와 접미사는 의존 형태소이면서 어근에 결합하여 파생어를 만든다는 점에서는 공통적이다. 하지만 몇 가지 점에서 차이가 있다.

접두사	접미사
품사 전성 기능이 없다.	품사 전성 기능이 있다.
분포의 제약이 강하다.	분포의 제약이 약하다.

접두사와 접미사의 가장 큰 차이점은 품사 전성 기능의 유무이다.

즉 접두사는 (31)에서 보듯이 어근의 품사를 바꾸는 일이 없다. 하지만 접미사는 (32)에서 보듯이 어근의 품사를 바꾸기도 한다.

(31) ㉠ 길(명사) → 오솔길(명사)
　　 ㉡ 돌다(동사) → 휘돌다(동사)
　　 ㉢ 파랗다(형용사) → 새파랗다(형용사)

(32) ㉠ 사랑(명사) → 사랑스럽다(형용사)
　　 ㉡ 슬프다(형용사) → 슬피(부사)
　　 ㉢ 높다(형용사) → 높이다(동사)
　　 ㉣ 꾸다(동사) → 꿈(명사)

그리고 접두사는 접미사에 비해 분포의 제약이 강하다. 다시 말해 접두사는 접미사에 비해 결합할 수 있는 어근이 제약적이다. 그래서 하나의 접두사에 의해 파생될 수 있는 파생어의 수가 하나의 접미사에 의해 파생될 수 있는 파생어에 비해 아주 적다. 예컨대 접두사 '엿-'에 의해 파생된 접두 파생어는 '엿듣다, 엿보다, 엿살피다' 외에는 찾기 어렵다. 하지만 접미사 '-답-'에 의해 파생된 단어는 '학생답다, 군인답다, 어른답다, 어린이답다, 겨울답다, 여름답다, 정답다……'처럼 접두사에 의해 파생된 단어와 비교할 때 상대적으로 매우 많다.

한자어(漢字語)의 IC 분석

국어의 어휘는 고유어, 한자어, 외래어로 이루어져 있다. 이 중 한자어의 비율이 고유어에 비해 압도적으로 높은 편이다. 한자(漢字)는 뜻글자이므로 개별 한자 하나하나가 실질적인 의미를 가지고 있다. 그런 의미에서 보면 한자는 개별 한자 하나하나가 실질 형태소라고 할 수 있다. 한자어는 한자로 이루어진 단어를 이른다. 한자어는 한자 하나로 이루어진 것도 있고, 둘 이상의 한자로 이루어진 것도 있다. 많은 경우는 둘 이상의 한자로 이루어져 있다. '책(冊), 방(房), 금(金)'처럼 1음절 한자어는 그 자체로 하나의 형태소이면서 또한 홀로 쓰일 수 있으므로 단어이다. 그런데 2음절 이상의 한자어일 때, 특히 2음절 한자어일 때 형태소 분석이 논란이 된다.

(33) ㉠ 감기(感氣), 고생(苦生), 단어(單語), 학교(學校), 서점(書店)
　　　㉡ 성희롱(性戲弄), 공부방(工夫房), 색연필(色鉛筆), 서점가(書店街)

개별 한자 하나하나는 뜻을 가지고 있으므로 '감기(感氣)'를 '감(感) - 기(氣)'로 쪼갤 수 있다. 이렇게 보면 (33㉠)의 예들은 모두 2개의 형태소로 이루어진 복합어가 된다. 이와 달리 '감기(感氣)'는 국어이지만 한자 '감(感)'과 '기(氣)'는 국어가 아니므로 '감기(感氣)'를 '감(感) - 기(氣)'로 쪼갤 수 없다고 보는 관점도 있다. 이런 관점에 서면 (33㉠)은 모두 단일어가 된다.

(33㉡)처럼 3음절 이상의 한자어는 대부분 '성(性) - 희롱(戲弄)', '공부(工夫) - 방(房)'처럼 IC분석이 가능하고, 쪼개진 각각의 단위가 한자어인 경우가 많기 때문에 합성어로 분류하는 데 특별히 문제가 없다.

일부 한자는 마치 국어의 접사처럼 기능하는 것도 있다. 즉 다른 한자어에 자유롭게 결합하여 새로운 단어를 만들어 내는 특성을 가진 한자들이 있다. 이러한 한자는 따로 한자어 접사로 보고, 이들 한자가 결합한 한자어를 파생어로 분류한다.

(34) ㉠ 초분절, 초절전, 초감각, 초전도, 초고속

     ⓛ 미개발, 미생산, 미개척, 미성년, 미해결

     ⓒ 절대적, 효과적, 개인적, 물리적, 합리적

  (34)에서 '초(超)-, 미(未)-', '-적(的)'이 바로 한자어 접사에 해당한다. 따라서 (34)의 단어들은 모두 파생어이다.

3.3. 품사

　품사(parts of speech)는 단어를 그 문법적 성질에 따라 나눈 갈래를 말한다. 따라서 그 정의에 의해 'ㅇ(ㅇ)詞'에 해당하는 것은 모두 단어이다. 그리고 단어의 정의가 '최소의 자립 형식'이므로 'ㅇ(ㅇ)詞'에 해당하는 것은 모두 자립 형식이다. 그러나 국어의 단어는 자립 형태소보다는 실질 형태소에 더 가까운 개념이고, 그렇기 때문에 품사 분류 역시 실질 형태소의 갈래라고 하는 게 더 맞다.

　국어의 품사 분류는 8품사 내지 9품사 분류가 가장 일반적이다. 현행 학교 문법의 품사 분류는 9품사 분류 체계를 따르고 있다. 9품사는 '명사, 대명사, 수사, 동사, 형용사, 부사, 관형사, 감탄사, 조사'이다. 국어학계의 품사 분류는 적게는 5품사로 분류하기도 하고, 많게는 11품사로 분류하기도 한다. 논점이 되는 사항은 '접속사'를 따로 설정할 것이냐, '조사'를 하나의 품사로 볼 것이냐, 서술격 조사로 불리는 '-이다'를 별도의 품사-지정사-로 분류할 것이냐, 그리고 '있다'를 존재사로 따로 분류할 것이냐 등이다. 이에 대한 관점에 따라 국어의 품사는 다양하게 분류되어 왔다.

3.3.1. 품사 분류의 기준

품사 분류의 기준은 크게 세 가지 정도이다.

첫째 : 기능
둘째 : 형태적 특성
셋째 : 의미

단어를 분류할 때 가장 핵심이 되는 기준은 기능이다. 여기서 기능이란 단어가 문장 안에서 다른 단어들과 맺는 관계 또는 문장 안에서 하는 역할을 말한다.

(35) ㉠ 새 나라의 어린이는 일찍 일어난다.
　　 ㉡ 아기가 엄마를 본다.
　　 ㉢ 아! 바야흐로 봄이 왔다.

(35㉠)에서 '새 '는 명사 '나라'를 수식하고, '일찍'은 동사 '일어나다'를 수식한다. 이처럼 명사를 수식하는 단어를 관형사, 동사를 수식하는 단어를 부사라고 한다. 부사는 동사 외에도 형용사 또는 다른 부사를 수식할 수는 있지만 절내로 명사를 수식힐 수는 없다. 반면 관형사는 명사를 수식할 수는 있지만, 동사나, 형용사, 부사를 수식할 수 없다.

(35㉠)에서 문장의 주어는 '어린이'이고, (35㉡)에서는 '아기'이다. (35㉡)에서 문장의 목적어는 '엄마'이다. 이처럼 문장 안에서 주어나 목적어 또는 보어의 기능을 담당하는 단어를 명사라고 한다.

그리고 (35㉠)에서 서술어는 '일어나다'이고, (35㉡)에서는 '보다',

(35ⓒ)에서는 '오다'이다. 이처럼 문장에서 서술어의 기능을 담당하는 단어를 동사 또는 형용사라고 한다. (35ⓒ)에서 '아!'는 '바야흐로 봄이 왔다'와는 독립된 요소이다. 이와 같이 문장의 다른 성분과 직접적인 관계를 갖지 않으면서 다른 말을 수식하지도 않는, 독립된 기능을 담당하는 단어를 감탄사라고 한다.

이처럼 단어가 문장 안에서 다른 단어들과 맺는 관계나 문장 안에서의 기능을 기준으로 단어를 분류할 수 있다.

다음으로 형태적 특성이란 형태의 변화가 있느냐 없느냐를 말하는데, 이러한 형태적 특성에 따라 단어를 가를 수 있다. 국어는 굴절어인 인구어와 달리 단어가 직접적으로 형태 변화를 하지 않는다. 그래서 국어에서 형태적 특성이라고 할 때는 어미나 조사가 결합하느냐 결합하지 않느냐의 특성을 말한다. 이러한 특성을 기준으로 조사가 결합하는 단어를 체언(명사, 대명사, 수사), 어미가 결합하는 단어를 용언(동사, 형용사)으로 분류한다.

    (36) 산에서 보는 풍경이 참 좋았다.

(36)에서 '산', '풍경'에는 각각 조사 '-에서', '-이'가 결합하였고, '보-', '좋-'에는 각각 어미 '-는', '-았', '-다'가 결합하였다. 반면 부사 '참'에는 어떠한 조사나 어미도 결합하지 않았다. 부사와 마찬가지로 관형사 역시 다른 요소가 결합할 수 없다. 이러한 특성을 형태적 특성이라고 한다.

원래 굴절(inflection)이란 말은 어떤 단어가 동일한 품사를 유지하면서, 그 형태를 여러 가지로 변화시켜 문법적인 기능을 나타내는 것을 말한다. 굴절의 양상은 언어에 따라 다르다. 영어와 같은 인구어에서는 그 단어의 형태를 바꾸는 방식으로 나타나는데 비해, 국어와 같은 교착어는 조사, 어미와 같은 문법 형태소가 첨가되어 실현된다. 영어의 'man(단수)–men(복수)', 'he(주격)–his(소유격)–him(목적격)', 'see(현재)–saw(과거)–seen(과거완료)' 같은 방식이 전자에 해당한다. 하지만 영어의 경우에도 'apple(단수)–apples(복수)', 'work(현재)–worked(과거)'처럼 형태소를 첨가하는 방식으로도 나타난다. 체언의 굴절을 곡용(declension)이라고 하고, 용언의 굴절을 활용(conjugation)이라고 한다.

국어는 교착어이기 때문에 단어의 형태를 직접적으로 변화시키는 굴절은 없다. 그래서 국어에서 굴절이라고 할 때 활용과 곡용은 아래와 같다.

굴절 ⎡ 활용 : 용언 어간에 어미가 결합
　　 ⎣ 곡용 : 체언 어간에 조사가 결합

즉 활용은 용언 어간에 어미가 결합하는 것을 이르며, 이러한 결합형을 활용형이라고 한다. 그리고 체언 어간에 조사가 결합하는 것을 곡용이라고 이르며, 이러한 결합형을 곡용형이라고 한다.

마지막으로 의미적 특성에 따라 단어를 가를 수 있다. 여기서 말하는 의미는 단어의 어휘적 의미가 아니라, '상태를 나타내는 단어', '동작을 나타내는 단어', '사물의 이름을 나타내는 단어'처럼 형식적 의미를 이른다. 의미라는 기준은 기능이나 형태적 특성에 비해 객관성이 다소 떨어지는 기준이다. 그래서 기능이나 형태적 특성에 의해 1차로 분류된 단어들의 집합 안에서 다시 2차로 분류할 때 주로 이용된다. 예컨대 명사를 다시 일반 명사와 고유 명사로, 부사를 다시 지시 부사와 성상 부사로, 대명사를 다시 지시 대명사와 인칭 대명사 등으로 분류하는 것이 바로 의미적 특성에 따른 품사 분류이다.

단어의 어휘적 의미가 품사 분류의 기준이 될 수 없다는 것은 (37)을 보면 명확해진다.

(37) ㉠ **합법적** 방법   → 관형사

     다섯 학생이 왔다.   → 관형사

   ㉡ 그 방법은 **합법적**이다.   → 명사

     학생 **다섯**이 왔다.   → 수사

(37㉠)의 '합법적'이나 (37㉡)의 '합법적', (37㉠)의 '다섯'이나 (37㉡)의 '다섯'의 경우, 그 형태나 어휘적 의미는 같다. 하지만 (37㉠)의 '합법적', '다섯'과 (37㉡)의 '합법적', '다섯'의 기능은 다르다. (37㉠)의 '합법적'과 '다섯'은 각각 '방법', '학생'을 수식하는 기능을 한다. 하지만 (37㉡)의 '합법적'은 서술격 조사 '-이-'가 결합하여 서술어의 기능을 하고 있고, '다섯'은 주격 조사 '-이'가 결합하여 주어의 기능을 하고 있다. 어휘적 의미가 품사 분류의 기준이 된다면, (37㉠)의 '합법적'과 (37㉡)의 '합법적', (37㉠)의 '다섯'과 (37㉡)의 '다섯'이 서로 기능이 다름에도 불구하고 같은 품사로 분류될 수밖에 없다. 이러한 사실은 어휘적 의미가 품사 분류의 기준이 될 수 없음을 분명히 말해 준다.

3.3.2. 품사 분류

국어의 품사 분류는 5품사에서부터 11품사까지 관점에 따라 다양하게 분류되어 왔다. 일반적으로는 8품사 내지 9품사로 분류하고 있다. 먼저 5품사 분류는 아래와 같다. 5품사에서 조사를 독립된 품사로 인정하게 되면 6품사가 된다.

(38) 명사, 동사, 관형사, 부사, 감탄사, (조사)

여기에서 명사를 다시 '명사, 대명사, 수사'로, 동사를 다시 '동사, 형용사'로 세분하게 되면, 아래의 8품사가 분류가 된다. 여기에 '조사'를 독립된 품사로 인정하게 되면 9품사가 된다.

(39) 명사, 대명사, 수사, 동사, 형용사, 관형사, 부사, 감탄사, (조사)

국어의 품사 분류에서 국어학의 초창기부터 논란이 되어 왔던 범주가 '조사'이다. '조사'는 그 특성상 자립 형식도 아니고, 어휘 형태소도 아니기 때문이다. 하지만 조사 중에는 또 단순히 문법적인 관계만 나타낸다고 보기 어려운 조사들 — 보조사(특수 조사)가 이에 해당 — 도 있어서 그 성격을 규정하기가 그리 단순하지는 않다.

조사 중에서도 서술격 조사라고 불리는 '-이-'가 품사 분류에서 특히 문제가 되었다. '-이-'는 명사나, 수사, 대명사와 결합한다는 사실에서 여타의 조사와 평행하지만, 다른 조사와 달리 '-이-'는 '학생이고, 학생이니, 학생이면, 학생이어서'처럼 활용을 하기 때문이다. 그래서 '-이-'를 조사 목록에서 따로 떼어 내어 '지정사'로 분류하기도 한다. 또한 '있다'도 따로 떼어 내어 '존재사'로 별도로 설정하기도 한다. 이렇게 되면 9품사에 지정사, 존재사가 추가되어 11품사 체계가 된다.

국어 어문 규범이나 학교 문법에서는 9품사 체계를 설정하고 있다. 국어 어문 규범이나 학교 문법이 9품사 분류를 하고 있다는 것과, 이러한 9품사 분류가 단어 분류와 관련하여 국어의 언어적 사실을 가장 잘 반영하고 있다는 것은 별개의 문제이다.

국어의 9품사 체계는 아래와 같다.

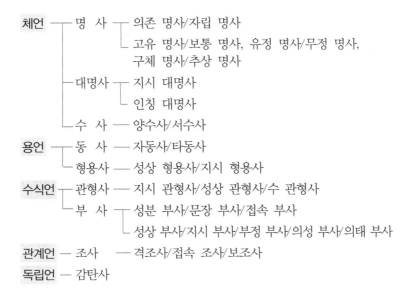

체언 ─┬─ 명　사 ─┬─ 의존 명사/자립 명사
　　　│　　　　 └─ 고유 명사/보통 명사, 유정 명사/무정 명사,
　　　│　　　　　　 구체 명사/추상 명사
　　　├─ 대명사 ─┬─ 지시 대명사
　　　│　　　　　 └─ 인칭 대명사
　　　└─ 수　사 ─── 양수사/서수사
용언 ─┬─ 동　사 ─── 자동사/타동사
　　　└─ 형용사 ─── 성상 형용사/지시 형용사
수식언 ┬─ 관형사 ─── 지시 관형사/성상 관형사/수 관형사
　　　 └─ 부　사 ─┬─ 성분 부사/문장 부사/접속 부사
　　　　　　　　　 └─ 성상 부사/지시 부사/부정 부사/의성 부사/의태 부사
관계언 ─ 조사　 ─── 격조사/접속 조사/보조사
독립언 ─ 감탄사

　품사를 개방 품사류와 폐쇄 품사류로 나누기도 한다. 이러한 분류의 기준은 앞으로 새로운 단어가 추가될 가능성이 있느냐 없느냐이다. 즉 앞으로 새로운 단어가 추가될 가능성이 있는 품사류는 개방 품사류, 앞으로 새로운 단어가 추가될 가능성이 없는 품사는 폐쇄 품사류라고 한다.

　예컨대 명사는 새로운 사물이 생길 때마다 많은 경우 새로운 단어를 만들게 된다. 여기서 새로운 단어는 파생어나 합성어도 포함한다. 국립 국어원에서 매년 신어 목록을 발표하는데, 이 가운데 가장 높은 비율을 차지하는 것이 명사이기도 하다. '누리꾼, 먹거리, 나들목'과 같은 단어들은 몇 십 년 전만 하더라도 존재하지 않던 것들이다. 동사나 형용사도 새로운 단어들이 매년 만들어진다. 따라서 이들 품사류를 개방 품사류라고 한다.

　반면 관형사, 대명사, 감탄사, 조사와 같은 품사는 앞으로 시간이 지나도 새로운 단어가 만들어질 가능성이 거의 없다. 이런 품사류를 폐쇄 품사류라고 한다.

3.3.3. 체언 : 명사, 대명사, 수사

명사, 대명사, 수사는 문장에서 주어, 목적어, 보어, 필수적 부사어의 위치에 오는 특징을 갖고 있다. 그리고 관형어의 수식을 받으며, 뒤에 격조사를 취할 수 있다는 공통적인 특징을 갖고 있다. 이러한 특징을 갖는 품사들을 묶어서 체언이라고 한다.

> (40) ㉠ 좋은 □이/가 있다.
> ㉡ □이/가 예쁘다.
> ㉢ 재욱이가 □을/를 먹었다.
> ㉣ 재욱이가 □이/가 되었다. / 재욱이는 □와/과 닮았다.
> ㉤ 재욱이는 □이다.
> ㉥ □의 생각

(40)에서 □에 들어갈 수 있는 단어가 체언이다. 즉 어떤 단어가 체언이냐 아니냐는 그 단어가 문장에서 어떤 기능을 하느냐를 통해 결정된다. 체언은 (40㉠)처럼 관형어의 수식을 받는다. 그리고 (40㉠, ㉡)처럼 주어나 (40㉢)처럼 목적어, (40㉣)처럼 보어, 필수적 부사어로 기능한다. 그리고 (40㉤)처럼 서술격 조사 '-이-' 앞에 오거나 (40㉥)처럼 속격 조사 '-의' 앞에 오는 단어들의 집합을 이른다.

체언에는 명사, 대명사, 수사가 있다. 체언을 명사와 대명사, 수사로 다시 하위 분류할 때는 이들이 공통점을 갖고 있지만, 또한 이들 사이에 차이도 있기 때문이다. 명사가 주로 사물이나 대상, 개념을 지칭하는 단어라면, 대명사는 명사를 대신하는 말이고, 수사는 수나 차례를 나타내는 말이다.

(41) ㉠ 늘이는 어제 옛 친구를 만났는데, 그는 여전히 멋있었다.
　　 ㉡ 하나에 하나를 더하면 둘이다.
　　　 첫째가 둘째보다 키가 크다.

(41㉠)에서 '그'는 앞에 나온 '옛 친구'를 대신하는 대명사이다. 그리고
(41㉡)의 '하나', '둘', '첫째', '둘째'는 수나 차례를 나타내는 수사이다.
　기능적인 관점에서 볼 때 대명사와 수사는 상대적으로 명사에 비해
관형어의 수식이 제약된다는 특징이 있다.

(42)

명사	대명사	수사
어느 친구	*어느 너	*어느 셋
그 친구	*그 너	*그 셋
빠른 친구	빠른 너	*빠른 셋
어제의 친구	어제의 너	*어제의 셋

(43) ㉠ 착한 너와 못된 너 중 어느 너가 진짜 너이냐?
　　 ㉡ 어제의 셋이 오늘의 셋이 아니다.
　　 ㉢ 느린 열보다는 빠른 셋이 낫다.

(42)에서 보듯이 대명사와 수사는 관형어의 수식이 명사에 비해 제
약된다. 그렇지만 (43)에서 보듯이 문맥이 주어지면 관형어의 수식이
가능해지기도 한다.

명사

명사는 의미적 특성에 따라 다시 고유 명사와 보통 명사, 유정 명사와 무정 명사, 구체 명사와 추상 명사 등으로 하위 분류하기도 한다. 그리고 자립성의 유무에 따라서 자립 명사와 의존 명사로 구분한다. 명사 중에는 소위 혼자서는 쓰이지 못하고 반드시 관형어의 수식을 받아야만 나타날 수 있는 것들도 있다. 이들을 따로 의존 명사(또는 형식 명사, 불완전 명사)라고 부른다.

(44) ㉠ 지민이는 이 일을 할 **수** 있는 능력이 있다.
　　㉡ 막상 집을 나왔지만, 갈 **데**가 없다.
　　㉢ 어찌 해야 할 **바**를 모르겠다.
　　㉣ 이 일을 할 **줄** 아는 사람 없니?
　　㉤ 먹을 **만큼**만 먹어라.

(44)에서 '수', '데', '바', '줄', '만큼'이 의존 명사이다. 이들은 모두 관형어의 수식을 받으며, 관형어의 수식 없이 혼자서는 쓰이지 못한다.

(45) ㉠ 사과 두 **개**를 먹었다.
　　㉡ 양말 한 **켤레**를 샀다
　　㉢ 바늘 한 **쌈**
　　㉣ 삼백 **원**
　　㉤ 북어 한 **쾌**
　　㉥ 굴비 한 **두름**

(45)의 '개', '켤레', '쌈', '원', '쾌', '두름' 역시 저 혼자서는 쓰이지 못하고, 항상 수 관형사와 함께 쓰인다. 다시 말해 수 관형사의 수식을 받는다. 문장에서 관형사는 항상 관형어로 기능하고 관형사의 수식을

받는 말은 체언(명사, 대명사, 수사) 이외의 다른 품사일 수 없다. 이들은 모두 단위를 나타내는 의미를 가지고 있는데, 이처럼 단위를 나타내는 의존 명사를 (44)의 의존 명사와 구분하여 단위성 의존 명사라고 한다. 단위성 의존 명사가 수식을 받을 때는 (45)에서처럼 수 관형사의 수식만 받을 수 있다.

대명사

대명사는 다시 인칭 대명사와 지시 대명사로 하위 분류한다. 여기에 의문 대명사를 따로 설정하기도 한다. 의문 대명사는 의문을 나타내는 대명사로 '누구, 무엇, 어디' 등이 이에 해당한다.

먼저 인칭 대명사는 아래와 같다.

인칭 대명사
1인칭 대명사 : 나, 내, 우리, 제1/저1, 저희
2인칭 대명사 : 너, 너희, 당신1
3인칭 대명사 : 그, 그녀, 그것
미지칭 대명사 : 누구
부정칭 대명사 : 아무
재귀 대명사 : 자기, 제2/저2, 당신2

인칭 대명사 중에서 '제1/저1'과 '제2/저2'는 형태는 같지만, 그 기능을 달리하기 때문에 구분한 것이다. '당신1'과 '당신2'도 마찬가지이다.

(46) ㉠ 제(/저)가 그 일을 하겠습니다.

㉠' 하늘이는 제(/저) 할 일은 하지 않으면서, 남의 일에 참견하기를 좋아한다.

ⓒ 당신이 나한테 어떻게 그럴 수 있어?

ⓒ' 아버지 당신께서는 당신의 삶을 자식을 위해 희생하셨습니다.

(46ⓖ)의 '제(/저)'는 '나'를 낮추는 말이기 때문에 1인칭 대명사인 반면, (46ⓖ')의 '제(/저)'는 앞에 나온 명사 '하늘이'를 다시 받는 재귀 대명사이다. 그리고 (46ⓒ)의 '당신'은 '너'를 높이는 2인칭 대명사인 반면, (46ⓒ')의 '당신'은 앞에 나온 '아버지'를 다시 받는 재귀 대명사이다. 재귀 대명사는 앞에 나온 명사를 다시 받는 말이기 때문에 인칭으로 보면 모두 3인칭이다. 3인칭으로 쓰인 '당신'은 극존칭의 의미를 갖는다.

지시 대명사는 '이, 그, 저'를 기본으로 한다.

지시 대명사
이, 그, 저
이것, 저것, 그것, 무엇
이곳, 저곳, 그곳, 여기, 저기, 거기, 어디
이때/입때, 접때, 그때, 언제

위에서 보듯이 대부분의 지시 대명사는 '이, 그, 저'에 다른 명사가 결합한 합성어로 이루어져 있다. '여기, 저기, 거기'도 통시적으로는 '이, 그, 저'에 '어긔'가 결합한 합성어였다.

문맥이나 화맥에 따라서는 지시 대명사가 인칭 대명사로 쓰이는 경우도 있다.

(47) ⓖ 그 몹쓸 녀석이 나를 헐뜯고 다닌다고? **이것**을 어떻게 해야 하나?

ⓒ 넌 왜 하루 종일 말썽만 피우고 돌아다니니? **저것**이 따끔하게

혼이 나야 정신을 차릴 텐데.

ⓒ 내 언제고 **그것**을 만나면 요절을 내고 말리라.

(47)에서 쓰인 '이것, 저것, 그것'은 사물을 지시하는 것이 아니라 사람을 지시하는 3인칭 대명사이다. 문맥에서 알 수 있듯이 사람을 낮잡아 이를 때만 사용하며, 일상적인 상황에서는 거의 쓰이지 않는다.

🔎 관련 국어사 지식

의문 대명사 '무엇'에 대응하는 중세 국어 어형은 '므스'이다. 중세 국어 '므스'는 모음으로 시작하는 조사 앞에서는 '므슥'으로, 부사격 조사 '-와/과' 앞에서는 '므슴'으로 나타난다.

> 일후미 므스고 〈능엄경언해 5:18〉
> 네 므스글 보는다 〈능엄경언해 1:100〉
> 므슴과 근흐뇨 〈육조법보단경언해 中:6〉

'므스', '므슴'은 관형사로도 쓰이는데, 이때의 '므스', '므슴'은 현대 국어의 '무슨'의 뜻이다.

> 므슷 마롤 흐시더뇨 〈석보상절 23:30〉
> 므슴 마롤 흐더시뇨 阿難이 슬봍딕 〈석보상절 23:31〉

현대 국어에서는 부사로만 쓰이는 '아니' 역시 중세 국어에서는 명사로도 쓰였다. 아래에서 보듯이 '아니' 뒤에 격조사가 결합한 것을 볼 수 있는데, 격조사가 결합하였다는 사실에서 '아니'가 명사임을 알 수 있다.

> 둘 아니롤 조차 順흐샤미라 〈원각경언해 上 2:134〉
> 이와 이 아니왜 업수믈 알면 〈능엄경언해 2:57〉

수사

수사는 크게 양수사와 서수사로 구분한다.

(48) ㉠ 하나, 둘, 셋, 넷, 다섯, 여섯, 일곱······ 열, 열하나, 열둘······
　　　 스물······ 서른······ 마흔······ 쉰······
　　 ㉠' 일, 이, 삼, 사, 오, 육, 칠······ 십, 십일, 십이······ 이십······ 삼
　　　 십······ 사십······ 오십······
　　 ㉡ 첫째, 둘째, 셋째, 넷째, 다섯째, 여섯째, 일곱째······ 열째, 열
　　　 한째······ 스무째······

(48㉠, ㉠')를 양수사라고 하고, (48㉡)을 서수사라고 한다. (48㉠)은
고유어 양수사인데 비해, (48㉠')는 한자 양수사이다. 수사 중에는 형
태의 변화 없이 체언으로 쓰이기도 하고, 관형사로 쓰이기도 한다. 수
사가 관형사로 쓰일 때는 특별히 수 관형사라고 한다. 수사인지 수 관
형사인지는 문맥에서의 기능을 통해 판단한다.

(49) ㉠ 모인 사람이 칠 명인데, 칠이면 충분하다.
　　 ㉡ 다섯 사람이 모였는데, 사람 다섯이서 못할 것도 없다.

'칠 명', '다섯 사람'의 '칠', '다섯'은 뒤에 오는 체언을 꾸며 주기 때
문에 관형사이고, '칠이면', '다섯이서'의 '칠', '다섯'은 뒤에 격조사가 결
합했기 때문에 수사이다. 이처럼 수사는 수 관형사와 형태상으로는 구
분되지 않기도 한다.

(50) 수사　 : **하나, 둘, 셋, 넷**, 다섯, 여섯, 일곱, 여덟, 아홉, 열
　　 관형사 : **한, 두, 서/세/석, 너/네/넉**, 다섯, 여섯, 일곱, 여덟, 아홉, 열

(50)에서 보듯이 '하나~넷'까지는 수사와 관형사가 형태상으로 구분이 되지만, 다섯부터는 형태상으로 구분이 되지 않는다.

지금까지 체언으로 분류되는 명사, 대명사, 수사의 공통점과 차이점에 대해 살펴보았다. 여기서 흔히 많이들 혼동하는 명사와 명사형에 대해 미리 언급해 둘 필요가 있다. 명사와 명사형을 혼동하는 이유는 명사 파생 접미사와 명사형 어미의 형태가 둘 다 '-(으)ㅁ', '-기'로 동일하기 때문이다.

하지만 명사와 명사형은 분명히 다르다. 명사는 단어이지만, 명사형은 용언에 명사형 어미가 결합한 활용형이다. 어미 가운데 용언을 명사처럼 기능하게 해 주는 어미가 있다. 명사처럼 기능하게 해 준다는 것은 용언에 결합하여 용언이 주어, 목적어, 보어, 필수적 부사어로 기능할 수 있도록 해 준다는 뜻이다. 이처럼 명사형은 명사처럼 행동하지만 명사는 아니다. 명사형은 용언의 활용형이므로 어간의 품사는 동사이거나 형용사이다.

(51) ㉠ 다음 중 맞는 것을 보기에서 골라라.
     ㉡ 나는 하늘을 보기가 부끄럽다.
     ㉢ 주어진 보기에서 답을 빨리 보기가 어렵다.

(51㉠)의 '보기'는 명사이지만, (51㉡)의 '보기'는 명사형이므로 그 품사는 동사이다. (51㉡)의 '보기'의 경우 명사 '보기'와 형태가 같다. 그리고 뒤에 주격 조가 '-가' 결합하여 명사처럼 기능하고 있다. 하지만 (51㉡)의 '보기'는 주어 '나는'과 목적어 '하늘을'을 가진 서술어이다. 즉 동사이다. 이밖에 명사와 명사형의 차이는 (51㉢)에서도 확인할 수 있다. (51㉢)에서 명사 '보기'는 관형어 '주어진'의 수식을 받는 반면, 명

사형 '보기'는 부사어 '빨리'의 수식을 받는다. 즉 명사는 관형어의 수식을 받지만, 명사형은 어간의 품사가 동사이거나 형용사이기 때문에 부사어의 수식을 받는다. 이처럼 수식어를 통해서도 명사인지 명사형인지를 구별할 수 있다.

○ 관 련 국 어 사 지 식

중세 국어에서는 명사 파생 접미사와 명사형 어미가 다르게 실현되었다. 명사 파생 접미사는 '-(♀/으)ㅁ'이었고, 명사형 어미는 '-옴/움'이었다. 즉 명사형 어미는 반드시 '-오/우-'를 선행시켰다. 이때의 '-오/우-'를 의도법 선어말 어미로 해석하기도 하지만, 정확히 이때의 '-오/우-'가 의도를 나타낸다고 보기 어려운 측면도 있다.

아무튼 중세 국어에서는 이처럼 파생 명사와 명사형이 구분이 되었다. 그래서 '여름(果)', '사롬'은 파생 명사이고, '여룸', '사롬'은 명사형으로 형태상으로 구분이 되었다. 근대 국어로 오면서 '-오/우-'가 소멸되면서 명사 파생 접미사와 명사형 어미의 형태상의 차이가 없어지게 되었다. 그래서 현대 국어에서는 문장에서의 기능을 통해 파생 명사인지 명사형 어미가 결합한 용언의 활용형인지를 판단해야 한다.

3.3.4. 용언 : 동사, 형용사

동사와 형용사는 문장에서 서술어의 기능을 한다. 동사와 형용사를 묶어서 용언이라고 하는 것은 바로 이러한 특징에 기반한 것이다. 또한 동사와 형용사는 활용을 하는 즉, 어미와 결합하여 쓰인다는 공통점이 있다. 동사와 형용사를 따로 구분하지 않고, 동사를 하위 분류하여 동작 동사와 상태 동사로 구분하기도 한다. 이렇게 분류할 경우 형용사는 상태 동사에 포함된다.

동사와 형용사는 기능적으로 몇 가지 점에서 차이가 있다.

(52) 동사   형용사

  ㉠ 잡는다   *예쁜다

  ㉡ 잡아라, 잡자   *예뻐라, *예쁘자

  ㉢ 잡으러 가다, 잡으려 한다   *예쁘러 가다, *예쁘려 한다

  ㉣ 잡고 있다   *예쁘고 있다

첫째, (52㉠)에서 보듯이 동사는 현재 시제 선어말 어미 '-ㄴ/는-'과 결합할 수 있는 반면, 형용사는 현재 시제 선어말 어미와 결합할 수 없다. 관형사형 어미 '-는' 역시 동사와만 결합할 수 있고, 형용사와는 결합할 수 없다. '잡는 사람'은 되지만, *'예쁘는 사람'은 안 된다. 관형사형 어미 '-는'은 통시적으로 '-느-(현재 시제 선어말 어미) + -(으)ㄴ'이 결합한 것이다. 그래서 '-는'이 형용사와 결합하지 못하는 것은 '-는' 속에 이미 현재 시제 선어말 어미가 들어 있기 때문이다.

둘째, (52㉡)에서 보듯이 동사는 명령형 어미 '-아/어라', 청유형 어미 '-자'와 결합할 수 있다. 하지만 형용사는 이들 어미와 결합할 수 없다.

셋째, (52㉢)에서 보듯이 동사는 목적을 나타내는 어미 '-(으)러', 의도를 나타내는 어미 '-(으)려'와 결합할 수 있다. 하지만 형용사는 이들 어미와 결합하지 못한다.

넷째, (52㉣)에서 보듯이 동사는 진행상을 나타내는 '-고 있다'와 결합할 수 있다. 하지만 형용사는 '-고 있다'와 결합하지 못한다.

이상에서 보듯이 형용사는 동사에 비해 결합하는 어미에 제약이 있다. 위의 네 가지 중 어느 하나라도 가능하다면 동사이고, 네 가지 모두가 불가능하다면 형용사이다. 다시 말해 위의 네 가지 요건을 다 충족하여야 동사가 아니라, 네 가지 중 하나라도 충족되면 동사이다. 반면 위의 네 가지 요건 중 어느 것도 충족되지 않을 때 형용사이다.

의미적으로 동사는 사물의 움직임이나 동작을 나타내고, 형용사는 사물의 성질이나 상태를 나타낸다. 위의 네 가지 요건은 이러한 의미적인 특성을 잘 생각해 보면 쉽게 이해할 수 있다. 성질이나 상태는 움직일 수 있는 대상이 아니기 때문에 명령이나 청유와 같은 수행을 요구할 수 없으며, 당연히 진행의 의미를 가질 수 없다. 또한 목적이나 의도라는 것도 움직임을 전제하는 것이므로 성질이나 상태와는 어울릴 수 없다.

하나의 단어가 꼭 하나의 품사로만 분류되는 것은 아니다. 앞서 품사 분류의 1차적 기준이 기능이라고 하였는데, 경우에 따라서는 하나의 단어가 두 가지 기능을 동시에 할 수도 있다.

(53) ㉠ 나무가 작다.　　　　나무가 크다.
　　 ㉡ *키가 잘 작는다.　　　키다 잘 큰다.
　　 ㉢ *키가 작으려고 한다.　키가 크려고 한다.
　　 ㉣ *키가 작고 있다.　　　키가 크고 있다.
　　 ㉤ *나무야! 빨리 작아라.　나무야! 빨리 커라.

'작다'와 '크다'는 모두 의미적으로 상태를 나타낸다고 생각하여 둘 다 형용사라고 생각할 수도 있다. 하지만 (53)에서 보듯이 '작다'와 '크다'는 그 기능에서 차이를 보인다. 따라서 (53)에서 '작다'는 형용사, '크다'는 동사라는 것을 알 수 있다.

그런데 '작다'와 같은 기능을 하는 '크다'도 있다. 즉 '크다'가 형용사로 기능하기도 한다.

(54) ㉠ 두 사람의 실력 차가 참 크다.
　　 ㉡ 백두산이 한라산보다 크다.

ⓒ 큰 세상을 보며, 큰 마음을 가져야 한다.

(54)의 '크다'는 "실력 차가 큰다, '실력 차가 커라, '실력 차가 크려고 한다, '실력 차가 크고 있다'에서 보듯이 동사의 특성을 하나도 가지고 있지 않다. 따라서 이때의 '크다'는 형용사이다. 이처럼 어떤 단어는 동사로 쓰이기도 하고 형용사로 쓰이기도 하는데, 그것은 그 자체로 결정된다기보다는 문맥에서의 기능에 의해 결정된다.

동사는 목적어의 유무에 따라 다시 자동사와 타동사로 분류한다.

(55) ㉠ 하늘이가 간다.
   ㉡ 하늘이가 밥을 먹었다.
   ㉢ '하늘이가 먹었다.

자동사는 목적어를 요구하지 않는데 반해, 타동사는 목적어를 요구한다. 목적어를 요구하지 않는다는 점에서는 형용사도 자동사와 마찬가지이다. (55㉠)의 '가다'는 목적어가 없어도 적격한 문장을 이루므로 자동사이고, (55㉡)의 '먹다'는 목적어가 반드시 있어야만 적격한 문장을 이루므로 타동사이다.

3.3.4.1. 어미

용언(동사, 형용사)의 어간은 절대로 홀로 문장에 쓰일 수 없다. 즉 용언의 어간은 의존 형태소이기 때문에 반드시 어미와 결합해야만 쓰일 수 있다. 어미는 의존 형태소이면서 형식 형태소이기 때문에 단어가 아니다. 단어가 아니기 때문에 당연히 품사의 하나로 분류될 수 없다. 하지만 용언 어간과 밀접하게 관련되어 있기 때문에 이 자리에서 함께 다룬다.

국어의 어미 분류는 아래와 같다.

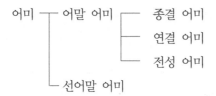

어미는 우선 크게 어말 어미와 선어말 어미로 대별된다. 어말 어미는 용언의 활용에서 맨 마지막에 위치하는 어미를 말한다. 선어말 어미는 말 그대로 어말 어미 앞에 오는 어미로 어간과 어말 어미 사이에 오는 어미들은 모두 선어말 어미이다. 어떠한 용언의 활용에서도 반드시 어간과 어말 어미는 있어야 하며, 어말 어미는 반드시 하나만 나타날 수 있다. 하지만 선어말 어미는 없을 수도 있고, 하나 이상 나타날 수도 있다.

(56) ㉠ 먹다
　　　㉡ 먹었다 / 먹는다 / 먹겠다
　　　㉢ 먹으셨겠습니다(먹-(으)시-었-겠-습니-다)

(56㉠)에서 어간은 '먹-'이고, 어말 어미는 '-다'이다. (56㉡)에서 어간 '먹-'과 어말 어미 '-다' 사이에 있는 '-었-', '-는-', '-겠-'은 선어말 어미이다. 선어말 어미는 (56㉠)에서처럼 하나도 나타나지 않을 수도 있고, (56㉢)처럼 여러 개가 올 수도 있다.

1) 어말 어미

어말 어미에는 다시 종결 어미와 연결 어미, 전성 어미가 있다. 맞춤법상으로 종결 어미 뒤에는 마침표(온점, 물음표, 느낌표)가 오고, 연결 어미 뒤에는 쉼표가 오며, 전성 어미 뒤에는 특별한 구두점이 없다.

종결 어미는 문장의 유형을 결정하는 기능을 한다.

> 종결 어미
> -다(평서형)
> -니/냐(의문형)
> -아/어라(명령형)
> -자(청유형)
> -구나(감탄형)

즉 종결 어미의 형태가 무엇이냐에 따라 문장형이 결정된다. 평서형 종결 어미가 결합하면 평서문, 의문형 종결 어미가 결합하면 의문문, 명령형 종결 어미가 결합하면 명령문, 청유형 종결 어미가 결합하면 청유문, 감탄형 종결 어미가 결합하면 감탄문이 된다.

종결 어미는 문장의 유형을 결정하는 기능 외에 청자 높임을 결정해 주는 기능도 있다. 이에 대해서는 뒤에서 살펴 볼 4.6.의 '높임' 부분을 참고하기 바란다.

연결 어미는 문장과 문장을 연결하는 어미를 이른다. 연결 어미의 종류는 아래와 같다.

> 연결 어미
> 대등적 연결 어미 : -고, -며, -지만, ……

종속적 연결 어미 : -니, -아/어서, -면, ……

보조적 연결 어미 : -아/어, -게, -지, -고

대등적 연결 어미와 종속적 연결 어미의 구분은 의미 기준에 의한 것이고, 구조적으로는 선행 문장을 후행 문장과 연결시킨다는 점에서는 같다. 국어에서 '용언 - 용언'이 연달아 나올 때는 '먹어 보다, 먹게 하다, 먹고 있다'처럼 선행 용언에 반드시 '-아/어, -게, -지, -고' 중에 하나의 어미가 결합한다. 이때 선행 용언과 결합하는 '-아/어, -게, -지, -고'를 보조적 연결 어미라고 한다. 보조적 연결 어미가 결합하는 선행 용언을 본 용언이라고 하고, 후행하는 용언을 보조 용언이라고 한다.

보조적 연결 어미는 연결 어미라는 점에서는 대등적 연결 어미나 종속적 연결 어미와 같다고 할 수도 있다. 하지만 대등적 연결 어미나 종속적 연결 어미와 달리 보조적 연결 어미가 어말 어미이냐에 대해서는 논란이 있다.

(57) 지민이가 열심히 공부하고 있다.

특히 학교 문법에서는 (57)의 '본 용언 + 보조 용언' 구성인 '공부하고 있다'를 하나의 서술어로 보고 있다. 즉 학교 문법에 따르면 (57)은 홑문장(단문)이다. 이러한 입장에서는 '-고'가 어말 어미일 수 없고, 어말 어미는 '공부하고 있다'의 '-다'이다. 이와 달리 (57)을 겹문장(복문)으로 보기도 한다. (57)을 겹문장으로 볼 경우에는 '-고'가 어말 어미이다.

전성 어미는 '전성(轉成)'이라는 말 그대로 용언의 성질을 바꿔 주는 어미이다. 전성 어미는 어미이기 때문에 용언 어간의 품사 범주를 바꿀 수 없다. 이는 어떠한 경우에도 어미(굴절 접사)가 새로운 단어를 만들 수 없다는 어미의 기본적인 개념을 인지하고 있다면, 특별히 언급할 필요가 없는 문제이기도 하다. 전성 어미의 종류는 다음과 같다.

전성 어미
명사형 어미 : -(으)ㅁ, -기
관형사형 어미 : -(으)ㄴ, -(으)ㄹ
부사형 어미 : -게, -도록

전성 어미는 용언이 서술어 외에 다른 기능 즉, 명사, 관형사, 부사가 하는 역할을 할 수 있게 해 주는 어미이다.

(58) ㉠ 공부하기가 싫어졌다.
ㄴ 푸른 하늘을 나는 새가 부럽다.
ㄷ 진달래가 예쁘게 피었다.

(58㉠)의 '공부하기'는 동사 '공부하-'에 명사형 어미 '-기'가 결합한 것인데, 이러한 '공부하기'에 주격 조사 '-가'가 결합하였다. 이는 명사형 어미가 용언이 명사처럼 행동할 수 있게 만들어 준 것이다. (58ㄴ)의 '푸른', '나는'은 각각 '하늘', '새'를 수식하는데, 이들은 각각 형용사 '푸르-'와 동사 '날-'에 관형사형 어미 '-(으)ㄴ'이 결합한 것이다. 관형사형 어미가 용언으로 하여금 체언을 수식하는 관형사처럼 행동할 수 있게 만들어 준 것이다. (58ㄷ)의 '예쁘게'는 '예쁘다'에 부사형 어미 '-게'가 결합한 것인데, 동사 '피었다'를 수식하고 있다. 부사형 어미 '-게'가 용언이 부사처럼 행동할 수 있게 만들어 준 것이다.

2) 선어말 어미

선어말 어미는 어간과 어말 어미 사이에 오는 어미를 말한다. 국어의 선어말 어미에는 다음과 같은 것들이 있다.

시제 선어말 어미
현재 시제 선어말 어미 : -ㄴ~-는 / -느-
과거 시제 선어말 어미 : -았/었~-였-
미래 시제 선어말 어미 : -겠-, -리-
회상 시제 선어말 어미 : -더-

높임 선어말 어미
주체 높임 선어말 어미 : -시-
청자 높임 선어말 어미 : -ㅂ니-/습니-

선어말 어미는 제4장에서 다시 자세히 다루게 되므로 여기서는 기본적인 종류만 나열한다. 청자 높임 선어말 어미 '-ㅂ니-/습니-'의 경우 통시적으로는 '-습ᄂ니이-'의 응축형이다. 즉 객체 높임 선어말 어미 '-습-'에 현재 시제 선어말 어미 '-ᄂ-', 확인의 의미를 나타내는 선어말 어미 '-니-', 청자 높임 선어말 어미 '-이-'의 결합형인 '-습ᄂ니이-'가 음운론적인 변화를 겪으면서 하나로 응축되어 더 이상 개별 형태소로 분석할 수 없게 된 것이다. 따라서 현대 국어에서는 이들을 더 이상 분석할 수 없다. 그래서 '-ㅂ니-/습니-'를 하나의 어미로 다루게 된다. '-(으)ㄹ게', '-(으)ㄹ수록', '-(으)ㄹ지라도' 등도 원래는 하나의 어미가 아니었지만 하나의 어미로 다루는 것들인데, 이런 유형의 어미를 어미 통합체라고 부른다.

어말 어미 '-다'를 분석하지 않은 '-ㅂ니다/-습니다'를 하나의 어미 통합체로 보기도 한다. 이럴 경우 '-ㅂ니다/-습니다'는 종결 어미로 해석된다. 평행하게 의문문에 쓰이는 '-ㅂ니까/-습니까' 역시 마찬가지이다.

3.3.4.2. 불규칙 활용과 활용에 제약을 받는 용언

1) 불규칙 활용

활용에서 나타나는 교체를 공시적으로 설명할 수 없을 때 이를 불규칙 활용이라고 한다. 그리고 불규칙 활용을 하는 용언을 불규칙 용언이라고 한다.

(59) ㉠ 묻다(埋)[묻때, 묻는대[문는대], 묻으면[무드면], 묻어서[무더서]
     ㉡ 묻다(問)[묻때, 묻는대[문는대], 물으면[무르면], 물어서[무러서]

(59㉠)의 '묻다(埋)'의 활용이나 (59㉡)의 '묻다(問)'의 활용이나 모두 교체가 있다. (59㉠)에서는 어간의 교체형으로 '묻-~문-'을 확인할 수 있고, (59㉡)에서는 '묻-~문-~물-'을 확인할 수 있다. (59㉠)에서 교체형 '문-'은 '묻-'이 비음 앞에서 비음 동화된 것이다. 그런데 (59㉡)에서 교체형 '물-'은 모음 앞에서 /ㄷ/이 /ㄹ/로 바뀐 것인데, 이러한 교체는 공시적인 교체가 아니다. 그것은 (59㉠)의 '묻으면, 묻어서'에서 보듯이 공시적으로 /ㄷ/이 /ㄹ/로 교체하지 않는다는 것을 통해 확인할 수 있다. 즉 (59㉡)에서 교체형 '묻-'과 '물-'의 관계는 공시적인 규칙으로 설명할 수 없다. 따라서 (59㉡)은 불규칙 활용이다.

교체가 있다고 해서 불규칙 활용이라고 하지는 않으며, 해당 교체를 공시적인 규칙으로 설명할 수 없을 때 불규칙 활용이라고 한다. 해당 교체를 공시적인 규칙으로 설명할 수 있을 때는 규칙 활용이다.

(60)　　　　　　활용형　　　　　　　　　　교체형

㉠ 먹고, 먹으니, 먹으면, 먹어, 먹는대[멍는대] : 먹- ~ 멍-

㉡ 쓰고, 쓰니, 쓰면, 써(쓰- + -어), 쓴다　 : 쓰- ~ 써-

㉢ 울고, 우니, 울면, 울어, 운다　　　　　　 : 울- ~ 우-

㉣ 좋고[조코], 좋으니[조으니], 좋아[조아]　 : 좋- ~ 조-

(60㉠)의 '먹-'과 '멍-'의 교체는 공시적인 비음 동화 규칙으로 교체를 설명할 수 있기 때문에 규칙 활용이다. (60㉡)의 '써'의 경우도 '쓰- + -어'에서 모음 앞에서 /ㅡ/ 탈락이라는 공시적 규칙으로 설명할 수 있기 때문에, (60㉢)의 경우에는 /ㄴ/ 앞에서의 /ㄹ/ 탈락이라는 공시적 규칙으로, (60㉣)의 경우에는 /ㅎ/ 축약과 모음 사이에서의 /ㅎ/ 탈락이라는 공시적인 규칙으로 설명 가능하기 때문에 모두 규칙 활용이다.

불규칙 활용의 종류를 정리하면 아래와 같다.

	불규칙 유형	활　용　예	
		자음 어미 앞	모음 어미 앞
어간 교체	'ㅂ' 불규칙	덥다, 덥고 굽다, 굽고	더우니, 더우면, 더워 구우니, 구우면, 구워
	'ㅅ' 불규칙	잇다(連), 잇고 짓다(作), 짓고	이으니, 이으면, 이어 지으니, 지으면, 지어
	'ㄷ' 불규칙	묻다(問), 묻고 걷다(步), 걷고	물으니, 물으면, 물어 걸으니, 걸으면, 걸어
	'ㄹ' 불규칙	오르다, 오르고 모르다, 모르고	오르니, 오르면, 올라 모르니, 모르면, 몰라
	'우' 불규칙	푸다, 푸고	푸니, 푸면, 퍼
어미 교체	'여' 불규칙	하다, 하고,	하니, 하면, 하여(해)
	'러' 불규칙	이르다(到着), 이르고,	이르니, 이르면, 이르러
	'너라' 불규칙	오다, 오고	오니, 오면, 오너라
어간·어미 교체	'ㅎ' 불규칙	노랗다, 노랗고 파랗다, 파랗고	노라니, 노라면, 노래 파라니, 파라면, 파래

/ㅂ/ 불규칙 활용을 하는 어간들의 말자음은 중세 국어의 /ㅸ/에 소급된다. 즉 '덥다'의 중세 국어 활용형은 '덥다, 더버, 더브니'이다. 그리고 'ㅅ' 불규칙 활용 어간의 말자음은 중세 국어의 /ㅿ/에 소급된다. '짓다'의 중세 국어 활용형은 '짓다, 지어, 지스니'이다. 근대 국어로 오면서 일어난 음운 변화 /ㅸ/ > /w/에 의해 '더버 > 더워, 더브니 > 더우니'로, 그리고 /ㅿ/ > ∅에 의해 '지어 > 지어, 지스니 > 지으니'로 변화하여 현대 국어에 이르게 된 것이다. /ㄷ/ 불규칙 어간은 중세 국어 시기에도 현대 국어와 마찬가지로 불규칙 활용을 하였다.

그리고 현대 국어의 '르' 불규칙 용언의 경우 중세 국어에는 2가지 종류가 있었다. 하나는 '오ᄅᆞ다(오르다), 오ᄅᆞ니, 올아'처럼 '오ᄅᆞ'와 '올ㅇ'으로 교체하는 어간들이다. 이러한 유형에 해당하는 용언들에는 '다ᄅᆞ다(다르다), 고ᄅᆞ다(均)(고르다), 기르다, 니ᄅᆞ다(謂)(이르다), 두르다'가 있다. 다른 하나는 '모ᄅᆞ다, 모ᄅᆞ니, 몰라'처럼 '모ᄅᆞ'와 '몰ㄹ'로 교체하는 어간들이다. 이에 해당하는 용언들에는 'ᄆᆞᄅᆞ다(乾)(마르다), 므르다(退), ᄲᆞᄅᆞ다(빠르다), 부르다, 흐르다'가 있다. 근대 국어로 오면서 '오ᄅᆞ-~올ㅇ-'의 교체를 보이던 어간들이 '모ᄅᆞ-~몰ㄹ-'의 교체에 합류하는 변화가 일어나 현대 국어에서는 모두 '르' 불규칙의 양상으로 실현된다.

중세 국어의 불규칙 활용 중에는 'ᄇᅀᅳ디(碎,), ᄇᅀᅳ며, ᄇᅌᅡ'처럼 'ᄇᅀᅳ-~ᄇᅌ-'으로 교체하는 불규칙 활용도 있었다. 이러한 유형에 해당하는 용언에는 '그ᅀᅳ-(牽)(끌다), 비ᅀᅳ-(扮)(빗다)'가 있다. 그리고 '시므고, 시므디, 심거, 심굼'처럼 '시므-~심ㄱ-'으로 교체하는 불규칙 활용도 있었다.

활용에서의 이러한 특이한 불규칙 활용형은 곡용에서도 평행하게 존재하였다. 즉 중세 국어에는 곡용의 경우에도 불규칙 곡용이 있었다. 먼저 '노ᄅᆞ도(獐), 노ᄅᆞ와, 놀이, 놀ㅇ'처럼 '노ᄅᆞ~놀ㅇ'으로 교체하는 것으로 'ᄂᆞᄅᆞ(津), ᄌᆞᄅᆞ(柄)' 등도 같은 교체를 보인다. 다음으로 'ᄆᆞᄅᆞ도(棟), ᄆᆞᄅᆞ와, 몰리, 몰ㄹㅣ'처럼 '마ᄅᆞ~말ㄹ'로 교체하는 것으로 'ᄒᆞᄅᆞ(하루)'도 같은 교체를 보인다. 그리고 '아ᅀᆞ도, 아ᅀᆞ와, 앗이, 앗ㅇㅣ'처럼 '아ᅀᆞ~앗ㅇ'으로 교체하는 것으로

2) 활용에 제약을 받는 용언

불규칙 활용과 달리 활용에 제약을 받는 용언들이 있다. 물론 앞서 살펴보았듯이 형용사는 동사에 비해 현재 시제 선어말 어미가 결합할 수 없고, 명령형이나 청유형 어미 그리고, 목적이나 의도를 나타내는 어미(-(으)러, -(으)려)와도 결합할 수 없는 제약이 있다. 이러한 제약은 동사와 형용사의 기능에 따른 구조적인 차이이다.

그런데 이와 달리 결합할 수 있는 어미가 제약되는, 다시 말해 활용이 제약되는 용언들이 있다. 준말 용언과 불구 동사들이 바로 이러한 유형에 해당하는 용언들이다.

(61) '디디다', '가지다'의 활용
　　㉠ 디디다, 디디고, 디디지, <u>디디면</u>, <u>디뎌</u>
　　㉡ 가지다, 가지고, 가지지, <u>가지면</u>, <u>가져</u>

(62) '딛다', '갖다'의 활용
　　㉠ 딛다, 딛고, 딛지, <u>디디면</u>, <u>디뎌</u>
　　㉡ 갖다, 갖고, 갖지, <u>가지면</u>, <u>가져</u>

(61)과 (62)를 비교해 보면, 준말 '딛다', '갖다'는 자음으로 시작하는 어미와 결합할 때는 어간 '딛-', '갖-'을 유지한다. 하지만 모음으로 시작하는 어미와 결합할 때는 본말 '디디다', '가지다'의 활용과 차이가 없

다. 이는 준말의 경우 본말과 달리 활용에 제약을 받는다고 해석할 수 있다. 이러한 해석은 (62㉠)의 '디디면, 디뎌', (62㉡)의 '가지면, 가져'를 각각 '딛다', '갖다'의 활용형이 아니라 '디디다', '가지다'의 활용형으로 보는 것이다. 따라서 본말과 달리 '딛다', '갖다'와 같은 준말은 모음으로 시작하는 어미와의 활용에 제약을 받는다.

준말과 달리 활용 자체가 아예 극도로 제약된 용언들이 있다. '더불다, 데리다, 다그다, 달다, 가로다'가 바로 이에 해당한다.

(63) ㉠ 더불어
　　 ㉡ 데리고, 데리러, 데려
　　 ㉢ 다가, 다그니
　　 ㉣ 달라, 다오
　　 ㉤ 가로되, 가론

'더불다, 데리다, 다그다, 달다, 가로다'는 (63)에 제시된 활용형 이외에 다른 어미와 결합하여 쓰이지 않는다. 즉 활용이 극도로 제약되어 있는 동사들이다. 이러한 의미에서 이들 동사들을 불구 동사라고 하기도 한다. 불구 동사의 '불구'는 활용이 제약을 받는다는 의미에서 불구이다.

3.3.5. 수식언 : 관형사, 부사

관형사

관형사와 부사는 다른 단어를 수식하는 기능을 갖고 있다는 점에서 공통적이다. 다만 그 수식하는 단어가 서로 다르기 때문에 이 둘을 구분하게 된다. 관형사는 체언을 수식하는 반면, 부사는 용언이나 또 다른 부사를 수식한다.

(64) ㉠ 새 술은 새 부대에 담아야 한다.
　　 ㉡ 이 사람 저 사람 말을 듣다 보면, 배가 산으로 간다.
　　 ㉢ 어느 누구가 내 고민을 이해해 주려나?
　　 ㉣ 이 셋이서 그 일을 다 했단 말이야.

(64㉠)의 '새'는 명사 '술'과 '부대'를, (64㉡)의 '이, 저'는 명사 '사람'
을, (64㉢)의 '어느'는 대명사 '누구'를, (64㉣)의 '이'는 수사 '셋'을 그리
고 '그'는 명사 '일'을 각각 수식하고 있다. 이처럼 명사나 대명사, 수사
즉, 체언을 수식하는 단어를 관형사라고 한다.

관형사는 의미에 따라 지시 관형사, 성상 관형사, 수 관형사로 하위
분류하기도 한다. '이, 그, 저'를 지시 관형사라고 하고, '새, 헌' 등을
성상 관형사, '한, 두, 세' 등을 수 관형사라고 한다.

(65) ㉠ **한, 두, 서/세/석, 너/네/넉**, 다섯/대, 여섯, 일곱, 여덟, 아홉, 열
　　 ㉡ **한두, 두세, 서너**, 네다섯/네댓, 대여섯, 예닐곱, 일여덟,

수 관형사는 (65㉠)처럼 '하나~넷'까지는 수사와 별도의 형태로 수
관형사가 존재하지만, 다섯부터는 문장에서의 기능에 따라 수시, 관형
사로 쓰인다. 예컨대 '다섯 사람'처럼 뒤에 체언을 수식할 때는 관형사
이고, '사람 다섯이 왔다'에서처럼 뒤에 격조사가 결합하여 쓰이면 수
사이다. '대'는 '비단 대 자만 끊어 와라'처럼 극히 제한된 문맥에서만
쓰인다. 그리고 (65㉡)은 둘 이상의 수사가 결합한 복합 수 관형사이
다. 복합 수 관형사의 경우에도 '한두, 두세, 서너'만 별도의 형태로 수
관형사가 존재하고, '네다섯/네댓'부터는 문장에서의 기능에 따라 수사

로 쓰이기도 하고 관형사로 쓰이기도 한다.

국어에서 관형사는 그 수가 많지 않다. 실제로 국어에서 체언을 수식할 때는 용언의 관형사형을 많이 사용한다. 용언의 관형사형은 용언에 관형사형 어미가 결합한 활용형을 이르는데, 관형사형 어미는 용언이 문장에서 관형사의 기능을 할 수 있게 해 주는 어미이다. 관형사형 어미에는 '-(으)ㄴ', '-(으)ㄹ'이 있다. 용언의 활용은 어간의 품사 범주를 바꾸지 않으므로, 관형사형의 품사는 동사이거나 형용사이다.

(66) ㉠ 예쁜 모자
    ㉡ 갈 사람

(66㉠)의 '예쁜'은 형용사 어간 '예쁘-'에 관형사형 어미 '-(으)ㄴ'이 결합한 것이고, (66㉡)의 '갈'은 동사 어간 '가-'에 관형사형 어미 '-(으)ㄹ'이 결합한 것이다. 이들은 관형사처럼 각각 체언인 '모자', '사람'을 수식한다. 하지만 용언의 활용형은 어간의 품사를 바꾸지 않으므로 '예쁜'의 품사는 형용사이고, '갈'의 품사는 동사이다.

🔍 관 련 국 어 사 지 식

현대 국어에서 '새 책, 새 모자'의 관형사 '새(新)', 그리고 '날고기, 날김치'의 접두사 '날-(生)'이 중세 국어에서는 명사로도 쓰였다.

새와 늘ㄱ니와 〈능엄경언해 7:83〉
ㄴ롤 머그면 〈능엄경언해 8:5〉

위에서 '새'에는 부사격 조사 '-와'가 '늘'에는 목적격 조사 '-롤'이 결합한 것을 볼 수 있다. 격조사가 결합하였다는 것은 '새'와 '늘'이 명사였음을 증언해 준다.

부사

부사는 용언(동사, 형용사)이나 또 다른 부사 그리고 관형사를 수식하는 단어이다.

> (67) ㉠ 달이 정말 예쁘다.
> ㉡ 열심히 노력하다.
> ㉢ 훨씬 더 빠르다.
> ㉣ 정말 새 신발이다.

(67㉠)에서 '정말'은 형용사 '예쁘다'를 수식하고, (67㉡)에서 '열심히'는 동사 '노력하다'를 수식한다. (67㉢)에서 '훨씬'은 부사 '더'를 수식하고, '더'는 형용사 '빠르다'를 수식한다. 그리고 (67㉣)에서 '정말'은 관형사 '새'를 수식한다. 이처럼 동사나 형용사, 또 다른 부사 그리고 관형사를 수식하는 단어를 부사라고 한다.

부사 역시 의미에 따라 성상 부사, 지시 부사, 부정 부사, 접속 부사, 의성 부사, 의태 부사로 하위 분류하기도 한다.

> 성상 부사 : 빨리, 천천히, 높이, 잘, 매우, 아주……
> 지시 부사 : 이리, 저리, 그리, 어제, 오늘, 내일……
> 부정 부사 : 안, 아니, 못……
> 접속 부사 : 그리고, 그러나, 또한, 그러면……
> 의성 부사 : 찰칵, 졸졸, 사르륵……
> 의태 부사 : 엉금엉금, 아장아장, 뒤뚱뒤뚱……

3.3.6. 조사

조사는 기본적으로 의존 형태소이다. 또한 어휘적인 의미는 없고, 문장 속에서 다른 단어와의 관계를 나타내는 기능을 하는 형식 형태소이다. 이처럼 조사는 기본적으로 단어의 정의에 부합되는 특성을 갖고 있지는 못하다.

조사를 분류하면 아래와 같다.

조사	격조사	주격 조사	-이/가
		목적격 조사	-을/를
		속격 조사	-의
		보격 조사	-이/가
		서술격 조사	-아
		호격 조사	-아/야
		부사격 조사	-에(처소), -에서(출발점), -에게/에(상대), -로써(도구), -로서(자격), -(으)로(방향), -보다(비교), -라고(직접 인용), -고(간접 인용) ……
	접속 조사		-와/과, -하고, -랑
	보조사		-만(한정, 단독), -도(역시), -은/는(차이, 대조), -조차, -마저, -까지, -부터, -(이)야말로 ……

조사는 기본적으로 체언에 결합한다. 하지만 부사격 조사 중에서 직접 인용의 '-라고', 간접 인용의 '-고'는 체언에 결합하는 것이 아니라 문장에 결합한다. 이러한 특성 때문에 직접 인용의 '-라고', 간접 인용의 '-고'를 부사격 조사의 하나로 보지 않고, 따로 인용격 조사로 떼어내기도 한다. 그리고 보조사도 체언에만 결합하지 않고, 체언이 아닌 다른 품사에도 결합할 수 있는 특성이 있다.

(68) ㉠ 하늘이 푸르다.
　　　　주격 조사

㉡ 재욱이가 노래를 잘 부른다.
　　　　주격 조사　목적격 조사

㉢ 광수의 생각이 옳다.
　　　　속격 조사　주격 조사

㉣ 물이 얼음이 되었다.
　　　주격 조사　보격 조사

㉤ 인간은 생각하는 동물이다.
　　　　　　　　　　서술격 조사

㉥ 머리로 하는 일은 나보다 네가 낫다.
　　부사격 조사(도구)　　　부사격 조사(비교)

㉦ 아들아, 지구는 누가 지키지?
　　　호격

㉧ 밤하늘에는 별과 달이 있다. 나하고 너하고 함께 하면 좋겠다.
　　　　　접속 조사　　　　　　　접속 조사

격조사

격조사 중에서 '주격, 목적격, 속격'을 구조격 조사라고 하여 따로 구분하기도 한다. 여기서 말하는 구조격이란 구조적으로 할당되는 격을 말하는 것으로 이러한 구조격 조사들은 생략이 비교적 자유롭다는 특징이 있다. 주격, 목적격은 용언에 의해 격을 할당받는데 비해, 속격은 체언과 체언의 관계에서 할당되는 격이다.

보격 조사 '-이/가'는 주격 조사와 그 형태가 같다. 따라서 조사의 형태만으로는 주격 조사와 보격 조사를 구별하지 못하고, '-이/가'가 결합한 문장 성분의 기능을 통해 주격 조사인지 보격 조사인지 구별한다.

(69) ㉠ 지민이가 노래를 잘 해.
　　　지민이 노래 잘 해.
㉡ 지우의 모자

지우 모자

ⓒ 보람이가 집으로 가고 있다.

˙보람이가 집 가고 있다.

(69㉠, ㉡)에서 보듯이 주격, 목적격, 속격 조사가 생략되었을 때는 문장이 여전히 적격하지만, (69ⓒ)에서 부사격 조사가 생략되었을 때는 비적격한 문장이 된다. 주격, 목적, 속격은 구조적으로 격이 할당되기 때문에 생략이 되더라도 구조에 의해 격을 알 수 있지만, 부사격 조사는 그렇지 못하다. 그래서 부사격 조사의 생략은 의미적으로 불완전한 비적격한 문장이 되는 것이다.

격조사 중에서 가장 이질적인 조사는 서술격 조사 '-이-'이다. '-이-'를 조사의 범주 안에 넣어야 하느냐 하는 문제가 국어학의 초창기부터 논란이 되어 왔을 만큼 그 성격이 단순하지 않다. 그럼에도 '-이-'를 서술격 조사라고 하여 조사의 범주 안에 넣을 수 있는 이유는 (70)에서 보듯이 체언과 결합한다는 사실 때문이다. 또 한 가지는 (71)에서 보듯이 선행하는 체언이 모음으로 끝나면 구조격 조사처럼 생략이 가능하다는 사실이다.

(70) 학생이다, 별이다, 꽃이다, 과일이다

(71) 사과다, 배다, 강아지다, 허수아비다

하지만 '-이-'는 (72)에서 보듯이 용언처럼 활용을 하며, 체언에 결합하여 서술어로 기능한다. 서술어가 될 수 있는 것은 기본적으로 용언인 동사와 형용사이다.

(72) 학생이다, 학생이고, 학생이니, 학생이면, 학생이었다, 학생이었을까

(72)처럼 활용을 하는 특성은 조사라기보다는 오히려 용언에 더 가깝다. 그래서 서술격 조사를 달리 '계사' 또는 '지정사'라고 부르기도 한다. '계사'는 영어의 be동사와 성격이 비슷하다는 데서 붙여진 이름이고, '지정사'는 의미적으로 지정하는 의미가 있다고 하여 붙여진 이름이다. 계사나 지정사는 '-이-'가 활용을 하고 서술어로 기능한다는 사실에 초점을 둔 것이고, 서술격 조사는 '-이-'가 체언과 결합한다는 사실에 초점을 둔 것이다.

접속 조사

접속 조사에는 '-와/과', '-하고', '-랑'이 있다. '-와/과'는 주로 문어에서, '-하고', '-랑'은 주로 구어에서 쓰인다. 그런데 접속 조사는 기본적으로 단어와 단어를 연결하는 조사이지만, 문장과 문장을 접속한 경우와 구분이 잘 안 가는 경우도 있다. 예컨대 '별이와 달이가 학교에 갔다'라는 문장의 경우 '-와'가 '별이'와 '달이'라는 두 체언을 연결했다고 볼 수도 있지만, (73)처럼 두 문장을 연결했다고 볼 수도 있다.

(73) 별이가 학교에 갔다.
　　　달이가 학교에 갔다.
　　→ 별이와 달이가 학교에 갔다.

(73)처럼 해석할 경우에 '-와'는 문장과 문장을 접속한 것이 된다. 이 경우 별이와 달이가 동시에 학교에 갔다는 의미일 때는 단어와 단어를 연결한 것으로 보고, 별이와 달이가 계기적으로 학교에 갔다는

의미일 때는 문장과 문장을 연결했다고 본다. 하지만 이러한 방식의 구분이 항상 적용될 수 있는 것은 아니다. 예컨대 '하늘이는 사과와 배를 먹었다'의 경우 사과를 먹은 행위와 배를 먹은 행위가 동시적인지, 계기적인지 판단하기가 어렵기 때문이다.

보조사

보조사는 격조사와 달리 문법적인 관계 즉, 격을 나타내지는 않고, 특정 의미를 덧붙여 주는 기능을 한다.

(74) ㉠ 엄마가 늘 동생을 예뻐해.
　　 ㉡ 엄마는 늘 동생만 예뻐해.
　　 ㉢ 엄마만 늘 동생은 좋아해.

(74㉠)에서 주어는 '엄마'이고, 목적어는 '동생'이다. 주어 '엄마', 목적어 '동생'에 각각 주격 조사 '-가', 목적격 조사 '-을'이 나타난다. 반면 (74㉡)에서는 주격 조사, 목적격 조사가 나타날 위치에 각각 '-는', '-만'이 쓰였다. 그렇다고 '-는', '-만'이 각각 주격, 목적격의 기능을 하는 것은 아니다. 이때의 '-는'과 '-만'은 각각 '차이/대조', '한정/단독'이라는 의미를 덧붙여 주는 기능을 하며, 격을 나타내는 기능은 하지 않는다.

(74㉡)에서 '엄마'가 주어이고, '동생'이 목적어라는 것은 서술어 '예뻐하다'에 의해 결정된다. 즉 보조사 '-는'과 '-만'은 격과는 무관하다. (74㉡)에서 '-는'과 '-만'이 주격과 목적격일 수 없는 것은 (74㉢)을 통해서 분명히 확인할 수 있다. 만일 '-은/는'이 주격이고, '-만'이 목적격을 나타낸다고 한다면, '엄마만 늘 동생은 좋아해'에서는 '엄마'가 목적어, '동생'이 주어라고 해야 한다. 하지만 '엄마'는 여전히 주어이고, '동생'

은 여전히 목적어이다. 이는 보조사 '-은/는', '-만'이 격과는 무관하다는 것을 증명해 준다. 이처럼 보조사는 그 자체로 격을 나타내는 기능이 없다.

보조사는 부사격 조사와 서로 구분하기 어려운 면이 있다. 부사격 조사는 구조격 조사와 달리 생략이 잘 안 된다는 점에서 보조사와 유사하다. 또한 완전히 문법적인 관계만 나타내는 것이 아니라 약간의 어휘적인 의미를 추가한다는 점에서도 보조사와 유사하다. 그렇지만 구분이 전혀 불가능한 것은 아니다. 부사격 조사는 격조사이기 때문에 기본적으로 체언 뒤에만 결합한다. 하지만 보조사는 이러한 제약이 없다. 즉 체언이 아니어도 결합할 수 있다.

(75) ㉠ 재욱이가 오늘 도서관에 갔다.
　　㉡ 재욱이는 오늘 도서관에 갔다.
　　㉢ 재욱이가 오늘은 도서관에 갔다.
　　㉣ 재욱이가 오늘 도서관에는 갔다.

(75)에서 보듯이 보조사 '-는'은 체언 뒤뿐만 아니라, (75㉢)처럼 부사 뒤에도 결합할 수 있고, (75㉣)처럼 부사격 조사 뒤에도 결합할 수 있다. 이처럼 보조사는 격조사가 체언(또는 용언의 명사형)에만 결합하는 것과는 분포상 차이가 있다. 하지만 이 기준도 항상 적용되는 것은 아니어서 이것만으로 부사격 조사와 보조사를 정확히 구분할 수는 없다. 하지만 보조사와 부사격 조사를 구분하는 하나의 기준으로 활용할 수는 있다.

보조사와 격조사는 함께 나타날 수 있다. 이때 보조사와 격조사의 결합 순서가 고정되어 있는 것은 아니다. 즉 조사의 종류에 따라 결합 순서를 달리 한다.

(76) ㉠ 나만이, 나만을, 나만의

　　　 ㉡ 나에게만

　　　 ㉢ 너만에서 너조차로 변했다.

　　　 ㉣ 나조차도

(76㉠)은 '보조사 - 구조격(주격, 목적격, 속격) 조사', (76㉡)은 '부사격 조사 - 보조사', (76㉢)은 '보조사 - 부사격 조사'의 순서로 결합되어 있다. 대체로 구조격 조사와 보조사의 결합 순서는 '보조사 - 구조격 조사'의 순서를 따른다. 그러나 부사격 조사와 보조사의 결합 순서는 고정되어 있다기보다는 종류에 따라 달리 적용된다. 그리고 (76㉣)에서 보듯이 보조사끼리 중복되어 나타날 수도 있다.

♀ 관 련 국 어 사 지 식

중세 국어의 속격 조사는 현대 국어와 달리 두 종류가 있었다. '-이/의'와 '-ㅅ'이 그것이다. '-이/의'는 유정물 지칭의 평칭 체언에 결합하였고, '-ㅅ'은 무정물 지칭이나 유정물 지칭의 존칭 체언에 결합하였다. '-이/의'는 선행 모음의 종류에 따른 이형태로, 선행 모음이 양성 모음이면 '-이', 음성 모음이면 '-의'가 쓰였다.

　　　 ㉠ ᄂᆞ믹 나랏 그를〈월인석보 序:6〉
　　　 ㉡ 부텻 나히 세히러시니〈석보상절 3:4〉

㉠에서 유정물 '남' 뒤에서는 속격 조사 '-익'를, 무정물 '나라' 뒤에서는 속격 조사 '-ㅅ'을 확인할 수 있다. 그리고 ㉡의 '부텻 법'에서의 속격 조사 '-ㅅ'은 '부텨'가 유정물 존칭이기 때문이다.

그리고 부사격 조사의 하나인 처격 조사의 경우에도 현대 국어는 '-에'의 단일 형태이지만, 중세 국어는 여러 가지 이형태가 있었다.

㉠ 天下애 느라가니〈석보상절 3:6〉

㉡ 우리 始祖ㅣ 慶興에 사ᄅᆞ샤〈용비어천가 3〉

㉢ 狄人ㅅ 서리예 가샤〈용비어천가 4〉

㉣ 버듸 지븨 가니 그 지비〈법화경언해 4:43〉

바ᄆᆡ 비취니〈용비어천가 101〉

중세 국어 처격조사는 체언 어간의 말모음에 따라 ㉠처럼 체언 어간 말모음이 양성 모음이면 '-애', ㉡처럼 음성 모음이면 '-에', ㉢처럼 'ㅣ' 모음이면 '-예'가 쓰였다. 그리고 '-ᄋᆡ/의'는 속격 조사와 형태가 같지만, 경우에 따라서는 ㉣에서처럼 처격으로도 쓰였다. '-ᄋᆡ'와 '-의'의 교체는 선행하는 체언 어간의 말모음이 양성 모음이면 '-ᄋᆡ', 음성 모음이면 '-의'가 결합하였다.

3.3.7. 감탄사

감탄사는 말 그대로 "감탄이나 놀라움을 나타내는 말"을 이른다. 감탄사는 문장의 다른 성분과 직접적으로 관련되어 있지 않다는 특성이 있다. 즉 서술어의 지배 영역 밖에 있는 요소이다.

(77) ㉠ 와, 경치가 정말 아름답구나!

㉡ 아, 어느새 다음 학기면 졸업을 하는구나.

㉢ 어머나, 이게 뭐야?

실제 맞춤법에서도 감탄사 뒤에는 쉼표를 넣게 되어 있는데, 이러한 형식적인 장치 자체가 감탄사가 서술어가 지배하는 문장 밖의 요소라는 것을 드러내는 것이다. 그렇기 때문에 감탄사가 없어도 문장의 적격성에는 영향을 미치지 않는다.

감탄사는 아니지만, (78)처럼 부르거나 대답하는 말들이 있다.

(78) ㉠ 친구야, 오늘 저녁 같이 먹을까?
    ㉡ 광수야, 같이 놀자.
    ㉢ 엄마, 오늘은 뭐 하세요?
    ㉣ 그래, 좋아 몇 시에 만날까?

이들 역시 감탄사와 마찬가지로 문장의 다른 성분과 직접적으로 관련되어 있지 않다는 점에서 공통적이다. 보통 호격 조사 '-아/야'와 함께 쓰이지만, (78㉢)의 '엄마', (78㉣)의 '그래'처럼 반드시 그런 것은 아니다. 이들 역시 감탄사로 분류하기도 하는데, 문제는 이럴 경우 '엄마, 오늘 뭐 하세요?'의 '엄마'가 명사이면서 또한 감탄사가 되는 문제가 야기된다. 그래서 감탄사라고 할 때는 '감탄이나 놀라움을 나타내는 말'로 좁게 정의한다.

제4장

통사론

통사론은 문장을 연구하는 분야이다. 문장을 구성하는 최소의 단위는 주어, 목적어, 보어, 서술어, 부사어와 같은 '어(語)'이다. 어는 하나의 단어로 이루어진 것에서부터 구, 절로 이루어진 것까지 그 크기가 다양하다. 단어를 아무렇게나 나열한다고 해서 문장이 되는 것은 아니며, 문장은 일정한 규칙에 의해 만들어진다. 이렇게 만들어지는 문장의 개수는 무한에 가깝지만, 그 문장의 내부 구조에 따라 크게 몇 개의 문형으로 나눌 수 있다. 이 장에서는 문장의 정의 및, 문장 성분, 문장의 유형 그리고, 문장을 생성하고 분석하는 도구인 구절구조 규칙에 대해서 살펴보게 될 것이다. 그리고 국어의 문법 범주에 해당하는 격, 시제, 높임, 동작상에 대해서 살펴보고, 피동 표현, 사동 표현, 부정 표현에 대해서도 함께 살펴보게 될 것이다.

4.1. 문장과 절

4.1.1. 문장sentence

문장은 적어도 하나 이상의 서술어를 포함하는 구성이다. 그리고 서술어는 반드시 주어를 필요로 한다. 따라서 결과적으로 문장은 최소한 하나 이상의 주어와 서술어를 가진 구성을 이른다. 여기서 하나 이상의 서술어라고 말한 것은 문장에는 홑문장도 있지만, 겹문장도 있기 때문이다. 겹문장은 서술어가 둘 이상인 구성이다. 문장의 핵심은 서술어이다. 문맥에 의해 주어가 생략되는 경우는 있더라도 서술어가 생략되는 경우는 특별한 경우가 아니라면 거의 없다. 따라서 문장의 개수는 서술어의 개수와 일치한다. 국어에서 서술어로 쓰일 수 있는 것은 용언인 동사, 형용사, 그리고 서술격 조사 '-이-'이다. 따라서 문장의 개수는 동사, 형용사, 서술격 조사 '-이-'의 개수와 일치한다.

언어 보편적으로 문장은 반드시 하나의 주어를 가진다고 전제한다. 그런데 국어의 경우 주어가 없이 서술어만 있는 문장 즉, 무주어문의 존재를 인정하는 견해도 있다. (1)이 바로 그러한 예이다.

(1) ㉠ 불이야.

　　㉡ 도둑이야.

(1)의 경우 표면적으로는 주어를 상정하기 어렵다. 그러나 무주어문을 인정할 경우 '모든 문장은 하나의 주어를 가진다'는 언어 보편성을 위배하게 된다. 그래서 무주어문을 인정하지 않고, 상황 주어를 상정하는 견해도 있다. 상황 주어는 외현적으로 형태가 실현되지는 않았지만 있다고 가정되는 공범주(pro)이다. 이러한 해석은 변형 생성 문법 이론에서의 해석인데, 공범주(pro)는 표면적으로는 실현되지 않는다.

(2) (pro)　　불이야.
　　 주어　　　서술어

(2)는 '어떤 상황이 불이야'와 같이 해석하는 것으로, 이때 주어는 표면적으로 실현되지 않은 '어떤 상황'이 된다. 상황 주어를 상정하지 않으면, 위 문장은 서술어만으로 이루어진 이른바 무주어문이 된다. 그런데 서술어만으로 이루어진 무주어문을 상정하게 되면, 모든 서술어가 곧 문장이 될 수 있다는 부담을 안게 되는 문제점이 있다. 상황 주어를 상정하는 경우에도 보이지 않는 것을 있다고 해야 하는 부담이 있다.

　이러한 논쟁에서 알 수 있는 것은 주어 역시 서술어만큼이나 문장을 이루는 데 핵심적인 요소라는 것이다. 아무튼 하나의 문장을 이루기 위해서는 반드시 서술어가 있어야 하며, 서술어는 하나의 주어를 요구한다.

(3) ㉠ 오늘 하루 가을 단풍 생각으로 머릿속이 온통 잡념 투성이로

가득.

ⓛ 하늘이 푸르다.

(3ㄱ)은 (3ⓛ)보다 그 길이가 길다. 하지만 (3ㄱ)은 문장이 아니다. (3ㄱ)에는 서술어가 없기 때문이다. 반면 (3ⓛ)은 서술어 '푸르다'가 있기 때문에 하나의 문장이다.

문장은 하나의 서술어로 이루어진 것도 있지만, 두 개 이상의 서술어로 이루어진 문장도 있다. 문장을 서술어의 개수에 따라 분류하면 아래와 같다.

- ‣ 홑문장(단문) : 서술어가 하나인 문장
- ‣ 겹문장(복문) : 서술어가 둘 이상인 문장 ┌ 안은문장(내포문)
  └ 이어진문장(접속문)

'안은문장'은 '안긴문장'을 전제하며, 또한 '안긴문장'은 '안은문장'을 전제한다. 즉 '안은문장'이라는 것은 '안긴문장'을 포함하고 있는 문장을 이른다. '안은문장'을 모문(母文), '안긴문장'을 내포문(內包文)이라고도 한다. 그리고 '이어진문장'을 달리 접속문이라고도 한다.

문장의 유형

문장의 유형은 종결 어미에 의해 결정된다.

(4) ㉠ 하늘이가 노래를 부른다. → 평서문
ㄴ 하늘이가 노래를 부르니? → 의문문
ㄷ 하늘아, 노래를 불러라. → 명령문
ㄹ 하늘아, 노래를 부르자. → 청유문

ⓜ 하늘이가 노래를 부르는구나!   → 감탄문
ⓗ 내가 노래를 부르마.   → 약속문

즉 평서형 종결 어미 '-다'는 평서문을, 의문형 종결 어미 '-니'는 의
문문을, 명령형 종결 어미 '-아/어라'는 명령문을, 청유형 종결 어미 '-자'
는 청유문을, 감탄형 종결 어미 '-구나'는 감탄문을 이끈다. 그리고 '-마'
를 약속법 종결 어미로 설정하기도 하는데, 그럴 경우 '-마'는 약속문을
이끈다.

이처럼 국어는 문장 끝의 종결 어미에 의해 문장의 유형이 결정되
는 특성을 가진 언어이다. (4)의 종결 어미들은 모두 격식체 종결 어미
들이다. 그런데 (5)에서처럼 비격식체 종결 어미가 쓰인 경우에는 종
결 어미만으로 문장의 유형을 결정할 수 없다. 이때는 문말의 억양을
통해 문장의 유형이 결정된다.

(5) ㉠ 집에 가 ↘ : 평서문
    ㉡ 집에 가 ↗ : 의문문
    ㉢ 집에 가 → : 명령문

명령문과 청유문은 행동을 요구한다는 점에서는 같다. 그러나 명령
문은 청자의 행동만 요구하는 반면, 청유문은 청자의 행동을 요구하면
서 동시에 화자 역시 함께 행동한다는 차이가 있다. 그래서 명령문의
주어는 항상 청자이고, 청유문의 주어는 청자와 함께 화자가 포함된
다. 이러한 까닭에 명령문은 청자의 행동을 직접적으로 요구하는 반
면, 청유문은 청자의 행동을 간접적으로 요구하는 특성을 보인다.

의문문은 대답의 형식에 따라 다시 판정 의문문, 설명 의문문, 수사
의문문으로 나뉜다.

(6) ㉠ 지민이가 예쁘니?

　　㉡ 누가 예쁘니?

　　㉢ 네가 그렇게만 해 준다면 얼마나 좋을까?

(6㉠)에 대한 대답은 '예/아니오'의 형식을 띤다. 이러한 유형의 의문문을 판정 의문문(yes-no question)이라고 한다. 반면 (6㉡)의 물음에 대한 대답은 '누가'에 대한 구체적인 설명을 요구한다. 이러한 유형의 의문문을 설명 의문문(wh-question)이라고 한다. 설명 의문문은 반드시 의문사 '누가', '무엇을', '언제', '어디서', '어떻게', '왜' 가운데 하나를 포함하고 있다. 반면 판정 의문문은 이러한 의문사를 포함하지 않는다. 그래서 의문사의 유무에 의해 판정 의문문과 설명 의문문을 구별할 수 있다. (6㉢)은 의문문의 형식을 띠고는 있지만, 군이 대답을 요구하지 않는다. 대답을 요구하는 대신 서술이나 간접적인 명령의 효과를 내는데, 이러한 유형의 의문문을 수사 의문문(또는 반어 의문문)이라고 한다.

의문사가 있다고 해서 반드시 설명 의문문은 아니다. 의문사가 있지만, 설명 의문문이 아니라 판정 의문문인 경우가 있다.

(7) ㉠ 지민아, 어디 가니?

　　　→ 도서관에 가.

　　㉡ 지민아, 수업 끝나고 어디 가니?

　　　→ 아니.

(7㉠, ㉡) 모두 동일하게 의문사 '어디'가 쓰였다. 그런데 (7㉠)에서는 '어디'에 대해 설명하는 대답을 하고 있는 반면, (7㉡)에서는 '예/아니오'의 대답을 하고 있어서 차이가 있다. 즉 (7㉡)은 의문사가 있지만,

설명 의문문이 아니라 판정 의문문이다. 이처럼 의문사가 쓰였음에도 판정 의문문인 경우에는 의문사에 강세가 놓이는 특성이 있다.

관련 국어사 지식

현대 국어에서는 판정 의문문과 설명 의문문이 종결 어미에 의해 구분이 되지 않는다. 단지 의문사의 유무에 의해 판정할 수 있다. 그런데 중세 국어에서는 판정 의문문과 설명 의문문이 종결 어미에 의해 구분이 되었다. 판정 의문문에는 '-아/어' 계열의 어미가 결합하였고, 설명 의문문에는 '-오' 계열의 어미가 결합하였다.

(가) ㉠ 그딋 아바니미 잇ᄂᆞ닛가 〈석보상절 6:14〉

ㄴ 네 보미 쪄미 이시며 쥐유미 잇ᄂᆞ녀 〈능엄경언해 1:108〉

ㄷ 이 ᄯᆞ리 너희 죵가 〈월인석보 8:94〉

(나) ㉠ 世尊하 두 소니 다 뷔어늘 므스글 노ᄒᆞ라 ᄒᆞ시ᄂᆞ니잇고
〈월인석보 7:54〉

ㄴ 善宿ㅣ 그 마ᅀᆞᆷ 사ᄅᆞᆷᄃᆞ려 무로ᄃᆡ 究羅帝 이제 어듸 잇ᄂᆞ뇨
〈월인석보 9:36〉

ㄷ 이 엇던 光明고 〈월인석보 10:7〉

(가)는 판정 의문문이고, (나)는 설명 의문문이다. 의문형 어미의 이형태가 어떠하든 판정 의문문은 '-아/어' 계열의 어미('-잇가, -녀, -가')가, 설명 의문문에는 '-오' 계열의 어미('-잇고, -뇨, -고')가 결합하였음을 확인할 수 있다.

(가ㄷ)의 '-가', (나ㄷ)의 '-고'는 각각 체언 '죵', '光明'에 바로 결합하였다는 사실에서 어미라고 볼 수 없다. 어미가 체언에 결합할 수는 없기 때문이다. 이러한 이유로 (가ㄷ)의 '-가', (나ㄷ)의 '-고'를 보조사로 해석한다. 이와 달리 '죵가', '光明고'를 각각 '죵이가', '光明이고'에서 서술격조사 '-이-'가 생략된 구조로 해석하기도 한다. 이는 (가ㄷ)의 '-가'와 (나ㄷ)의 '-고'를 어미

로 해석하는 입장이다.

현대 국어와 차이가 나는 중세 국어 의문문의 또 하나의 특징은 2인칭 의문문을 나타내는 종결 어미 '-ㄴ다', '-ㅭ다'가 있었다는 사실이다.

    (다) ㉠ 善宿ㅣ 나사가 닐오딕 究羅帝여 네 命終ᄒᆞᆫ다 주거미 닐오딕 내
        ᄒᆞ마 命終호라〈월인석보 9:361〉
    ㉡ 阿難아 네 엇뎨 아디 몯ᄒᆞᆶ다〈능엄경언해 4:116〉

(다㉠)에서 '네 命終ᄒᆞᆫ다'의 현대역은 '너 命終하였느냐?'의 의미이고, (다㉡)에서 '네 엇뎨 아디 몯ᄒᆞᆶ다'의 현대역은 '너 어찌 알지 못하겠느냐?'의 의미이다. 이처럼 '-ㄴ다', '-ㅭ다(/-ㄹ다)'는 2인칭 의문문을 나타내는 어미이다. 2인칭 의문문을 나타내는 '-ㄴ다', '-ㅭ다(/-ㄹ다)'는 근대 국어에 오면서 사라지는데, 이는 현재 시제 선어말 어미 '-ᄂᆞ-'의 활용형 '가ᄂᆞ다'가 16세기 이후부터 '간다'로 바뀌는 변화가 일어나는 시기와 맞물려 있다. 즉 '가ᄂᆞ다'가 '간다'가 되면서 2인칭 의문문 '간다'와 더 이상 구별되지 않게 되었기 때문이다.

4.1.2. 절clause

절은 하나의 서술어를 반드시 포함하는 구성이라는 점에서 구조적으로는 문장과 같다. 굳이 문장과 절을 구분한다면, 그것은 구성의 마지막인 서술어가 종결 어미로 끝나느냐 아니냐이다. 즉 서술어가 종결 어미로 끝나면 문장이고, 그렇지 않으면 절이다.

    (8) ㉠ 산이 높다.
        ㉡ 누가 고양이 목에 방울을 달까?
        ㉢ 나무는 뿌리가 깊어야 비바람에 안 흔들린다.
        ㉣ 마음이 깊은 사람이 좋다.

ⓜ 눈이 오니까, 기분이 좋아진다.

(8ⓖ)과 (8ⓛ)은 서술어가 하나만 있는 홑문장이고, (8ⓒ~ⓜ)은 서술어가 둘 이상 있는 겹문장이다. (8ⓖ~ⓛ)처럼 서술어가 하나인 홑문장은 해당 서술어가 반드시 종결 어미로 끝난다. 하지만 (8ⓒ~ⓜ)처럼 겹문장의 경우에는 종결 어미로 끝난 서술어도 있지만, 종결 어미로 끝나지 않은 서술어도 반드시 포함한다. 이때 종결 어미로 끝나지 않은 서술어가 이끄는 구성을 절이라고 한다. (8ⓒ~ⓜ)의 구조를 분석하면 (8')와 같다.

(8')   ⓒ [나무는 [뿌리가 깊어야 비바람에 안 흔들린다.]
ⓡ [[마음이 깊은 사람이 좋다.]
ⓜ [눈이 오니까, [기분이 좋아진다.]

(8'ⓒ)의 [뿌리가 깊어야]는 '흔들린다'가 이끄는 구성 안에 포함된 구성이다. 즉 '흔들린다'가 이끄는 모문에 내포된 내포문이다. (8'ⓡ)의 [마음이 깊은] 역시 '좋다'가 이끄는 구성 안에 포함된 구성으로, '좋다'가 이끄는 모문에 내포된 내포문이다. (8'ⓜ)의 [눈이 오니까]는 뒤에 오는 [기분이 좋아진다]에 이어진 구성이다. (8'ⓒ~ⓜ)의 공통점은 서술어가 종결 어미로 끝나지 않은 서술어가 있다는 것이다. 서술어가 종결 어미로 끝나지 않았기 때문에 (8'ⓒ)의 [뿌리가 깊어야], (8'ⓡ)의 [마음이 깊은], (8'ⓜ)의 [눈이 오니까]는 절이다. 이처럼 내포문이나 접속문이 바로 전형적인 절이다. 문장과 절을 엄격히 구분할 때는 내포문을 내포절, 접속문을 접속절이라고 하기도 한다.

그런데 문장과 절을 굳이 구분할 필요가 없다는 논의도 있다. '안은문장(모문)'과 '안긴문장(내포문)'에서 보듯이 용어상에서도 같은 '문장

(문)'으로 표현된다. 실제로 절과 문장은 구조적으로는 동일하다. 다만 어말 어미가 비종결 어미로 끝나면 절이고, 종결 어미로 끝나면 문장이다. 그래서 절과 문장의 구분이 통사적인 현상의 설명에서 특별히 필요하지 않다고 보는 견해도 있다.

4.2. 어(語)와 문장 성분

　　통사론의 기본 단위는 문장이고, 문장을 구성하는 기본 단위는 '어 (語)'이다. '어'는 하나의 단어로 이루어지기도 하고, 둘 이상의 단어인 구로 이루어지기도 하고, 절이나 절보다 큰 단위로 이루어지기도 한다.

　　(9) ㉠ <u>하늘이</u> 푸르다.
　　　　　주어

　　　　㉡ <u>저 하늘이</u> 푸르다.
　　　　　　주어

　　　　㉢ <u>하늘이 푸르기가</u> 바다와 같다.
　　　　　　　주어

　　　　㉣ <u>내가 본 하늘이</u> 푸르다.
　　　　　　　주어

　　(9㉠)에서 시술이 '푸르다'의 주어는 명사 '하늘'이고, (9㉡)에서 서술 어 '푸르다'의 주어는 명사구 '저 하늘'이다. 그리고 (9㉢)에서 서술어 '같다'의 주어는 [하늘이 푸르기]라는 절이고, (9㉣)에서 서술어 '푸르다' 의 주어는 '절 + 피수식 명사'인 [내가 본 하늘]이다. 이처럼 '어'를 이루 는 단위는 작게는 단어에서부터 구, 절, '절 + 피수식어'까지 구성의 크 기가 다양하다.

　　문장에서 띄어쓰기 단위는 모두 하나의 어이다. (9㉡~㉣)의 주어는 모두 둘 이상의 단어로 이루어져 있는데, 이를 다시 분석하면 (9')와 같다.

(9') ⓛ '저 하늘이'_{주어} 푸르다.
　　　　관형어

ⓒ [하늘이 푸르기]개_{주어} 바다와 같다.
　　주어　　서술어

ⓔ [[내가 본] 하늘이]_{주어} 푸르다.
　　주어 서술어

(9'ⓛ)에서 '저'는 명사 '하늘'을 수식하는 관형어이다. (9'ⓒ)에서 '푸르기'는 서술어이고 '하늘'은 서술어 '푸르다'의 주어이다. (9'ⓔ)에서 '본'은 서술어이고, '내가'는 서술어 '보다'의 주어이다. 그리고 [내가 본]은 명사 '하늘'을 수식하는 관형사절이다.

'어'는 문장을 구성하는 기본 단위인데, 이를 문장 성분이라고 한다. 문장 성분은 문장에서의 기능에 따라 아래와 같이 분류한다.

▶ 주성분　　　주어
　　　　　　　서술어
　　　　　　　목적어
　　　　　　　보어 / 필수적 부사어
▶ 부속 성분　　관형어
　　　　　　　부사어
▶ 독립 성분　　독립어

주성분은 해당 성분이 빠지면 문장의 적격성에 하자가 생기는 성분이다. 문장의 핵심은 서술어이다. 따라서 서술어가 없으면 당연히 문장이 성립하지 않으므로 서술어는 문장을 이루는 필수적인 성분이다. 그리고 서술어는 주어를 반드시 필요로 하므로 주어 역시 문장에서 없어서는 안 되는 필수적인 성분이다. 서술어에 따라서는 주어 외에 목적어나 보어, 필수적 부사어를 요구하는 것이 있다. 이때 필요한 목적어나 보어, 필수적 부사어가 실현되지 않으면 비적격한 문장이 된다. 그렇기 때문에 목적어와 보어, 필수적 부사어도 필수적인 성분이다.

반면 관형어와 부사어는 수식하는 성분이기 때문에 관형어와 부사어가 빠지더라도 문장의 적격성에는 영향을 미치지 않는다. 다만 관형어와 부사어가 빠지게 되면 의미가 불충분하게 될 뿐이다. 독립어는 서술어가 지배하는 범주 밖의 성분이기 때문에, 독립어가 빠지더라도 당연히 문장의 적격성에 영향을 미치지 않는다.

4.2.1. 주성분

문장의 주성분에는 주어, 목적어, 서술어, 보어, 필수적 부사어가 있다. 앞서 언급했듯이 문장을 구성하는 핵심은 서술어이고, 서술어는 반드시 하나의 주어를 필요로 한다. 따라서 문장이라고 하면 반드시 서술어와 주어가 있는 구성이다. 서술어에 따라서는 목적어나 보어, 필수적 부사어를 요구하는데, 이때 목적어나 보어, 필수적 부사어가 없으면 온전한 문장이 되지 못한다. 그렇기 때문에 주어, 목적어, 서술어, 보어, 필수적 부사어를 문장의 주성분이라고 한다.

(10) ㉠ <u>시간이</u> <u>간다</u>.
　　　 주어　　서술어(동사)

　　 ㉡ <u>하늘이</u> <u>푸르다</u>.
　　　 주어　　서술어(형용사)

　　 ㉢ <u>시간은</u> <u>금이다</u>.
　　　 주어　　서술어(명사 + -이-)

　　 ㉣ <u>바다가</u> <u>달을</u> <u>품었다</u>.
　　　 주어　 목적어　서술어

ⓜ 물이 얼음이 되었다.　/ 영이는 학생이 아니다.
　　　　주어　보어　서술어　　　주어　보어　서술어

　　ⓗ 별이가 달이에게 생일 선물을 주었다.
　　　　주어　필수적 부사어　목적어　　　서술어

　　ⓢ 평강공주가 바보온달을 남편으로 삼았다.
　　　　주어　　　목적어　필수적 부사어 서술어

　국어에서 서술어가 될 수 있는 것은 '동사', '형용사', '명사 + -이-(서술격 조사)'이다. 문장에서 서술어를 찾고 나면, 서술어를 중심으로 주어, 목적어를 찾는다. 주어는 서술어에 대해 '누가', '무엇이'에 해당하는 성분이고, 목적어는 서술어에 대해 '누구를', '무엇을'에 해당하는 성분이다. 타동사(10ⓡ, ⓗ, ⓢ)는 반드시 목적어를 요구하며, 자동사(10ⓖ)와 형용사(10ⓛ), '명사 + -이-'(10ⓒ)는 목적어를 요구하지 않는다. 서술어가 타동사일 때는 주어와 목적어가 반드시 실현되어야만 적격한 문장이 된다.

　보어와 필수적 부사어는 '주어'도 아니고 '목적어'도 아니지만, 그것이 없으면 문장의 적격성에 하자가 생기는 성분이라는 점에서 공통적이다. 이 중에서 '아니다'와 '되다' 서술어 앞에서 격조사 '-이/가'와 결합한 성분을 보어라고 한다. 나머지는 모두 필수적 부사어이다. 즉 (11ⓖ)의 '얼음이', (11ⓛ)의 '학생이'가 보어이다. (11ⓒ)의 '달이에게', (11ⓡ)의 '남편으로'는 필수적 부사어이다.

　(11) ⓖ 물이 얼음이 되었다.
　　　　*²물이 되었다.
　　　ⓛ 영이는 학생이 아니다.
　　　　*²영이는 아니다.
　　　ⓒ 별이가 달이에게 생일 선물을 주었다.
　　　　*²별이가 생일 선물을 주었다.

ⓔ 평강공주가 바보온달을 남편으로 삼았다.
*?평강공주가 바보온달을 삼았다.

(11ⓐ)에서는 '얼음이', (11ⓑ)에서는 '학생이', (11ⓒ)에서는 '달이에게', (11ⓔ)에서는 '남편으로'가 빠진 문장은 모두 비적격한 문장이 된다. 이처럼 주어도 아니고 목적어도 아니지만, 그것이 빠지면 문장의 적격성에 문제가 생기게 되는 성분을 보어 또는 필수적 부사어라고 한다.

서술어 '되다'와 '아니다'는 두 개의 논항을 요구하는 서술어이고, 서술어 '주다'와 '삼다'는 세 개의 논항을 요구하는 서술이다. 여기서 논항은 서술어가 요구하는 필수적 성분을 말한다. 학교 문법에서 서술어를 구분하여 한 자리 서술어, 두 자리 서술어, 세 자리 서술어라고 하는데, 이때 자리에 해당하는 것이 논항과 평행한 개념이다. 서술어가 요구하는 논항이면서 주어도 아니고, 목적어도 아닌 논항이 곧 보어 또는 필수적 부사어이다. 세 개의 논항을 요구하는 '주다'라는 서술어가 쓰이면, 반드시 세 개의 논항이 실현되어야만 적격한 문장이 된다. *'별이가 생일 선물을 주었다'는 주어와 목적어 두 개의 논항만 실현되었기 때문에 비적격한 문장이 된다.

언어학에서 보어(또는 보충어)의 개념은 주어도 아니고 목적어도 아니지만, 그것이 빠지면 문장의 적격성에 하자가 생기는 성분이다. 그런데 학교 문법에서 보어는 이보다 제한적으로 정의한다. 학교 문법에서 보어는 서술어 '아니다', '되다' 앞에 오는 성분만 보어로 인정한다. 나머지 보어들은 모두 필수적 부사어로 다룬다. 즉 학교 문법에 따르면, (11ⓐ~ⓔ)에서 (11ⓐ)의 '얼음이', (11ⓑ)의 '학생이'만이 보어이고, (11ⓒ)의 '달이에게', (11ⓔ)의 '남편으로'는 필수적 부사어가 된다. 뒤에서 자세히 살펴보겠지만 부사어는 서술어가 요구하는 필수 성분이 아니다. 그렇기 때문에 부사어가 빠져도 문장의 적격성에는 영향을 미치지 않는다. 하지만 필수적 부사어는 그것이 빠지면 비적격한 문장이 된다는 점에서 부사어와 구분된다.

학교 문법에서 보어를 '아니다', '되다' 앞에 오는 요소로만 제한하고, 나머지 보어들을 필수적 부사어로 다루는 데에는 보격 조사를 '-이/가'로 규정한 것과 관련이 있다. 즉 학교 문법에서 보격 조사는 '-이/가'로 분명히 규정하고 있다. 이러한 상황에서 (11ⓒ)의 '달이에게', (11ⓔ)의 '남편으로'를 보어로 인정할 경우 '-에게', '-으로'도 보격 조사의 범주에 넣어야 하는 문제가 발생한다. 이러한 까닭에 보어의 범위를 보격 조사 '-이/가'가 결합하는 '아니다', '되다' 앞의 성분으로만 제한하게 된 것이다. '-에게'와 '-으로'는 부사격 조사이므로 이들 조사가 결합한 성분은 부사어가 되는데, 일반적인 부사어와 달리 문장에서 반드시 있어야만 하는 요소이기 때문에 필수적 부사어라고 부르게 된 것이다. 이러한 이유로 (11ⓐ)과 의미는 같지만, (12)의 '얼음으로'는 보어가 아니라 필수적 부사어로 처리하게 된다.

(12) <u>물이</u> <u>얼음으로</u> <u>되었다</u>.
　　　주어　필수적 부사어　서술어

(12)에서 '얼음으로'는 보격 조사 '-이/가'가 결합한 것이 아니라 부사격 조사 '-으로'가 결합하였기 때문에 보어가 아니라 필수적 부사어가 된다. 이러한 학교 문법의 태도는 (13)에서도 그대로 유지된다.

(13) ㉠ 영이가 학교에 가다.
　　　㉡ 영이가 학교를 가다.

학교 문법에 따르면 (13㉠)의 '학교에'는 부사어가 되고, (13㉡)의 '학교를'은 목적어가 된다. 그것은 '-에'는 부사격 조사로, '-를'은 목적격 조사로 규정하고, 조사의 기능에 초점을 맞춰 문장의 구조를 분석하는 태도를 취하기 때문이다.

4.2.2. 부속 성분

주성분과 달리 부속 성분은 그것이 없더라도 문장의 적격성에 영향을 주지는 않는다. 다만 부속 성분은 의미를 보충하고 정밀화하는 역할을 한다. 이러한 부속 성분에는 관형어와 부사어가 있다.

관형사는 문장에서 관형어로 기능한다. 관형사는 체언을 수식하므로, 정의에 의해 관형어 역시 문장에서 체언을 수식한다. 그리고 용언의 관형사형 역시 체언을 수식하므로 관형어로 기능한다.

(14) ㉠ 하늘이는 **새** 친구를 사귀었다.
　　　㉡ **저** 친구가 내 짝이다.
　　　㉢ **높은** 산에서 아래를 본다.
　　　㉣ 하늘이는 **좋은** 친구이다.

(14㉠~㉣)은 모두 체언을 수식한다는 점에서는 같다. 그런데 (14㉠·㉡)은 관형사가 체언을 수식하는 것인데 반해, (14㉢~㉣)은 용언의 관형사형이 체언을 수식하고 있다는 점에서 다르다. 즉 (14㉠~㉡)은 관형사가 관형어인 경우이고, (14㉢~㉣)은 절이 관형어인 경우이다.

부사는 문장에서 부사어로 기능한다. 그리고 용언의 부사형 역시 부사어로 기능한다. 또한 체언에 부사격 조사가 결합한 곡용형 역시 부사어가 된다. 부사어는 용언이나 또 다른 부사를 수식하며, 때로 관형사를 수식하기도 한다. 문장에서 '언제, 어디서, 왜, 어떻게'에 해당하는 요소는 모두 부사어이다.

(15) ㉠ 시간이 **아주** 빠르다.
    ㉡ **설악산에** 눈이 내렸다.
    ㉢ 새가 **정말 빨리** 난다.
    ㉣ 지민이는 **아주** 새 사람이 되었다.
    ㉤ 꽃이 **예쁘게** 피었다.

(15㉠)에서 '아주'는 형용사 '빠르다'를 수식하고, (15㉡)의 '설악산에'는 동사 '내렸다'를 수식한다. '설악산에'는 체언에 부사격 조사 '-에'가 결합하여 문장에서 부사어로 기능하는 것이다. 그리고 (15㉢)의 '정말'은 부사 '빨리'를 수식하고, (15㉣)의 '아주'는 관형사 '새'를 수식한다. 물론 관형사 '새'는 문장에서 관형어로 기능한다. (15㉤)의 '예쁘게'는 형용사 '예쁘-'에 부사형 어미 '-게'가 결합하여 동사 '피다'를 수식하고 있다.

동사인 서술어나 형용사인 서술어와 달리 '체언 + -이-' 구성의 서술어는 (16㉠)처럼 부사어의 수식을 받는 경우도 있지만, 일반적으로는 (16㉡, ㉣)에서처럼 관형어의 수식을 받는다.

(16) ㉠ 지민이는 정말 학생이다.
    ㉡ *지민이는 착하게 학생이다.
    ㉢ 지민이는 착한 학생이다.
    ㉣ 지민이는 예쁜 학생이다.

관형사는 문장에서 관형어로 기능하고, 부사는 문장에서 부사어로 기능한다. 이때의 관형어, 부사어는 단어가 어가 된 것이다. 그런데 용언에 관형사형 어미(-(으)ㄴ, -(으)ㄹ)가 결합한 것은 절이 관형어가 된 것이고, 마찬가지로 용언에 부사형 어미(-게, -도록)가 결합한 것은 절이 부사어가 된 것이다.

용언은 문장에서 서술어로 기능한다. 그런데 용언에 관형사형 어미가 결합하면 체언을 수식할 수 있으며, 용언에 부사형 어미가 결합하면 용언을 수식할 수 있다.

(17) ㉠ 흰 눈이 내린다.
　　　㉡ 소쩍새가 슬프게 운다.

(17㉠)에서 '흰'은 명사 '눈'을 수식하고, (17㉡)의 '슬프게'는 동사 '운다'를 수식한다. '흰'과 '슬프게'의 품사는 형용사이다. 형용사는 문장에서 서술어로 쓰인다. 따라서 '흰'과 '슬프게'는 각각 또 하나의 문장을 이끄는 서술어이다. 즉 (17㉠~㉡)은 서술어가 둘인 겹문장이다. 그렇기 때문에 (17㉠)의 '흰'은 절이 관형어가 된 것이며, (17㉡)의 '슬프게'는 절이 부사어가 된 것이다. 그래서 좀 더 정확히 말하면, (17㉠)의 '흰'은 관형사절이고, (17㉡)의 '슬프게'는 부사절이다.

(17') ㉠ [[e 흰] 눈이 내린다.]
　　　㉡ [소쩍새가 [e 슬프게] 운다.]

(17'㉠)에서 서술어 '희-'의 주어는 피수식어 '눈'과 같기 때문에 생략되었고, (17'㉡)에서 '슬프-'의 주어는 모문 서술어 '운다'의 주어 '소쩍새'와 같기 때문에 생략되었다.

4.2.3. 독립 성분

독립 성분은 말 그대로 문장에서 독립된 성분이다. 다시 말해 독립 성분은 서술어가 지배하는 영역 밖의 요소이다. 그렇기 때문에 문장의 적격성에는 전혀 영향을 미치지 않는다. 감탄사는 문장에서 그대로 독립어가 된다. 감탄사 외에도 체언에 호격 조사 '-아/야'가 결합한 것도 문장에서 독립어가 된다.

(18) ㉠ **아!** 어느덧 봄이 다 지나가는구나.
　　 ㉡ **별이야**, 이제 공부해야 할 시간이다.

(18)에서 '아', '별이야'가 바로 독립어이다. 한글 맞춤법에서 독립 성분 뒤에는 마침표(느낌표)나 쉼표를 쓰게 되어 있다. 이러한 한글 맞춤법의 장치는 독립어가 서술어가 지배하는 영역 밖의 요소임을 나타내 주는 것이다.

4.3. 국어의 기본 문형

문장은 아무렇게나 만들어지는 것이 아니라 일정한 규칙에 의해 만들어진다. 문장의 핵심은 서술어라고 했는데, 서술어는 주어 논항 하나만을 요구하는 서술어가 있는가 하면, 둘 이상의 논항을 요구하는 서술어도 있다. 결국 문장의 구조는 서술어의 특성에 의해 결정된다고 할 수 있다. 따라서 우리는 서술어의 특성에 따라 수많은 문장을 몇 개의 유형으로 분류할 수 있는데, 이렇게 설정된 문장을 기본 문형이라고 한다.

국어의 기본 문형을 몇 개로 설정할 것이냐에 대해서는 학자들마다 이견이 있는데, 일반적으로 (19)처럼 네 가지로 분류하는 방식을 많이 사용하고 있다. 하지만 관점에 따라서는 기본 문형의 가짓수가 더 늘어날 수 있다. 문형을 분류하는 기준은 서술어의 특성이다. 즉 서술어가 필수적으로 요구하는 논항의 수와 논항의 성격에 따라 문형을 나누게 된다. 필수적 성분이 아닌 부사어나 관형어, 독립어는 문형을 분류할 때 고려되지 않는다.

(19) 국어의 기본 문형
1유형 : 주어 + 서술어
㉮ 시간이 간다.

ⓝ 하늘이 푸르다.

ⓓ 시간은 금이다.

2유형 : 주어 + 보어/필수적 부사어 + 서술어

　ⓐ 물이 얼음이 되었다.

　　신음 소리는 언어가 아니다.

　ⓝ 별이는 엄마와 닮았다.

　　안개는 구름과 다르다.

3유형 : 주어 + 목적어 + 서술어

　바다가 달을 품었다.

　별이가 공부를 한다.

4유형 : 주어 + 필수적 부사어 + 목적어 + 서술어

　ⓐ 별이가 달이에게 생일 선물을 주었다.

　　할아버지께서는 국가로부터 훈장을 받으셨다.

　ⓝ 평강공주가 바보온달을 남편으로 삼았다.

　　할아버지께서 나를 선생님으로 만드셨다.

(19)에서처럼 기본 문형을 4가지로 분류한 것은 서술어가 필요로 하는 논항의 수와 논항의 성격을 기준으로 한 것이다. 이와 다르게 서술어의 종류를 기준으로 기본 문형을 분류하기도 하는데, 그럴 경우 기본 문형의 수는 이보다 더 많아지게 된다.

　1유형은 구조적으로 서술어 하나와 주어 하나로 이루어진 문장을 말한다. 그런데 서술어의 종류에 초점을 두게 되면 분류의 가짓수는 늘어나게 된다. 먼저 (19)에서 1유형에 쓰인 서술어를 보면, ⓐ는 자동사, ⓝ는 형용사, ⓓ는 '명사 + -이-'로 그 종류가 각각 다르다. 그래서 1유형을 서술어의 종류에 따라 다시 3개의 하위 유형으로 세분하기도

한다.

2유형은 주어, 보어/필수적 부사어, 서술어로 이루어진 문장이다. 서술어 '되다, 아니다, 닮다, 다르다'는 주어 외에 반드시 하나의 논항을 필수적으로 요구하는데, 그것이 목적어는 아니다. 이러한 점에서 ㉮와 ㉯는 구조적으로는 동일하다. 다만 학교 문법에서는 ㉮를 '주어 + 보어 + 서술어' 구조로, ㉯는 '주어 + 필수적 부사어 + 서술어' 구조로 구분한다. 이렇게 되면 2유형 역시 2개의 하위 유형으로 세분될 수 있다.

3유형은 주어, 목적어, 서술어로 이루어진 구성이다. 서술어가 타동사인 문장은 대부분 여기에 해당한다.

4유형은 주어, 목적어, 필수적 부사어, 서술어로 이루어진 문장이다. 그런데 ㉮는 필수적 부사어가 주로 '~에게(서), ~에(서), ~로부터'와 같은 부사격 조사와 결합하고, 서술어도 수여 동사이다(주다, 받다, 보내다, 전달하다 등). 반면 ㉯는 서술어가 수여 동사가 아니며, 목적어와 필수적 부사어가 '바보온달=(평강공주의) 남편'처럼 동격을 이루는 구조이다. 그래서 4유형을 다시 2개의 하위 유형으로 세분하기도 한다.

이상에서 살펴 본 바와 같이 기본 문형의 가짓수는 관점에 따라 더 늘어날 수도 있고, 더 줄어들 수도 있다. 국어의 기본 문형이 정확히 몇 개인지에 대해서는 전체적인 합의가 이루어졌다고 볼 수 없는데, 문형의 가짓수에 차이가 있는 것은 바로 이러한 이유 때문이다.

참고로 국어는 어순의 이동이 비교적 자유롭다. 그래서 '별이가 달이에게 생일 선물을 주었다'라고 하기도 하지만, '별이가 생일 선물을 달이에게 주었다'라고도 할 수 있다. 그렇기 때문에 '주어 + 목적어 + 필수적 부사어 + 서술어'에서 목적어와 필수적 부사어의 어순은 큰 의미가 없다.

4.4. 구절 구조 규칙

구절 구조 규칙은 문장을 생성하는 규칙이면서 또한 문장을 분석하는 도구이다. 구절 구조 규칙에 따르면, 모든 문장 S는 하나의 NP와 하나의 VP로 이루어진다.

    S → NP + VP
        S : sentence(문장)
        NP : noun phrase(명사구)
        VP : verb phrase(동사구)

모든 문장은 하나의 NP(명사구)와 VP(동사구)로 이루어져 있다. 이때 NP는 주어이고, VP는 서술어이다. 국어에서 VP는 아래의 세 가지 유형이 있다.

    ㉮ VP → (NP) + (NP) + V
        참고 '(NP) + (NP) + V'는 아래 ㉠~㉢을 하나로 합친 것이다.
        ㉠ V
        ㉡ NP + V
        ㉢ NP + NP + V
            a. VP → V : 시간이 가다.

       b. VP → NP + V : 별이가 책을 읽다.

       c. VP → NP + NP + V : 별이가 달이에게 생일 선물을 주었다.

㉯ **VP → Adj** : 하늘이 푸르다.

    [참고] Adj : Adjective(형용사)

㉰ **VP → NP + -이-** : 별이는 학생이다.

    국어의 VP는 ㉮처럼 '(NP) + (NP) + V'로 이루어진 것과, ㉯처럼 Adj(형용사)로 이루어진 것, 그리고 ㉰처럼 'NP + -이-(서술격 조사)'로 이루어진 것 3가지가 있다. ㉮의 '(NP) + (NP) + V'로 이루어진 VP는 다시 'V'로 이루어진 VP, 'NP + V'로 이루어진 VP, 'NP + NP + V'로 이루어진 VP로 나뉜다. 이렇게 보면, 실제 국어의 VP는 5가지라고 할 수 있다.

    국어의 기본 문형에서 1유형이 바로 'VP → V'인 VP에 해당하는 구조이다. 'VP → Adj'인 VP와 'VP → NP + -이-'인 VP 역시 1유형에 해당한다. 그리고 'VP → NP + V'인 VP는 2유형이나 3유형에 해당한다. 이렇게 보면 2유형이나 3유형이 구조적으로는 같다는 것을 알 수 있다. 다만 'VP → NP + V'에서 NP의 기능에 따라 2유형과 3유형이 갈린다. 즉 'NP + V'의 NP가 보어 또는 필수적 부사어의 기능을 하면 2유형이고, NP가 목적어의 기능을 하면 3유형이다. 마지막으로 'VP → NP + NP + V'인 VP가 4유형에 해당한다.

    NP는 N(명사) 하나로 이루어지기도 하고, 'DETP(관형사구) + N'으로 이루어지기도 한다. 그리고 VP는 ADVP(부사구)와 결합하여 'ADVP + VP'로 확장될 수 있다. 'ADVP + VP'에서 VP가 다시 'ADVP + VP'로 확장될 수 있기 때문에 'ADVP + ADVP + VP'처럼 계속해서 확장될 수 있다. 관형사, 부사는 각각 그 자체로 하나의 DETP, ADVP를 이룬다.

NP → N

NP → DETP + N   : 새 모자

VP → ADVP + VP   : 빨리 가다

ADVP   VP : 매우 빨리 가다

참고 DETP : Determiner Phrase(관형사구), ADVP : Adverb phrase(부사구)

구절 구조 규칙은 귀환 규칙(recursive rule)의 특성을 가지고 있다. 그래서 모든 XP는 다시 S(문장)로 귀환될 수 있다. 따라서 논리적으로 문장의 길이는 무한대가 된다.

XP → S

참고 XP : NP, VP, DETP, ADVP

홑문장 '그 소년이 모자를 샀다'라는 문장을 구절 구조 규칙으로 나타내면 (20)과 같다.

(20)

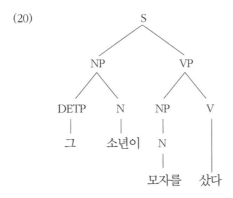

논항은 앞서 잠깐 언급했듯이 서술어가 필요로 하는 요소이다. 국어에서 서술어의 기능을 하는 것은 동사, 형용사, 'NP + -이-'이다. 학교 문법에서 '가다, 오다'는 한 자리 서술어, '먹다, 잡다'는 두 자리 서술어라고 하는데, 이는 '가다, 오다'는 하나의 논항을 요구하는 서술어이고, '먹다, 잡다'는 두 개의 논항을 요구하는 서술어라고 하는 것과 같다. 서술어가 요구하는 논항이 온전히 실현되지 않으면 비문이 된다.

논항이 될 수 있는 것은 기본적으로 NP이다. 그리고 'NP → S'로 귀환된 절 역시 논항이 될 수 있다. 이처럼 논항이 S인 경우는 복문이다.

(21) ㉠ [어머니가 아들을 생각한다.]s

㉡ [나는 [지민이가 예쁘다]s고 생각한다.]s

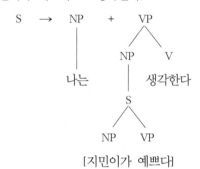

[지민이가 예쁘다]

'생각하다'는 2개의 논항을 요구하는 동사이다. (21㉠)에서는 NP인 '어머니'와 '아들'이 논항이다. 선행하는 NP '어머니'가 주어이고, 후행하는 NP '아들'이 목적이다. 이에 비해 (21㉡)에서는 NP인 '나는'과 S인 [지민이가 예쁘다]가 논항이다. 선행하는 NP '나는'이 주어이고, 후행하는 'NP → S'인 [지민이가 예쁘다]가 목적어이다.

4.5. 안긴문장과 이어진문장

4.5.1. 안긴문장(내포문)

앞에서 모든 XP는 다시 S로 귀환될 수 있다고 하였다. 이처럼 한 문장 안의 어떤 XP가 S로 귀환될 경우 안긴문장이 된다. 이때 어느 XP가 S로 귀환되었느냐에 따라 절의 성격이 결정된다. 즉 NP가 S로 귀환되면 명사절이 되고, DETP가 S로 귀환되면 관형사절이 된다. 그리고 ADVP가 S로 귀환되면 부사절이 된다. 구조적으로 안긴문장은 다음과 같은 구조를 띤다.

안긴문장의 구조 : [[   ]s₂   ]s₁

이때 S₂가 안긴문장이고, S₁이 안은문장이다. 안긴문장의 유형은 (22)와 같다.

(22) ㉠ [[곰이 공을 차기]s는 어렵다.]s

$$S \rightarrow NP + VP$$
$$|$$
$$S(명사절-주절)$$

㉡ [우리는 [그 일이 정당했음]s을 깨달았다.]s

S → NP + VP

NP   V
|
S(명사절–목적절)

ⓒ [[내가 읽던(/읽은/읽을/읽는)]s 책이 없어졌다.]s

S → NP + VP

DETP   N
|
S(관형사절)

ⓔ [나는 [발에 땀이 나도록]s 뛰었다.]s

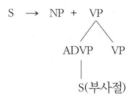

S → NP + VP

ADVP   VP
|
S(부사절)

(22)는 모두 서술어가 둘인 복문이다. 즉 문장 안에 다시 문장이 내포된 구조이다. (22ⓐ)과 (22ⓑ)은 명사절이다. (22ⓐ)은 주어 NP가 S로 귀환되었기 때문에 주절, (22ⓑ)은 목적어 NP가 S로 귀환되었기 때문에 목적절이다. (22ⓒ)은 DETP가 S로 귀환된 관형사절이고, (22ⓔ)은 ADVP가 S로 귀환된 부사절이다.

관형사절은 다시 두 가지 종류로 구분된다. 하나는 (22ⓒ)과 같이 피수식어가 수식하는 관형사절의 문장 성분인 경우이고, 다른 하나는 피수식어와 관형사절이 의미상 동격을 이루는 경우이다.

(22') ㉠ [[내가 책을 읽던] 책이 없어졌다]

　　　→ [[내가 e$_i$ 읽던] 책$_i$이 없어졌다].

㉡ [나는 [친구가 내 곁을 떠났다는 사실을 몰랐다.]

　　　친구가 내 곁을 떠났다 = 사실

㉢ [나는 [눈이 오는 날이 좋다]

(22'㉠)에서 피수식어 '책'은 관형사절의 서술어 '읽다'의 목적어이다. 즉 관형사절의 서술어 '읽다'의 목적어와 모문 서술어 '없어졌다'의 주어가 동일하게 '책'이다. 이러한 구조에서 관형사절의 서술어 '읽다'의 목적어 '책'이 모문의 주어 '책'과 동일하기 때문에 생략되었다. 이처럼 피수식어가 수식하는 관형사절의 문장 성분이기도 한 구조의 관형사절을 관계 관형사절이라고 한다.

이와 달리 (22'㉡)의 피수식어 '사실'은 관형사절의 서술어 '떠나다'와 아무런 관계가 없다. 관형사절 서술어 '떠나다'는 주어 논항과 목적어 논항을 요구하는데, 관형사절 내에 주어와 목적어가 이미 실현되어 있으므로 피수식어 '사실'이 관형사절의 어떤 성분이 될 수가 없음을 확인할 수 있다. 반면 의미상으로 피수식어 '사실'과 관형사절 '친구가 내 곁을 떠났다'가 동격을 이룬다. 즉 피수식어 '사실'의 구체적인 내용이 '친구가 내 곁을 떠났다'이다. 이처럼 피수식어와 관형사절이 의미상 동격을 이루는 관형사절을 동격 관형사절이라고 한다. 관계 관형사절과 동격 관형사절을 달리 각각 관계절, NP-보문이라고도 한다.

(22'㉢)은 관형사절 [눈이 오는]이 생략된 성분이 없는 온전한 문장이라는 점에서 (22'㉡)과 평행하다. 다만 '눈이 오다 ≠ 날'이 의미상 동격이 아니라는 점에서 차이가 있다. 이러한 사실을 고려하여 (22'㉡)과 (22'㉢)을 구분하기도 한다.

🔍 관련 국어사 지식

현대 국어와 달리 중세 국어에서는 내포문의 주어에 주격 조사가 결합하지 않고 속격 조사가 결합한 문장 구성들이 나타난다.

[諸子ㅣ] [아비의 便安히 안존] 둘 알외 〈법화경언해 2:138〉
[이 東山은 [須達이 샨 거시외 〈석보상절 6:40〉

위에서 내포문 서술어 '앉다'의 주어 '아비'가 속격 조사와 결합한 '아비의'로 실현되었고, 역시 내포문 서술어 '사다'의 주어 '須達'이 속격 조사와 결합한 '須達이'로 실현되었다.

또한 내포문의 주어가 주격 조사가 아닌 목적격 조사와 결합한 문장 구성도 나타난다.

[오직 똥을 둘며 뿌믈] 맛볼 거시라 〈번역소학 9:316〉
[사르미 이룰 다봇 옮둣] 호믈 슬노니 〈두시언해중간본 7:16〉

위에서 보듯이 내포문 서술어 '둘며 뿌믈'의 주어 '똥'이 주격 조사가 아닌 목적격 조사와 결합한 '똥을'로, 그리고 내포문 서술어 '옮다'의 주어 '사르미 일'이 주격 조사가 아닌 목적격 조사와 결합한 '사르미 이룰'로 나타나고 있다. 이때는 대체로 내포문 주어가 모문 서술어의 목적어로도 가능한 경우일 때가 많다. 즉 '똥을 맛보다', '이룰 흐다'처럼 내포문 주어가 모문 서술어의 목적어로도 가능할 때 내포문 주어가 목적격 조사를 취한다.

중세 국어와 같은 유형은 아니지만 내포문 주어가 목적격 조사를 취하는 ㅕ조는 현대 국어에서도 찾아볼 수 있다. 이때 모문 서술어는 '생각하다, 여기다, 느끼다'처럼 사유와 관련된 일부 동사로 제약된다.

㉠ 하늘이는 [지민이가 예쁘다]고 생각한다.
㉡ 하늘이는 [지민이를 예쁘다]고 생각한다.
㉢ 하늘이는 지민이를 [e 예쁘다]고 생각한다.
       ↑

㉠의 내포문 주어 '지민이'가 ㉡에서는 목적격 조사를 취한 '지민이를'의 형태로 나타나고 있다. ㉡을 ㉢처럼 분석하기도 하다.

4.5.2. 서술절과 이중 주어문

언어 보편적으로 하나의 문장은 반드시 하나의 주어를 가져야 하며, 또한 하나의 주어만 가져야 한다. 그런데 국어에는 표면적으로 '불이야'처럼 주어를 상정하기 어려운 문장이 있는가 하면, 주어가 둘 이상인 것처럼 보이는 문장도 존재한다.

    (23) ㉠ 토끼가 귀가 길다.
         ㉡ 나는 호랑이가 무섭다.
         ㉢ 면세점이 화장품이 더 싸다.

(23)과 같은 유형의 문장에 대해서 3가지 정도의 해석이 있다.

첫째, 서술절을 인정하는 입장이다. 이는 현재 학교 문법이 취하고 있는 입장이다. 이처럼 서술절을 인정하게 되면, (23㉠~㉢)은 (23'㉠~㉢)과 같은 구조의 복문으로 해석된다. 이에 따르면, 서술어 '길다'의 주어는 '귀가'이고, '토끼가'는 서술절인 '귀가 길다'의 주어이다.

    (23') ㉠ [토끼가 [귀가 길다.]s]s
          ㉡ [나는 [호랑이가 무섭다.]s]s
          ㉢ [면세점이 [화장품이 더 싸다.]s]s

그런데 이러한 설명에 문제가 없는 것은 아니다. 우선 절이 주어를 취한다고 말하는 것은 일반 언어학적인 사실과 맞지 않은 아주 특수한 설명이다. 일반 언어학적으로 절은 절대로 주어를 가질 수 없다. 주어는 서술어가 필요로 하는 논항이고, 국어에서 서술어로 쓰일 수 있는 것은 동사, 형용사, 'NP + -이-'이다. 그리고 문장의 개수는 서술어의 개수와 일치한다. 그런데 [토끼가 귀가 길다]에는 서술어가 '길다' 하나밖에 없다. 따라서 문장의 정의를 바꾸지 않는 한 서술절의 설정은 문장의 정의에 위배되는 결과를 초래한다.

둘째, 이중 주어문으로 설명하는 입장이다. 즉 앞에 있는 '토끼가'를 대주어, 뒤에 있는 '귀가'를 소주어로 설명하는 것이다. 이러한 설명 역시 일반 언어학적인 보편성에 위배되는 문제가 있다. 즉 일반 언어학적으로 모든 문장은 주어를 가져야 하며, 하나의 주어만 가져야 한다고 전제한다. 그런데 이중 주어문은 하나의 문장에 주어가 둘이라는 것이므로 일반 언어학적인 보편성에 위배된다.

셋째, 변형 생성 문법의 입장으로 (23)을 변형으로 설명하는 것이다. 변형 생성 문법에서는 설명의 층위가 기저 구조(Deep-structure)와 표면 구조(Surface-structure)의 두 층위로 이루어져 있다. 그리고 기저 구조에서 변형을 거쳐 표면 구조가 도출된다. 기저 구조가 변형 없이 그대로 표면 구조로 도출되기도 하지만, 기저 구조가 변형을 거쳐 표면 구조로 도출되기도 한다. 변형 생성 문법의 설명에 따르면, (23)의 문장은 기저 구조에서는 주어가 하나인 문장이다. 이러한 기저 구조의 문장이 변형을 거쳐 주어가 둘인 문장으로 도출된 것뿐이다. 따라서 주어가 둘인 것은 단지 변형에 따른 결과일 뿐이다.

기저 구조 : 토끼의 귀가 길다.

↓ 변형

표면 구조 : 토끼가 귀가 길다.

즉 위에서처럼 표면 구조에서는 주어가 둘인 것처럼 보이지만, 이들의 기저 구조는 '토끼의 귀가 길다'로 하나의 주어로 이루어진 문장이다. 따라서 주어가 둘이라는 이중 주어문이 갖는 설명의 부담을 덜 수 있는 장점이 있고, 또한 서술절이라는 특이한 절을 설정하지 않아도 되는 장점이 있다.

그런데 변형 생성 문법에서 변형은 구조만 바꿀 뿐 의미를 바꾸지는 않는다는 것이 기본 전제이다. 하지만 경우에 따라서는 의미가 같다고 보기 어려운 경우가 있다.

  (24) ㉠ 이광수의 소설이 더 유명하다.
       ㉡ 이광수가 소설이 더 유명하다.

(24㉠)에서는 다른 소설가의 소설보다 이광수의 소설이 더 유명하다는 의미만 나온다. 그런데 (24㉡)에서는 이광수의 작품들 중에서 수필이나 평론같은 작품보다 소설이 더 유명하다는 의미도 나온다. 즉 만일 (24㉡)이 (24㉠)으로부터 변형에 의해 도출된 것이라면, (24㉠)과 (24㉡)의 의미가 같아야 한다. 하지만 실제 그렇지 않다. 이러한 사실은 (24㉡)이 (24㉠)으로부터 변형에 의해 도출되었다고 말할 수 없게 한다.

4.5.3. 이어진문장(접속문)

안긴문장이 문장 안에 또 다른 문장이 있는 구조인데 비해, 이어진문장은 문장과 문장이 병렬적으로 나열된 구조이다.

  이어진문장의 구조 : [   ]s_1, [   ]s_2

이어진문장은 두 문장 간의 의미 관계가 대등한지의 유무에 따라 대등적으로 이어진문장, 종속적으로 이어진문장으로 구분한다.

(25) 대등적으로 이어진문장
  [나는 학교에 가고], [동생은 유치원에 갔다.]
  [나는 밥을 먹었지만], [배가 고프다.]
  [비가 오면서], [바람도 분다.]
  [꿈은 좋은데], [현실은 냉혹하다.]

(26) 종속적으로 이어진문장
  [비가 와서], [길이 질다.](원인)
  [물이 없으면], [생명체가 존재할 수 없다.](조건)
  [고기를 잡으러], [바다로 가다.](목적)
  [내가 집에 가는데], [저쪽에서 누가 불렀다.](배경)
  [내가 죽을지라도(죽을지언정)], [이 일을 포기할 수 없다.](양보)

(25)는 두 문장의 의미 관계가 대등하므로 대등하게 이어진문장이고, (26)은 두 문장의 의미 관계가 선행 문장이 후행 문장에 종속되어 있으므로 종속적으로 이어진문장이다. 그런데 구조적으로는 대등적으로 이어졌든 종속적으로 이어졌든 동일한 구조이다. 즉 대등하게 이어진문장과 종속적으로 이어진문장의 구분은 의미 관계에 따른 구분일 뿐 구조적으로는 동일하다.

이어진문장 '나는 학교에 가고, 동생은 유치원에 갔다'를 구절 구조 규칙으로 나타내면 (27)과 같다.

(27)

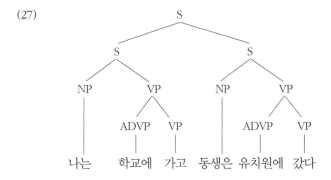

4.5.4. 부사절과 종속적으로 이어진문장

국어는 다른 언어에 비해 어순이 비교적 자유로운 언어이다.

(28) 별이가 늘이에게 새 책을 주었다.

    ㉠ → 늘이에게 별이가 새 책을 주었다.

    ㉡ → 새 책을 별이가 늘이에게 주었다.

    ㉢ → 별이가 새 책을 늘이에게 주었다.

    ㉣ → *새 별이가 책을 늘이에게 주었다.

    (28)에서 보듯이 어순이 바뀌어도 문장은 여전히 적격하다. 다만 (28㉣)의 "새 별이가 책을 늘이에게 주었다'는 비문인데, 그것은 수식어가 피수식어 앞에 와야 하는 제약을 위반하였기 때문이다. 즉 수식어 '새'와 피수식어 '책' 사이에 '별이가'가 개입되어 '수식어 – 피수식어'의 연쇄를 깨뜨렸기 때문이다.

    국어에서 모든 XP는 자유롭게 이동이 가능하다. 즉 XP의 단위로는 어순의 이동이 자유롭다. 하지만 XP 내의 어떤 요소가 XP 밖으로 이동하는 것은 불가능하다. '새 책'은 'NP → DETP + N' 구성이다. NP인

'새 책'은 다른 위치로 이동할 수 있지만, NP 내의 DETP인 '새'만이 이동하거나 또는 N인 '책'만이 이동하는 것은 불가능하다. (28ㄹ)은 이러한 제약을 위반하였기 때문에 비문이 된다.

부사절도 하나의 XP에 해당하므로 부사절 전체가 문장 밖으로 이동할 수 있다.

(29) ㉠ [길이 [비가 와서] 질다.]

↓ 부사절 [비가 와서]가 모문 밖으로 이동

㉡ [비가 와서], [길이 질다.]

↓ 종속적으로 이어진문장 [비가 와서가 [길이 질다] 안으로 이동

㉢ [길이 [비가 와서] 질다.]

(29㉠)의 부사절이 모문의 주어 '길이' 앞으로 이동하게 되면, (29㉡)과 같이 된다. (29㉡)의 구조는 종속적으로 이어진문장과 같다. 반대의 경우도 가능하다. 즉 (29㉡)에서 선행절 [비가 와서]가 후행절 [길이 질다] 안으로 이동하여 (29㉢)처럼 될 수도 있다. 이러한 사실은 부사절과 종속적으로 이어진문장의 구별을 어렵게 한다. 이러한 이유로 부사절과 종속적으로 이어진문장을 굳이 구분할 필요가 없다는 주장도 있다. 그래서 종속적으로 이어진문장을 인정하지 않고, 모두 부사절로 보기도 한다. 이렇게 볼 경우에 이어진문장은 대등적으로 이어진문장만을 지칭한다.

4.5.5. '본 용언+보조 용언' 구성의 통사적 처리

문장에서 두 용언이 나란히 나올 때는 반드시 앞에 나오는 용언에 보조적 연결 어미 '-아/어, -게, -지, -고'가 결합하여 나타난다.

(30) ㉠ 늘이가 밥을 <u>먹어 보았다</u>.

㉡ 늘이가 밥을 <u>먹게 하였다</u>.

㉢ 늘이가 밥을 <u>먹지 않는다</u>.

㉣ 늘이가 밥을 <u>먹고 있다</u>.

이때 앞에 나오는 용언을 본 용언, 뒤에 나오는 용언을 보조 용언이라고 한다. 즉 (30)에서 '먹다'가 본 용언이고, '먹다' 뒤에 나오는 '보다, 하다, 않다, 있다'가 보조 용언이다.

'본 용언 + 보조 용언'의 구성에 대한 학교 문법의 처리 방식은 일종의 복합 서술어(complex verb)로 보는 것이다. 즉 하나의 서술어로 보는 것이다. 그렇기 때문에 (30)은 모두 서술어가 하나인 단문이 된다.

[늘이가 밥을 먹어 보았다.]
                     서술어

즉 '본 용언 + 보조 용언'의 결합인 '먹어 보았다'가 하나의 서술어이고, 따라서 주어 '늘이'는 '먹-'의 주어도 '보-'의 주어도 아닌 '먹어 보았다'의 주어이다. '밥' 역시 '먹어 보았다'의 목적어이다.

이러한 입장과 달리 '본 용언 + 보조 용언' 구성을 겹문장으로 보는 견해도 있다. 이는 기본적으로 용언의 수가 곧 문장의 수와 일치한다는 문장의 정의에 충실한 해석이다. 이러한 입장을 취할 경우 보조 용언의 주어는 상황 주어와 같은 것을 상정하게 된다.

[e [늘이가 밥을 먹에]$_{s_1}$ 보았다.]$_{s_2}$

즉 위 문장에서 '늘이'와 '밥'은 각각 동사 '먹다'의 주어와 목적어이고, '보다'의 주어는 상황과 같은 공범주 주어로 해석하는 것이다.

용언과 용언이 나란히 나타난다고 해서 항상 '본 용언 + 보조 용언' 구성은 아니다.

(31) ㉠ 시험이 늘이를 슬프게 만들었다.
     ㉡ 늘이가 도서관에 책을 놓고 갔다.
     ㉢ 늘이가 하늘이의 지갑을 찾아 주었다.

(31)은 '본 용언 + 보조 용언' 구성이 아니다. (30)의 '본 용언 + 보조 용언' 구성과 (31)을 구분하는 기준은 후행하는 용언이 정상적인 문장에서 쓰일 때와 같이 필요한 논항을 요구하는지 아닌지의 유무로 판단한다. 예컨대 '보다'라는 동사는 '늘이가 영화를 보다'처럼 주어 논항과 목적어 논항을 요구하는 동사이다. 그런데 '늘이가 밥을 먹어 보았다'에서 후행하는 용언 '보다'는 주어와 목적어 논항을 상정할 수 없다. 즉 '늘이'가 '보다'의 주어라고 볼 수 없으며, '보다'의 목적어 논항도 찾을 수 없다. 그럼에도 적격한 문장이다. 이처럼 원래의 용언이 요구하는 논항이 온전히 실현되지 않았을 때는 보조 용언으로 쓰인 것이다. 논항이 온전히 실현되지 않았기 때문에 용언의 의미 역시 원래의 의미로 쓰이지 않는다.

(31㉠)에서 '늘이'는 '만들다'의 목적어이므로 '만들다'가 보조 용언이 아님을 확인할 수 있다. 그리고 (31㉡)에서도 '가다'의 주어가 '늘이'이므로 역시 '가다'가 보조 용언이 아님을 확인할 수 있다. (31㉢)의 '주다'는 보조 용언으로 해석될 수도 있고 아닐 수도 있다. (31㉢)의 의미가 '늘이가 하늘이의 지갑을 찾아서 하늘이에게 주었다'일 때는 '주다'가 보조 용언이 아니라 일반 동사로 쓰인 것이고, (31㉢)의 의미가 '늘

이가 하늘이의 지갑을 찾는 행동을 했다'일 때는 '주다'가 보조 용언으로 쓰인 것이다. 전자는 '주다'의 논항이 모두 실현된 반면, 후자는 '주다'의 논항이 온전히 실현되지 않았기 때문이다.

참고로 '한글맞춤법' 제47항에 보조 용언의 예로 '비가 올 듯하다', '그 일은 할 만하다', '일이 될 법하다', '비가 올 성싶다', '잘 아는 척하다'가 제시되어 있다. 이들은 원래 '관형어 + 의존 명사 + 용언' 구성이었던 것들인데, '의존 명사 + 용언'구성이 굳어져서 '듯하다, 만하다, 법하다, 성싶다, 척하다'가 형용사(또는 동사)로 어휘화하였다. 이들은 앞에 관형어 없이 홀로 문장에 쓰일 수 없기 때문에 보조 용언(형용사 또는 동사)라고 한다. 그래서 일반적인 '본용언 + 보조용언'의 구성은 아니지만, '한글맞춤법'에서는 이들 '관형어 + 듯하다/만하다/법하다/성싶다/척하다' 구성을 보조 용언 구성으로 다루고 있다.

4.6. 국어의 문법 범주

물리적으로 시간은 분절되지 않는 연속된 과정이다. 하지만 우리는 시간을 과거, 현재, 미래로 구분하여 인식한다. 또한 우리는 인간을 남성과 여성으로 구분하여 인식한다. 그리고 어떠한 상황이나 사태를 보면, 그 상황이나 사태가 진행 중인지 완료된 상태인지를 구분한다. 이와 같이 의미적으로 묶이고 구분되는 범주를 의미 범주(semantic category)라고 한다. 이러한 의미 범주는 인간의 인식 즉, 개념에 해당하는 것이므로 모든 언어에 공통적으로 존재하는 것으로 가정한다. 대표적인 의미 범주로는 격(case), 시제(tense), 동작상(aspect), 인칭(person), 서법(mood), 성(gender), 태(voice)(능동태/수동태), 양태(modality) 등이 있다.

그런데 이러한 의미 범주를 나타내는 언어적 장치가 있느냐 없느냐는 언어마다 다르며, 또한 그러한 언어적 장치의 종류 역시 언어마다 다르다. 예컨대 독일어에서는 남성 명사 앞에 정관사 'der', 여성 명사 앞에는 'die', 중성 명사 앞에는 'das'를 붙여서 성(性)을 구분한다. 하지만 국어에는 성을 구분하는 언어적 장치가 없다. 그렇다고 국어 화자들에게 성에 대한 개념이 없는 것은 아니다. 다만 그것을 나타내는 언어적 장치가 없을 뿐이다. 그리고 영어에는 '가능'이라는 양태(modality)의 의미를 'can'이라는 조동사를 통해 나타내지만, 국어는 '~할 수 있다'와 같이 특정 형태소가 아니라 구(句)로 나타낸다. 이처럼 의미 범

주를 나타내는 언어적 장치가 있다 하더라도 그러한 의미 범주를 나타
내는 방식이 또한 언어마다 다를 수 있다.

의미 범주가 일정한 언어적 장치를 통해서 실현될 때 이를 문법 범
주(grammatical category)라고 한다. 어떤 언어에 문법 범주가 있다는 것
은 그러한 의미 범주를 실현시키는 언어적 장치가 있다는 말이다. 이
러한 문법 범주는 언어에 따라 단어의 형태를 바꾸거나 또는 특정 형
태소를 덧붙이는 방식으로 실현된다. 일반적으로 인구어와 같은 굴절
어는 단어의 형태를 바꾸는 방식으로, 국어와 같은 교착어는 형태소를
첨가하는 방식으로 실현된다.

(32)　　　**영어**　　　　　　　　　　　**국어**
　　㉠ he,　his,　him　　　：*그가,　그의,　그를*
　　㉡ eat,　ate,　eaten　　：*먹다,　먹었다,　먹어 버렸다*

(32㉠)에서 보듯이 영어에서는 격을 단어의 형태 변화를 통해 나타
낸다. 하지만 국어에서는 각각의 격을 나타내는 격조사 즉, 문법 형태
소를 첨가하여 격을 나타낸다. (32㉡)의 과거와 과거 완료 역시 영어
는 'eat'의 형태 변화를 통해 나타내지만, 국어에서는 '-었-', '-어 버리다'
의 첨가를 통해 나타낸다. 물론 영어에서도 규칙동사의 과거는 '-ed'를
첨가하여 나타내고, 일반 명사의 소유격은 '-'s'를 첨가하는 방식으로
나타낸다. 이는 교착어적인 특성인데, 이처럼 현대 영어는 교착어적인
특성도 갖고 있다.

국어는 교착어이기 때문에 단어의 형태 변화를 통해 문법 범주를
나타내는 경우는 없다. 국어의 문법 범주는 해당 문법 형태소를 첨가
하는 방식으로 실현된다. 국어에서 문법 범주는 일반적으로 조사나 어

미에 의해 실현된다. 동작상과 같은 일부 문법 범주는 조사, 어미가 아닌 구 구성을 통해 실현되기도 한다. 예컨대 '먹고 있다'에서처럼 진행상은 '-고 있다'의 첨가에 의해 실현된다.

문법 형태소에 의해 실현되는 국어의 전형적인 문법 범주에는 '격'과 '시제', '높임'이 있다. 이밖에 문법 형태소에 의해 실현되지는 않지만, 동작상(aspect), 인칭, 수 등도 국어의 문법 범주에 포함시키기도 한다.

격

국어에서 격은 기본적으로 격조사에 의해 나타난다. 국어의 격조사는 제3장에서 이미 살펴보았는데, 논의의 편의상 여기서 다시 보이면 다음과 같다.

주격 조사	-이/가
목적격 조사	-을/를
속격 조사	-의
보격 조사	-이/가
서술격 조사	-아
호격 조사	-아/야
부사격 조사	-에(낙착점), -에서(출발점), -에게/에(싱대), -로써(노구), -로서(자격), -(으)로(방향), -보다(비교), -라고(직접 인용), -고(간접 인용) ……

'-이-'는 서술격 조사로 분류되기는 하지만, 격범주라고 하기는 어렵다. 문법적인 의미를 나타낸다기보다는 명사와 결합하여 서술어의 기능을 하기 때문이다. 언어 보편적으로도 서술격은 없다. 국어에만 있는 특수한 것으로 서술격을 설정할 수도 있겠지만, '-이-'의 성격 자체

가 다른 조사와 다르며 기능도 다르다.

격조사 중에서 특히 구조격에 해당하는 주격, 목적격, 속격 조사는 생략이 잘 되며, 구어에서는 오히려 생략되어 쓰이는 게 더 일반적이다.

(33) ㉠ 늘이가 학교에 가.
　　　㉡ 보람이의 동생이 수학을 잘해.
　　　㉢ 물이 얼음이 되다.
　　　㉣ 나는 나이다.
　　　㉤ 늘이야, 책 좀 빌려 줄래?
　　　㉥ 늘이는 야구보다 축구를 더 좋아해.

(34) ㉠' 늘이 학교 가.
　　　㉡' 보람이 동생 수학 잘해.
　　　㉢' 물이 얼음 되다.
　　　㉣' 나는 나다.
　　　㉤' 늘이, 책 좀 빌려 줄래?
　　　㉥' *늘이는 야구 축구를 더 좋아해.

(33㉠~㉤)과 (34㉠'~㉤')의 비교에서 알 수 있듯이 격조사가 생략되어도 문장의 적격성에는 영향을 미치지 않는다. 이는 격조사가 생략되어도 해당 성분의 격은 그대로 유지된다는 것을 말해 준다. 그런데 (34㉥')에서 보듯이 부사격 조사는 다른 격조사와 달리 생략이 자유롭지 못하다. 부사격 조사 '-보다'가 생략된 (34㉥')는 비문이다.

시제

1) 절대 기준시와 상대 기준시

시제는 어떠한 상황 즉, 행위나 사건, 상태의 시간상의 위치를 나타내 주는 문법 범주이다. 이때 시간상의 위치의 선후를 판가름하는 기준이 되는 때를 기준시라고 한다. 기준시는 일반적으로 발화를 하는 때 즉, 발화시이다. 어떠한 상황이 일어난 시간을 사건시라고 할 때 발화시를 기준으로 사건시의 시간상의 위치에 따라 과거, 현재, 미래로 구분한다.

발화시 < 사건시 → 과거
발화시 = 사건시 → 현재
발화시 > 사건시 → 미래

즉 발화시를 기준으로 사건시가 발화시보다 앞서면 과거, 발화시와 사건시가 동시이면 현재, 발화시가 사건시보다 앞서면 미래이다.

발화시가 기준시인 시제를 절대 시제라고 한다. 이에 비해 발화시가 아닌 어떤 다른 상황이 일어난 때를 기준시로 삼을 수 있다. 이처럼 발화시가 아닌 어떤 상황이 일어난 때가 기준시인 시제를 상대 시제라고 하고, 이때의 기준시를 상대 기준시라고 한다. 관형사형 어미 '-는', '-은' 앞에는 시제 선어말 어미가 오는 것이 제약된다. 그렇기 때문에 관형사절로 안긴 문장의 시제는 안은문장의 시제에 의해 결정될 수밖에 없다.

(35) ㉠ 사랑하는 사람을 떠나보내는 마음이 너무 아프다.
　　　 ㉡ 사랑하는 사람을 떠나보내는 마음이 너무 아팠다.

(35)에서 발화시를 기준으로 하면, 동일한 안긴문장인 '사랑하는 사람을 떠나보내는'의 시제가 (35㉠)에서는 현재이고, (35㉡)에서는 과거이다. 왜냐하면 안은문장의 시제가 (35㉠)은 현재이고, (35㉡)은 과거이기 때문이다.

그런데 (35㉡)의 경우에도 '마음이 너무 아팠다'의 사건이 일어난 때를 기준시로 삼았을 때, '사랑하는 사람을 떠나보내는'은 현재가 된다. 이처럼 상대 시제의 개념을 끌어들이면, (35㉠, ㉡)의 동일한 안긴문장 '사랑하는 사람을 떠나보내는'을 동일하게 현재로 이해할 수 있는 이점이 있다.

(36) ㉠ 맑은 하늘을 보니까 기분이 좋아진다.
    ㉡ 맑은 하늘을 보니까 기분이 좋아졌다.

(36㉠)에서 '맑은 하늘을 보니까'는 '기분이 좋아진다'는 상황을 상대 기준시로 해서 현재이고, (36㉡)에서 '맑은 하늘을 보니까'는 '기분이 좋아졌다'는 상황을 상대 기준시로 해서 현재이다. 물론 발화시를 기준으로 했을 때는 같은 '맑은 하늘을 보니까'이지만, (36㉠)에서의 시제는 현재이고, (36㉡)에서의 시제는 과거이다.

2) 시제의 종류

국어에서 시제를 나타내는 문법 형태소는 다음과 같다.

현재 시제 : -ㄴ-~-는-
과거 시제 : -았/었-~-였-
미래 시제 : -겠-, -리-, (-을 것이다)
회상 시제 : -더-

국어의 시제는 기본적으로 선어말 어미에 의해 실현된다. 현재 시제 선어말 어미는 어간의 음운론적 조건에 따라 (37㉠)처럼 어간이 모음으로 끝나면 '-ㄴ-', (37㉡)처럼 어간이 자음으로 끝나면 '-는-'이 결합한다.

    (37) ㉠ 지민이가 잔다.
         ㉡ 지민이가 웃는다.

그런데 (37'㉠)의 '-느-'는 설명이 조금 복잡하다. 우선은 분포상으로 선행하는 어간이 모음으로 끝나든 자음으로 끝나든 상관없이 항상 '-느-'로 실현된다. 현재 시제 선어말 어미 '-ㄴ-'과 '-는-'이 선행하는 어간이 모음으로 끝나느냐 자음으로 끝나느냐에 따른 이형태인 것과는 차이가 있다. 분포가 상보적이지 않으므로 일단 정의상 현재 시제 선어말 어미 '-ㄴ-~-는-'의 또 다른 이형태일 수는 없다.

    (37') ㉠ 지민이가 가느냐? / 지민이가 웃느냐?
         ㉡ 지민이가 웃었느냐?
         ㉢ 지민이가 예뻤느냐?

(37'㉡)에서 보듯이 '-느-'는 과거 시제 선어말 어미 '-았/었-'과도 결합할 수 있고, (37'㉢)에서 보듯이 형용사 '예쁘-'와도 결합할 수 있다. 이러한 사실은 (37')의 '-느-'가 현재 시제 선어말 어미 '-ㄴ-~-는-'과 그 기능이 같다고 할 수 없음을 말해 준다.

(37')의 '-느-'는 시제 선어말 어미이긴 하지만, 사건시가 아니라 인식시와 관련된 문법 범주이다. 인식시는 사건이나 상황을 화자가 인식

한 시간을 이른다. 앞서 회상 시제 선어말 어미라고 한 '-더-' 역시 '-느-'와 마찬가지로 인식시와 관련된 문법 범주이다. 그래서 발화시를 기준으로 인식한 시간, 즉 인식시가 발화시보다 앞서면 '-더-'를, 발화시를 기준으로 인식시가 발화시와 동시이면 '-느-'를 사용한다.

인식시는 사건시와 층위가 다르다. 그렇기 때문에 (37'ⓛ, ⓒ)에서처럼 '-느-'가 과거 시제 선어말 어미와 함께 나타날 수 있는 것이다.

🔍 관 련 국 어 사 지 식

중세 국어에서 현재 시제 선어말 어미는 어간이 자음으로 끝나든 모음으로 끝나든 항상 '-ᄂᆞ-'로 실현되었다(예 : 잇ᄂᆞ다, 가ᄂᆞ다). 그러다가 현대 국어처럼 어간의 음운론적 조건에 따라 '-ㄴ/는-'으로 나타나기 시작한 것은 16세기 이후부터이다. 현대 국어에서 '가다'에 현재 시제가 결합하면 '간다'이지만, 중세 국어에서 '간다'는 2인칭 의문문의 형태이다(예 : 받 님자히 무로디 눌 爲ᄒᆞ야 가져간다 對答호디〈월인석보 2:13a〉). 즉 중세 국어에서는 '가ᄂᆞ다'와 '간다'가 전자는 현재 시제, 후자는 2인칭 의문문으로 엄격히 구분되었다. 16세기 이후 현재 시제 형태가 '가ᄂᆞ다'에서 '간다'로 바뀌면서 2인칭 의문을 나타내던 '-ㄴ다'도 소멸된다.

현대 국어에서 관형사형 어미 '-는'은 더 이상 형태소 분석하지 않고 '-는'을 하나의 어미로 보는 입장과, '-느-+-(으)ㄴ'으로 형태소 분석하는 입장이 공존하다. 어쨌든 역사적으로 관형사형 어미 '-는'은 현재 시제 선어말 어미 '-ᄂᆞ-'에 관형사형 어미 '-(으)ㄴ'이 결합한 것이다. 관형사형 어미 '-는'에 형용사가 결합할 수 없는 이유는 바로 이러한 역사적인 사실에서 찾을 수 있다. 즉 '-는'에 현재 시제 선어말 어미가 결합되어 있기 때문에 형용사가 올 수 없는 것이다.

과거 시제 선어말 어미 '-았-'과 '-었-'은 어간의 모음에 따라 선택된다. 이는 모음조화의 연장선에서 해석된다. 즉 어간의 모음이 /ㅏ, ㅗ/이면 '-았-'이, 그 밖의 모음일 때는 '-었-'이 결합한다.

(38) ㉠ 보았다 / 막았다
　　㉡ 떨었다 / 주었다 / 끌었다 / 지었다 / 개었다 / 베었다
　　　 / 괴었다 / 쥐었다

미래 시제 선어말 어미는 '-겠-'과 '-리-'이다. '-리-'는 '-겠-'에 비해 의고적이거나 문어적인 표현에서 주로 쓰이고, 일반적으로는 '-겠-'이 주로 쓰인다. 문법 형태소는 아니지만 '-을 것이다'라는 표현 역시 미래의 의미를 나타낸다.

(39) ㉠ 내일 비가 오겠다.
　　㉡ 내일 비가 오리라.
　　㉢ 내일 비가 올 것이다.

'-겠-', '-리-'가 시제를 나타내는 문법 범주이냐에 대해서는 이견이 있다. '-겠-', '-리-'는 미래 시제의 의미도 있긴 하지만, '추측, 의지, 능력'과 같은 양태의 의미도 있기 때문이다. '-을 것이다' 역시 마찬가지이다.

(40) ㉠ 하늘의 별을 보니 내일은 해가 뜨겠다/뜨리라/뜰 것이다.(추측)
　　㉡ 오늘은 반드시 이 일을 끝내겠다/끝내리라/끝낼 것이다.(의지)
　　㉢ 지민이라면 충분히 그 일을 하겠다/하리라/할 것이다.(추측, 능력)

'-겠-', '-리-', '-을 것이다'를 양태 범주로 보는 입장에서는 '-겠-', '-리-', '-을 것이다'가 미래의 일을 나타내는 것을 부차적인 의미로 해석한다. 즉 추측이나 의지, 능력 등이 모두 현재의 일이 아니라 앞으로의 일과 관련된 것이기 때문에 시간적으로 미래의 의미를 갖는다는 것이다.

회상 시제 선어말 어미는 '-더-'이다. 회상이라는 것 자체가 과거의 일을 떠올리는 것이므로 회상 시제는 기본적으로는 과거이다. 그래서 이를 분명히 하기 위해 과거 회상 시제 선어말 어미라고 하기도 한다. '-더-'는 어떤 사건이나 상황을 인식한 시간 즉, 인식시가 발화시보다 앞섬을 나타낸다. 인식시가 발화시보다 앞선다는 것은 결국 사건 이나 상황이 발화시보다 앞서 있음을 내포하기 때문에 시간상의 위치 는 대부분 과거이다.

그러나 '내일이면 그 일이 끝날 것 같더라'의 경우처럼 시간상의 위 치가 미래인 경우에도 가능하다. 그 일은 아직 끝나지 않았고 내일이 되어야 끝날 상황이므로 사건시는 발화시보다 뒤인 미래이다. 그런데 '내일이면 그 일이 끝날 것 같다'고 인식한 시간이 발화시보다 앞서기 때문에 '-더-'가 쓰인 것이다.

회상 시제 선어말 어미는 1인칭 주어와 함께 쓸 수 없는 제약이 있다.

(41) ㉠ *나는 어제 집에 가고 있더라.
     ㉡ 너는 어제 집에 가고 있더라.
     ㉢ 별이가 어제 집에 가고 있더라.

(41㉡)처럼 주어가 2인칭이거나 (41㉢)처럼 주어가 3인칭일 때는 '-더-'가 쓰일 수 있지만, (41㉠)에서 보듯이 주어가 1인칭일 때는 '-더-' 가 쓰일 수 없다. 하지만 주어가 1인칭이더라도 (42㉠, ㉡)처럼 꿈에서

본 '나' 또는 거울 속에 비친 '나'처럼 '나'가 객관화될 수 있을 때는 '-더-'가 나타날 수 있다. 그리고 (42ⓒ)에서 보듯이 관형사절에서는 1인칭 제약이 없어진다.

(42) ㉠ 어제 꿈에 나는 너와 사귀고 있더라.
　　 ㉡ 거울 속에 비친 나는 왼손잡이더라.
　　 ㉢ [[내가 꿈꾸던] 일을 이제서야 하게 되었다.]

3) 시제와 부사(어)의 일치

시제는 시간 부사나 시간을 나타내는 부사어의 시간과 일치 관계를 보여야 한다.

(43) ㉠ 별이는 지금(/오늘/이제) 집에 간다.
　　 ㉡ 늘이는 어제(/방금/예전에/옛날에) 영화를 봤다.
　　 ㉢ 내일 비가 오겠다.
　　　 언젠가 그날은 오리라.
　　　 다음에 할 것이다.

현재 시제 선어말 어미 '-ㄴ/는-'은 '지금, 오늘, 이제'와 같은 부사의 시간과 일치해야 하며, 과거 시제 선어말 어미 '-았/었-'은 '어제, 빙금'과 같은 부사나 '예전에, 옛날에'와 같은 부사어의 시간과 일치해야 한다. 그리고 미래 시제 선어말 어미 '-겠-, -리-'나 '-을 것이다'는 '내일, 언젠가'와 같은 부사나 '다음에'와 같은 부사어의 시간과 일치 관계를 보인다. 이러한 일치가 어긋나면 부적격한 문장이다.

(44)는 부사나 부사어의 시간과 선어말 어미의 시제가 일치하지 않기 때문에 부적격한 문장이다.

(44) ㉠ *별이는 어제 온다.

     ㉡ *늘이는 내일 영화를 봤다.

     ㉢ *방금 비가 오겠다.

그런데 부사나 부사어의 시간과 선어말 어미의 시제가 일치하지 않음에도 적격한 문장을 이루는 경우도 있다. 이때 실제 문장의 시제는 시간 부사나 시간을 나타내는 부사어의 시간이다.

(45) ㉠ 별이는 집에 갔겠다.

     ㉡ 너는 내일 죽었다.

     ㉢ 지금 이 순간이 괴로워 죽겠다.

     ㉣ 어제는 아무래도 너를 못 이기겠더라.

(45㉠)은 과거 시제 선어말 어미와 미래 시제 선어말 어미가 중복된 경우이고, (45㉡~㉣)은 시간 부사의 시간과 선어말 어미의 시간이 일치하지 않는 경우이다. 물리적으로 현재와 과거, 과거와 미래, 현재와 미래가 중복되는 것은 불가능하다. 따라서 이때는 둘 중 하나는 시제를 나타내는 기능을 하지 않고, 양태를 나타내는 기능을 한다. 즉 (45㉠)에서 시제는 '-았-'이 나타내는 과거이고, '-겠-'은 추측의 의미를 나타낸다. (45㉡)에서의 시제는 부사 '내일'의 시간인 미래이고, '죽었다'의 '-었-'은 확신의 의미를 나타낸다. 과거는 이미 일어난 사건이므로 확신이 가능하기 때문에 '-었-'은 부가적으로 확신의 의미를 가지게 된다. (45㉢)에서의 시제는 부사 '지금'의 시간인 현재이고, '-겠-'은 추측의 의미를 나타낸다. (45㉣)에서의 시제는 부사 '어제'의 시간인 과거이다. 그리고 '-겠-'은 어제의 시간에 일어난 상황에 대한 추측을, 그리고 '-더-'는 그러한 어제의 상황을 인식한 시간이 발화시보다 앞섬을 나타낸다.

동작상(aspect)

동작상은 동사의 활용형에 나타나는 동작의 양상을 가리킨다. 이러한 동작의 양상에는 진행상과 완료상이 있다. 동작상은 현재, 과거, 미래에 다 걸쳐 확인된다. 그렇기 때문에 시제와 구분되는 개념이며, 시제에 종속되어 있다고 말한다.

(46) ㉠ 어제 나는 하루 종일 도서관에서 공부하고 있었다.
　　　시제 : 과거,　동작상 : 진행상

　　 ㉡ 지금은 비가 오고 있다.
　　　시제 : 현재,　동작상 : 진행상

　　 ㉢ 언제까지나 난 널 기다리고 있을 것이다.
　　　시제 : 미래,　동작상 : 진행상

(46㉠~㉢)은 동사 어간에 '-고 있다'가 결합하여 진행상을 나타내고 있다. 하지만 시제는 (46㉠)은 과거, (46㉡)은 현재, (46㉢)은 미래로 각기 다르다. 동작상이 시제에 종속되어 있다는 것은 바로 이러한 까닭에서이다. 시제는 '발화시'라는 기준 축이 있지만, 동작상에는 이러한 기준 축이 없기 때문에 비지시적 범주(non-deictic category)라고 한다.

진행상은 동작이 진행되고 있는 모습으로 파악하는 동작의 양상을 말한다.

(47) ㉠ 늘이가 밥을 먹-고 있다.
　　　지금 막 버스를 타-는 중이다.
　　 ㉡ 빨래가 다 말-라 간다.
　　 ㉢ 늘이는 음악을 들-으면서 공부를 한다.

진행상은 일반적으로 '-고 있다'나 '-는 중이다'로 나타내지만, (47㉡)

처럼 '-아/어 가다'의 보조동사 구성이나, (47ⓒ)처럼 연결 어미 '-(으)면서'에 의해서도 표현된다.

동사에 따라서는 '-고 있다'가 결합했을 때, 진행상의 의미와 상태 지속의 의미 둘 다로 해석되기도 한다. 예컨대 '넥타이를 매고 있다'의 경우 넥타이를 매고 있는 과정으로 해석될 수도 있고, 넥타이를 매고 있는 상태가 지속되고 있다는 의미로 해석될 수도 있다.

(48) ㉠ 와이셔츠를 입고 거울을 보면서 넥타이를 매고 있다.
　　 ㉡ 하루 종일 한 번도 풀지 않고 넥타이를 매고 있었다.

(48㉠)의 '매고 있다'는 진행상의 의미이지만, (48㉡)의 '매고 있다'는 상태 지속의 의미이다.

완료상은 동작이 끝나서 그 결과가 남아 있는 모습으로 파악하는 동작의 양상이다.

(49) ㉠ 늘이가 잔디밭에 앉-**아 있다**.
　　 ㉡ 나쁜 일은 빨리 잊-**어 버려라**.
　　 ㉢ 그녀는 옷을 두껍게 입-**고(서)** 길을 나섰다.

완료상은 일반적으로 (49㉠)처럼 '-아/어 있다'로 나타낸다. 이밖에 (49㉡)처럼 '-아/어 버리다'의 보조동사 구성, (49㉢)처럼 연결 어미 '-고(서)'에 의해서도 표현된다.

높임

국어에서 높임은 기본적으로 어미에 의해 실현된다. 국어의 높임법에는 주체 높임과 청자 높임, 객체 높임이 있다.

1) 주체 높임

주체 높임은 선어말 어미 '-(으)시-'에 의해, 청자 높임은 '-ㅂ니다/-습니다'에 의해 그리고, 객체 높임은 '드리다, 여쭈다'와 같은 특정 어휘에 의해 실현된다. '-ㅂ니다/-습니다'의 경우 하나의 어미 통합체로 보고 분석하지 않기도 하는데, 이럴 경우 '-ㅂ니다/-습니다'는 종결 어미로 해석된다. '-ㅂ니/-습니-'를 따로 분석하는 경우에는 '-ㅂ니-/-습니-'가 선어말 어미로 해석된다. 학교 문법의 입장은 전자이다.

(50) ㉠ 동생이 책을 읽는다.
    ㉡ 친구가 왔다.

(51) ㉠ 아버지께서 책을 읽으신다.
    ㉡ 선생님께서 오셨다.(오-시-었-다)

(51)에서 보듯이 주체 높임은 선어말 어미 '-(으)시-'에 의해 실현된다. (50)에서처럼 '읽다', '오다'의 주체가 화자보다 높은 사람이 아닌 동생, 친구일 때는 '-(으)시-'가 나타나지 않는다. 하지만 (51)에서처럼 주체가 화자보다 높은 사람인 '아버지', '선생님'일 때는 반드시 '-(으)시-'가 와야 한다. 그리고 주격 조사 역시 '-이/가'가 아닌 '-께서'이다. 즉 '-께서'가 나오면 반드시 '-(으)시-'가 나타나야 하고, '-(으)시-'가 나타나면 주격 조사는 '-께서'여야 한다.

(52) ㉠ *아버지가 책을 읽으신다.
    ㉡ *아버지께서 책을 읽는다.

다시 말해 '-께서'와 '-(으)시-'가 일치해야 하며, 일치하지 않을 때는 비적격한 문장이 된다. 이때 주체 높임의 유무를 결정하는 기준은 화자이다. 즉 주체가 화자보다 높으면 '-(으)시-'를 쓰고, 주체가 화자보다 낮거나 같으면 '-(으)시-'를 쓰지 않는다.

높임의 대상이 아님에도 '-(으)시-'를 쓰는 경우가 있다.

(53) ㉠ 선생님의 말씀이 있으시겠습니다.
　　 ㉠' *선생님의 말씀이 계시겠습니다.
　　 ㉠" 아버지께서는 집에 계신다.
　　 ㉡ 아버지께서 돈이 많으시다.
　　 ㉢ 할아버지는 눈이 크시다.

(53㉠)의 주어는 '말씀'이고, (53㉡)의 주어는 '돈', (53㉢)의 주어는 '눈'이다. '말씀', '돈', '눈'은 무정물이기 때문에 그 자체로는 높임의 대상이 될 수 없다. 그럼에도 '-(으)시-'가 결합하였다. (53㉠)에서 '말씀'은 선생님과 관련되어 있고, (53㉡)의 '돈'은 아버지와, (53㉢)의 '코'는 할아버지와 관련되어 있다. 무정물과 관련되어 있는 '선생님', '아버지', '할아버지'는 높임의 대상이다. 그래서 (53)에서 '-(으)시-'는 주어를 직접 높인 것이 아니라, 주어와 관련된 인물이 높기 때문에 간접적으로 주어를 높인 것이다. 이러한 이유로 (53)의 높임을 간접 높임이라고 한다.

(53㉠")에서 보듯이 '계시다'는 주체가 사람일 때 다시 말해, 주체가 화자보다 높은 사람일 때에만 쓸 수 있고, 주체가 무정물일 때는 쓸 수 없다. 따라서 (53㉠')가 비문이라는 사실을 통해 (53㉠)에서 '-시-'에 의한 높임의 대상이 '선생님'이 아니라 '말씀'이라는 것을 확인할 수 있다. 즉 '말씀'을 간접적으로 높인 것이다.

주체가 화자보다 높음에도 불구하고 '-(으)시-'를 쓰지 않는 경우가 있다. 이때는 청자가 고려될 때이다. 즉 주체가 화자보다 높지만, 청자가 주체보다 높을 때는 청자를 고려하여 주체를 높이지 않는다. 이를 압존법(壓尊法)이라고 한다.

(54) 할아버지, 아버지는 지금 밭에서 일하고 있습니다.
　　　화자 : 아들
　　　주체 : 아버지
　　　청자 : 할아버지

(54)에서 주체인 아버지가 화자인 아들보다 높은 사람이므로 '-(으)시-'가 들어가야 한다. 하지만 청자인 할아버지가 주체인 아버지보다 높기 때문에 주체인 아버지를 '-(으)시-'로 높이지 않고 있다.

2) 청자 높임

청자 높임은 종결 어미에 의해 실현된다. 국어의 청자 높임은 격식체는 '하십시오체 - 하오체 - 하게체 - 하라체'의 4등급으로, 비격식체는 '해요체 - 해체' 2등급으로 구분한다. 격식체의 '하십시오체'와 '하오체'는 청자가 화자보다 높거나 비슷할 때, '하게체'와 '하라체'는 청자가 화자보다 낮을 때 쓴다.

격식체
　청자가 화자보다 높거나 비슷할 때
　　청자를 아주 높임 : 하십시오체
　　청자를 예사 높임 : 하오체
　청자가 화자보다 낮을 때
　　청자를 대우해 줄 때 : 하게체
　　청자를 낮출 때 : 하라체

격식체 4등급을 나타내는 각 문장 유형에 따른 대표적인 어미들을 제시하면 아래와 같다.

	평서형	의문형	명령형	청유형
하십시오체	가십니다	가십니까	가십시오	가십시다
하오체	가리다	가오	가오/가구려	갑시다
하게체	가네/감세	가나, 가는가	가게	가세
하라체	간다	가니, 가느냐	가라	가자

각 등급에 해당하는 예를 하나씩만 보이면 (55)와 같다.

(55) ㉠ 선생님, 어디 가십니까?

　　 ㉡ 김선생, 이번에는 당신이 좀 가오.

　　 ㉢ 김군, 이것 좀 보게. / 김서방, 요즘 생활은 괜찮은가?

　　 ㉣ 너 어디 가니?

주체 높임과 마찬가지로 청자 높임도 높임의 비교 기반은 화자이다. '하십시오체'와 '하오체'는 청자가 화자보다 높거나 비슷할 때, '하게체'와 '하라체'는 청자가 화자보다 낮을 때이다. 청자가 화자보다 낮지만 대우해 줄 때 '하게체'를 쓴다. 그래서 '하게체'를 주로 쓰는 환경은 선생님이 학생에게 말할 때나 장인이나 장모가 사위에게 말할 때, 직장 상사가 부하 직원을 대우해서 말할 때 등이다.

비격식체는 격식체에 비해서 단순하다. 청자가 화자보다 높으면 '해요체'를, 청자가 화자보다 높지 않으면 '해체'를 쓴다. '가, 가지'의 '해체'에서 청자가 화자보다 높다고 판단될 때 그 뒤에 '가요, 가지요'처럼 '-요'를 붙이면 '해요체'가 된다.

비격식체

　　해요체 : 가요, 가지요, 가세요

　　해체 : 가, 가지

　비격식체는 문장의 유형에 따른 어미가 따로 분화되어 있지 않다. 그래서 문말 억양을 통해 문장의 유형을 파악한다.

　　집에 가 ↘ : 평서문

　　집에 가 ↗ : 의문문

　　집에 가 → : 명령문

　그러나 문말 억양이 절대적인 변별력을 갖는 것은 아니기 때문에, 문맥이나 화맥의 도움을 받게 된다.

3) 객체 높임

　객체 높임은 문법 형태소에 의해 실현되지는 않으며, 특정 어휘에 의해 실현된다.

　　(56) ㉠ 늘이가 보람이에게 책을 주었다.

　　　　㉠′ 늘이가 어머니께 책을 드렸다.

　　　　㉡ 나는 오늘 친구를 만났다.

　　　　㉡′ 나는 오늘 학창 시절 은사님을 뵈었다

　(56㉠)의 서술어 '주다'가 (56㉠′)에서는 '드리다'로, (56㉡)의 서술어 '만나다'가 (56㉡′)에서는 '뵈다'로 달리 쓰이게 된 까닭은 객체 때문이다. 즉 (56㉠′)에서는 객체인 '어머니'가 주체인 '늘이'보다 높기 때문에,

(56ⓛ')에서는 객체인 '학창 시절 은사님'이 주체인 '나'보다 높기 때문이다. 이처럼 객체가 주체보다 높을 때 객체를 높이는 것을 객체 높임이라고 한다. 객체높임은 주체 높임이나 청자 높임과 달리 어미가 아닌 특정 어휘에 의해 실현되기 때문에 이를 어휘적 높임이라고도 한다. 이러한 어휘로는 '여쭈다', '모시다' 등이 추가될 수 있다.

높임의 기반은 기본적으로 화자이다. 그래서 주체 높임은 주체가 화자보다 높을 때, 청자 높임은 청자가 화자보다 높을 때이다. 객체 높임도 마찬가지로 기본적으로 객체가 화자보다 높을 때이다. 그런데 객체 높임의 경우에는 객체가 주체보다도 높아야 한다는 조건이 추가된다. 그래서 객체가 화자보다 높지만 주체보다 낮을 때는 객체높임이 저지된다.

(57) 오늘 할아버지께서 아버지를 만나셨어.
　　　주체 : 할아버지
　　　객체 : 아버지
　　　화자 : 나

(57)의 경우 객체인 '아버지'가 화자인 '나'보다 높지만, 주체인 '할아버지'보다 높지 않기 때문에 '뵙다'를 쓰지 못하고 '만나다'를 쓴 것이다.

🔍 **관련 국어사 지식**

중세 국어에는 주체 높임, 청자 높임, 객체 높임이 모두 문법 형태소에 의해 실현되었다. 주체 높임은 선어말 어미 '-(으)시-'로 나타냈다. 따라서 주체높임은 중세 국어에서 현대 국어에 이르기까지 변화가 없다.

청자 높임은 현대 국어와 달리 선어말 어미 '-이-'에 의해 실현되었는데, 의문형에서는 이형태 '-잇-'이 쓰였다. 청자 높임 선어말 어미 '-이-/-잇-'은 근대 국어 이후에 없어지지만, 청자 높임법은 현대 국어까지 변화 없이 그대로 이어진다. 다시 말해 청자 높임법은 변화 없이 현대 국어까지 그대로 존속되고, 단지 청자 높임을 나타내는 문법 형태소가 '-이-'에서 '-ㅂ니다/-습니다'로 바뀌었다.

객체 높임은 선어말 어미 '-숩-'으로 나타내었다. 이형태로 '-줍- / -숩-'이 있었다. 이형태의 조건 환경은 어간의 말음이 /ㄷ, ㅈ/이면 '-줍-', 어간이 모음으로 끝나거나 유성 자음일 때는 '-숩-', 나머지 환경에서는 '-숩-'이 쓰였다.

㉮ 須達이 舍利弗더브러 무로디 世尊이 ᄒᆞᄅᆞ 몇 里ᄅᆞᆯ 녀시ᄂᆞ니잇고〈釋詳 6:23〉

　　주체 : 세존(世尊)

　　청자 : 사리불(舍利弗)

　　화자 : 수달(須達)

㉯ 闍婆摩羅 座애셔 니러나아 부텨의 ᄉᆞᆯᄫᅩ디 世尊하 摩耶夫人이 엇던 功德을 닷ᄀᆞ시며 엇던 因緣으로 如來ᄅᆞᆯ 나쓰ᄫᆞ시니잇고 부톄 니르샤디 디나건〈釋詳 11:24a〉

　　[참고] 나쓰ᄫᆞ시니잇고 : 낳+숩+(ᄋᆞ)시+니+잇+고

　　주체 : 마야부인(摩耶夫人)

　　객체 : 여래(如來)

　　화자 : 달파마나(闍婆摩羅)

　　청자 : 부텨

㉮에서 '-시-'가 쓰인 것은 주체인 '세존'이 화자인 '수달'보다 높기 때문이고, '-이-'가 쓰인 것은 청자인 '사리불'이 역시 화자인 '수달'보다 높기 때문이다. 그리고 ㉯에서 '-숩-'이 쓰인 것은 객체인 '여래'가 화자인 '달파마나'보다 높을 뿐 아니라 주체인 '마야부인'보다도 높기 때문이다. '여래'와 그 어머니 '마야부인'은 상호 높임의 관계이다. 그리고 '-시-'가 쓰인 것은 화자인 '달파마나'보다 주체인 '마야부인'이 높기 때문이다. 그리고 '-잇-'이 쓰인 것은 화자인 '달파마나'보다 청자인 '부텨'가 높기 때문이다.

객체 높임법은 근대 국어 이후에 소멸된다. 현재는 단지 몇몇 어휘에 의해 객체 높임의 흔적이 남아 있을 뿐이다. 객체 높임법은 소멸되었지만, 객체 높임을 나타내던 선어말 어미 '-습-'은 사라지지 않고, 현대 국어의 '-습니다/-ㅂ니다'에 반사되어 있다. 객체 높임법이 사라짐으로 인해 남아 있는 '-습-'은 더 이상의 객체 높임의 기능을 할 수 없게 된다. 이러한 변화와 맞물려 중세 국어에서 청자 높임을 나타내던 선어말 어미 '-이-/-잇-'이 사라지면서, 그 자리에 '-습-'이 대체되어 '-습-'이 청자 높임의 기능을 하게 되었다. 그래서 현대 국어의 '-습니다/-ㅂ니다'가 형태상으로는 중세 국어 '-습-'의 형태를 반사하고 있지만, 그 기능은 청자 높임이다.

4.7. 피동과 사동, 부정

어떤 사건을 서술할 때 누구의 관점에서 서술하느냐에 따라 전달하는 의미에 차이가 있을 수 있다. 즉 사건을 동작을 하는 주체의 관점에서 서술할 수도 있고 아니면, 동작을 당하는 대상의 관점에서 서술할 수도 있다. 전자의 방식으로 표현하는 것을 능동문이라고 하고, 후자의 방식으로 표현하는 것을 피동문이라고 한다. 피동문이 문법적 장치에 의해 실현될 때 피동법이라고 한다.

그리고 어떤 사건의 결과가 외적인 원인에 의해 발생한 것임을 명시적으로 드러내어 표현하는 것을 사동문이라고 한다. 사동문이 문법적 장치에 의해 실현될 때 사동법이라고 한다. 사동문은 반드시 행위의 원인을 제공하는 사동주(使動主)가 있고, 또한 사동주에 의해 행위를 요구 받는 대상이 존재한다.

피동의 대응 개념은 능동이고, 사동의 대응 개념은 주동이다. 피동문과 사동문은 여러 가지 방식으로 만들어지는데, 기본적으로 피동사는 피동문을, 사동사는 사동문을 만든다. 통사적으로 피동사는 목적어 논항을 요구하지 않는 자동사이고, 사동사는 반드시 목적어 논항을 요구하는 타동사이다.

4.7.1. 피동 표현

피동문은 크게 세 가지 유형이 있다. 어휘적 피동과 피동사에 의한 피동, 통사적인 구성에 의한 피동이 그것이다.

어휘적 피동은 어휘 자체가 피동의 의미를 가지고 있으므로 인해 피동문이 되는 경우이다. 즉 어휘적 피동은 문법적 장치에 의해 피동문이 만들어지는 것이 아니다.

(58) ㉠ 나는 오늘 황당한 일을 당하였다.
　　　㉡ 어른이 되다.

즉 '당하다', '되다'는 어휘 자체가 피동의 의미를 가지고 있다. 그렇기 때문에 (58)이 피동문으로 분류될 수 있다.

피동문의 두 번째 유형은 피동사에 의한 피동문이다. 피동사에 의한 피동문을 단형 피동 또는 파생적 피동이라고도 한다. 피동사 자체가 피동의 의미를 갖고 있기 때문에 피동사가 서술어로 쓰인 문장은 당연히 피동문이다. 여기서 말하는 피동사는 동사 어간에 피동 접미사 '-이-, -히-, -리-, -기-'가 결합한 파생어를 가리킨다. 즉 피동사는 파생법에 의해 파생된 파생어이다.

(59) ㉠ 도둑이 경찰에게 잡혔다.
　　　㉡ 아기가 엄마에게 안겼다.
　　　㉢ 손이 떨린다.

'잡히다'는 '잡다'에 피동 접미사 '-히-'가 결합한 파생 동사이고, '안기다'는 '안다'에 피동 접미사 '-기-'가, '떨리다'는 '떨다'에 피동 접미사

'-리-'가 결합한 파생 동사이다. 피동사는 목적어를 요구하지 않는 자동
사이다. 의미적으로 볼 때 피동문과 이에 대응되는 능동문은 개념적
의미에서는 유의문이지만, 통사적으로 능동문과 피동문은 서로 아무런
관련이 없다. 즉 능동문에서 피동문이 도출되는 것이 아니라 능동문과
피동문이 각각 그 자체로 생성된다.

초기 변형 생성 문법에서는 피동문을 능동문에서 피동 변형이라는
변형을 거쳐 도출되는 것으로 보기도 하였지만, 지금은 이를 변형으로
보지 않는다. 즉 통사적으로는 능동문과 피동문이 서로 관련이 없으
며, 다만 의미적으로는 유의적이다.

국어의 경우 특히 피동사는 파생에 의해 파생어가 된 후 그 자체로
어휘부에 등재된다. 그렇기 때문에 더욱 국어에서는 피동 변형이라는
것을 상정하기 어렵다. 피동문은 피동사가 서술어인 문장으로서 능동
문과는 구조적으로 아무런 관련이 없다.

피동문을 능동문의 변형으로 보기 어려운 이유는 첫째, 모든 능동
문에 피동문이 대응되지 않는다는 사실을 들 수 있다.

(60) ㉠ 하늘이가 자기 머리카락을 쥐어뜯는다.
　　　㉡ *자기 머리카락이 하늘이에게 쥐어뜯긴다.

(61) ㉠ 별이가 이수근 화백의 그림을 샀다.
　　　㉡ *이수근 화백의 그림이 별이에게 사졌다.
　　　㉢ 이수근 화백의 그림이 별이에게 팔렸다.

(60㉠)에 대응하는 피동문 (60㉡)은 비문이며, (61㉠)에 대응하는 피
동문 (61㉡) 역시 비문이다. 이는 능동문과 피동문이 늘 일대일로 대응
하지 않는다는 것을 말해 준다. 의미상 (61㉡)에 대응하는 피동문은

(61ⓒ)인데, '팔리다'는 '팔다'의 피동사이지 '사다'의 피동사는 아니다.

둘째, 변형은 변형 전과 변형 후의 의미가 같아야 함을 전제로 하는데, 능동문과 피동문이 서로 의미가 다른 경우가 있다.

(62) ㉠ 포수 열 명이 토끼 한 마리를 잡았다.
　　 ㉡ 토끼 한 마리가 포수 열 명에게 잡혔다.

(62㉠)에서는 '포수 열 명이 각각 토끼 한 마리를 잡았다'는 의미와, '포수 열 명이서 한 마리의 토끼를 잡았다'는 의미 둘 다가 가능하다. 하지만 (62㉡)에서는 '포수 열 명이서 한 마리의 토끼를 잡았다'는 의미만 나온다. 따라서 능동문인 (62㉠)의 의미와 피동문인 (62㉡)의 의미가 동일하다고 볼 수 없다. 이는 변형이 의미를 변화시키지는 않는다는 기본적인 전제를 위반한다.

피동문의 세 번째 유형은 '-어지다', '-게 되다'에 의한 피동문이다. 이를 피동사에 의한 피동문과 구분하여 장형 피동 또는 통사적 피동이라고 한다. 단형 피동과 장형 피동은 길이에 따른 구분이고, 파생적 피동과 통사적 피동은 문법적인 성격에 따른 구분이다.

(63) ㉠ 실력이 조금씩 좋아진다.
　　 ㉡ 나는 우연히 그 사실을 알게 되었다.

'-어지다'나 '-게 되다' 모두 보조 용언 구성이다. 하지만 구조적으로는 차이가 있다. '-어지다'에 의한 피동 구문은 피동사와 마찬가지로 목적어 논항을 요구하지 않는다. 반면 '-게 되다'에 의한 피동 구문은 선행하는 용언의 논항 구조를 그대로 유지한다. 다시 말해 선행하는 용언이 타동사이면 목적어 논항이 나타나고, 선행하는 용언이 자동사나 형용사일 때는 목적어 논항이 나타나지 않는다.

(64) ㉠ 지민이가 더 예뻐졌다.
　　 ㉡ 시간이 지나면서, 옛 사랑의 기억이 지워진다.
　　 ㉢ 이 제품은 장인에 의해 만들어졌다.

(64') ㉠ 지민이가 더 예쁘게 되었다.
　　 ㉡ 시간이 지나면서, 옛 사랑의 기억을 지우게 되었다.
　　 ㉢ 장인이 이 제품을 만들게 되었다.

'지우다', '만들다'는 타동사이다. 여기에 '-어지다'가 결합하여 피동문을 이룰 경우 (64㉡, ㉢)에서 보듯이 자동사 구문처럼 목적어 논항이 나타나지 않는다. 하지만 '-게 되다'가 결합하여 피동문을 이룰 경우에는 '지우다', '만들다'의 원래의 논항 구조가 그대로 실현되기 때문에 (64'㉡, ㉢)에서 보듯이 목적어 논항이 나타난다.

앞서 얘기했듯이 '-어지다'와 '-게 되다' 모두 '본 용언 + 보조 용언' 구성이다. 그런데 현행 '한글 맞춤법'에서 '-어지다'는 붙여 쓰게 되어 있고, '-게 되다'는 띄어 쓰게 되어 있다. 이 부분에서 통사적인 사실과 '한글 맞춤법' 규정 조항의 내용이 서로 평행하지 않다.

피동사에 의한 피동문이 다시 통사적 피동문을 이루기도 한다.

(65) ㉠ 시골이라 저녁 6시면 차가 끊긴다.
　　 ㉡ 시골이라 저녁 6시면 차가 끊겨진다.
　　 ㉢ 시골이라 저녁 6시면 차가 끊기게 된다.
　　 ㉣ 시골이라 저녁 6시면 차가 끊겨지게 된다.

(65㉠) 자체가 피동사에 의한 피동문이지만, 여기에 다시 통사적 피동인 '-어지다', '-게 되다'가 결합하기도 한다. 나아가 (65㉣)처럼 '끊겨지다'에 다시 '-게 되다'가 결합하기도 한다. 규범적인 관점에서는 (65㉡, ㉢, ㉣)과 같은 피동문을 국어에 적합하지 않은, 지양해야 할 표현으로 본다. 아무튼 의미적으로는 피동이 중복되면서 피동의 의미가 강화되는 효과를 가진다.

4.7.2. 사동 표현

사동문 역시 피동문과 평행하게 세 가지 유형이 있다. 어휘적 사동과 사동사에 의한 사동, 통사적 구성에 의한 사동문이 그것이다. 사동문은 행위의 원인을 제공하는 사동주와 사동주에 의해 행위를 요구받는 대상이 존재한다.

어휘적 사동은 어휘 자체가 사동의 의미를 가지고 있으므로 사동문이 되는 경우이다.

(66) 나는 동생에게 그 일을 시켰다.

(66)에서 사동주는 '나'이고, 사동주인 '나'에 의해 행위를 요구받는 대상은 '동생'으로, 전형적인 사동문의 구조이다. 이는 '시키다'라는 어휘 자체가 사동의 의미를 가지고 있으므로 인해 사동문이 된 것이다.

사동문의 두 번째 유형은 사동사에 의한 사동이다. 사동사에 의한 사동문을 단형 사동 또는 파생적 사동이라고도 한다. 사동사 자체가 사동의 의미를 갖고 있기 때문에 사동사가 서술어로 쓰인 문장은 당연히 사동문이다. 여기서 사동사는 용언 어간에 사동 접미사 '-이-, -히-,

-라-, -기-, -우-, -구-, -추'가 결합하여 만들어진 파생어를 가리킨다. 즉 사동사는 파생법에 의해 만들어진 파생어이다. 사동사를 만드는 접미사에는 이외에 '-시키다'가 더 있다.

> (67) ㉠ 동생이 책을 읽는다.
> ㉠' 어머니께서 동생에게 책을 읽힌다.
> ㉡ 길이 넓다.
> ㉡' 사람들이 길을 넓힌다.
> ㉢ 차가 정지하였다.
> ㉢' 경찰이 차를 정지시켰다.

사동문의 세 번째 유형은 '-게 하다'에 의한 사동문이다. 이를 사동사에 의한 사동문과 구분하여 장형 사동 또는 통사적 사동이라고 한다. 단형 사동과 장형 사동은 길이에 따른 구분이고, 파생적 사동과 통사적 사동은 문법적인 성격에 따른 구분이다.

> (68) ㉠ 별이가 하늘이의 마음을 아프게 했다.
> ㉡ 선생님께서 영호에게 노래를 부르게 했다.

의미적으로 사동사에 의한 사동문과 '-게 하다'에 의한 사동문은 차이가 있다. 사동사에 의한 사동문은 직접적인 의미와 간접적인 의미가 모두 가능하지만, '-게 하다'에 의한 사동문의 경우에는 간접적인 의미만 나온다.

> (69) ㉠ 어머니께서 동생에게 책을 읽혔다.
> ㉡ 어머니께서 동생에게 책을 읽게 하였다.

(69㉠)에서는 어머니가 직접 동생에게 책을 읽혔다는 의미와 다른 누군가를 통해 간접적인 방법으로 책을 읽혔다는 의미가 모두 가능하다. 하지만 (69㉡)에서는 어머니가 직접 동생에게 책을 읽혔다는 의미는 나오지 않는다.

사동사에 의한 사동문에 다시 '-게 하다'가 결합하여 통사적 사동문을 만들기도 한다. 이 경우 사동의 의미는 간접적인 의미만 나온다.

(70) ㉠ 이 사실을 알렸다.
　　 ㉠' 이 사실을 알리게 하였다.
　　 ㉡ 길을 넓히다.
　　 ㉡' 길을 넓히게 하다.

'알리다', '넓히다' 자체가 사동사이기 때문에 (70㉠, ㉡)은 이미 사동문이다. 여기에 다시 '-게 하다'가 결합하여 (70㉠',㉡')처럼 사동문을 만들 수 있다. '-게 하다'는 사동사뿐만 아니라 피동사에도 결합하여 피동문을 사동문으로 만들기도 한다.

(71) ㉠ 지민이의 얼굴이 예뻐졌다.
　　 ㉡ 깃발이 바람에 흔들린다.
　　 ㉢ 동생이 엄마에게 안겼다.

(72) ㉠ 지민이의 얼굴이 예뻐지게 하였다.
　　 ㉡ 깃발이 바람에 흔들리게 한다.
　　 ㉢ 동생이 엄마에게 안기게 하였다.

(72㉠~㉢)은 피동문인 (71㉠~㉢)에 '-게 하다'가 결합한 사동문이다.

(72)에서 사동주는 문장에서 생략되어 있다.

4.7.3. 부정 표현

부정문은 부정 부사 '안'이나, 통사적 구성인 '-지 않다', '-지 아니하다'에 의해 실현되는 문장을 이른다.

   (73) ㉠ 나는 그를 안 만났다.
       ㉡ 나는 그를 만나지 않았다.
       ㉢ 나는 그를 만나지 아니하였다.

부정 부사 '안'에 의해 실현되는 부정문이 '-지 않다', '-지 아니하다'에 비해 짧기 때문에, 길이를 기준으로 전자를 단형 부정문(짧은 부정문), 후자를 장형 부정문(긴 부정문)으로 구별한다.

단형 부정과 장형 부정은 (73)에서처럼 두 가지 방식이 모두 가능한 경우도 있지만, 용언에 따라서는 단형 부정이 제약되는 경우도 있다.

   (74) ㉠ 그는 학생답다   그는 학생답지 않다   *?그는 안 학생답다
       ㉡ 그는 어른스럽다 그는 어른스럽지 않다 *?그는 안 어른스럽다
       ㉢ 시험에 응모하다 시험에 응모하지 않다 *?시험에 안 응모하다

  (74)에서 보듯이 '-지 않다' 부정문에 비해 부정 부사 '안'에 의한 부정문이 상대적으로 제약이 더 강하다. '안' 부정문 역시 불가능하다고까지 말할 수 없다 하더라도 상당히 어색한 것만은 사실이다. 앞서 피동문이나 사동문의 경우에도 단형 피동과 단형 사동이 장형 피동과(통사적 피동)과 장형 사동(통사적 사동)에 비해 상대적으로 제약되는 것을

확인하였다. 평행하게 부정문의 경우에도 부정 부사 '안'에 의한 부정문이 통사적 구성에 의한 '-지 않다', '-지 아니하다'에 의한 부정문에 비해 상대적으로 제약이 강하다.

(75ⓒ)처럼 부사 '못'이나 통사적 구성 '-지 못하다'에 의한 표현도 부정문의 한 유형으로 본다. '안'이나 '-지 않다'에 의한 부정을 '단순 부정'이라고 하고, '못'이나 '-지 못하다'에 의한 부정을 '능력 부정'이라고 한다.

(75) ㉠ 나는 그를 만났다.
　　 ㉡ 나는 그를 안 만났다. / 나는 그를 만나지 않았다.
　　 ㉢ 나는 그를 못 만났다. 나는 그를 만나지 못했다.

명령문의 부정은 '-지 마/-지 마라' 또는, '-지 말라'로 실현된다.

(76) ㉠ 그를 만나라.
　　 ㉡ *그를 안 만나라. / *그를 만나지 않아라.
　　 ㉢ *그를 만나지 못하라.
　　 ㉣ 그를 만나지 마. / 그를 만나지 마라. / 그를 만나지 말라.

(76)에서 보듯이 명령문은 부정 부사 '안'이나 '-지 않아라', '-지 못하라'와 같은 부정이 불가능하다. '-지 마/-지 마라', '-지 말라'는 엄밀히 따지자면 부정이라기보다는 금지에 해당한다. 그래서 이를 '금지 부정'이라고 한다. 청유문의 부정은 '-지 말자'이다.

(77) ㉠ 그를 만나자.
　　 ㉡ 그를 만나지 말자.

제5장

의미론

의미론(semantics)은 언어의 의미를 연구하는 분야이다. 음운론의 기본 단위가 음소이고, 형태론의 기본 단위는 형태소, 통사론의 기본 단위는 문장이듯이, 의미론의 기본 단위는 의미이다. 그런데 음소, 형태소, 문장이 정의됨으로써 각 영역의 연구가 가능해지는 것처럼, 의미론의 연구가 가능해지기 위해서는 의미론의 기본 단위인 '의미'에 대한 정의가 이루어져야 한다.

하지만 '의미'의 의미를 정의하는 것은 어려운 일일 수밖에 없다. 언어학에서 다른 영역에 비해 의미론이 20세기에 들어와서야 성립하게 된 것도 바로 이러한 까닭에서이다. 의미론은 '의미'를 다루는 분야인데, 의미를 가진 대상은 형태소에서부터 단어, 구, 절, 문장, 담화에 이르기까지 다양하다. 최소의 유의적 단위가 형태소이니까, 의미론의 가장 작은 단위는 어쨌든 형태소임에 분명하다. 그리고 가장 큰 단위는 담화이다. 그런데 담화의 크기는 열려 있어서 제한이 되지 않으며, 각 문장들의 의미를 단순히 기계적으로 조합한다고 해서 담화의 의미가 나오는 것도 아니다. 이리힌 이유로 문장보다 큰 단위인 담화의 의미를 다루는 분야를 따로 화용론이라고 부른다.

의미론을 다시 하위 분류할 때는 어휘의 의미를 다루는 어휘 의미론과 문장의 의미를 다루는 문장 의미론으로 나눈다. 전통적으로 의미론이라고 할 때는 어휘 의미론을 지칭하였다. 그것은 의미론의 출발이 어휘의 의미를 연구하는 데서 출발하였기 때문이며, 이후 문장의 의미와 담화의 의미로 확대되었다.

문장의 의미는 통사론의 영역과 중복되며, 문장보다 큰 단위의 의미는 화용론이라는 별도의 영역으로 독립되어 있다. 그래서 여기서는 어휘의 의미를 중심으로 서술한다.

5.1. 의미의 정의

언어는 '내용 + 형식'으로 이루어져 있다. 이때 '형식'은 곧 '음성(말소리)'을, '내용'은 '의미'를 가리킨다. 이때 '의미'의 의미가 무엇인가? 의미의 정의는 비단 언어학의 영역뿐만 아니라 철학이나 심리학에서도 이루어져 왔다. 그만큼 의미의 정의는 학문적인 관점에 따라서 다르게 정의되기도 한다. 여기서는 의미에 대한 여러 가지 정의 중에서도 언어학적인 관점에서의 정의 가운데서 대표적인 몇 가지를 소개한다. 의미에 대한 정의가 다양하다는 것은 그만큼 의미의 정의가 어렵다는 것을 보여주는 것이기도 하다.

5.1.1. 지시설

지시설은 의미의 정의에 대한 가장 이른 시기의 정의로서 음성이 가리키는 지시물이 곧 내용 즉, 의미라고 보는 것이다. 이러한 정의의 기원을 플라톤의 『대화편』으로까지 소급하기도 하는데, 언어학적으로 지시설은 언어가 내용과 형식으로 이루어져 있다는 소쉬르(Saussure)에 그 기반을 두고 있다. 소쉬르의 용어에 의하면 내용에 해당하는 것이 '시니피에(sinifié)'이고, 형식에 해당하는 것이 '시니피앙(sinifiant)'이다. 시니피에와 시니피앙은 각각 기의(記意)와 기표(記標)로 번역되어 쓰이는데, 개념(概念)과 표현(表現), 소기(所記)와 능기(能記)로 번역되기도 한다.

지시설은 음성이 가리키는 사물 그 자체와 의미를 동일시하는 입장이다. 예컨대 '말(馬)'의 의미는 '말'이라는 음성이 지시하는 대상물로서의 '말'이라는 것이다. 이러한 지시설은 고유 명사나 실존하는 사물의 의미를 정의하는 데는 유용하다.

하지만 지시설은 몇 가지 점에서 한계를 가지고 있다.

첫째, 지시물이 실재하지 않거나 지시물 자체가 존재하지 않는 경우 의미를 정의할 수 없다.

    (1) ㉠ 용, 천마, 외뿔말, 도깨비, 불사조
        ㉡ 믿음, 소망, 사랑, 생각

(1㉠)은 실재하지 않고 관념 속에서 만들어 낸 대상이고, (1㉡)은 지시 대상이 아예 존재하지 않는 추상 명사이다. 형식(음성)은 있으되, 지시 대상이 실재하지 않기 때문에 지시 대상이 곧 의미라는 지시설에 의해서는 이들의 의미를 규정하기 어렵다.

둘째, 지시물은 하나인데 표현이 여러 개인 경우 역시 의미를 규정하기 어렵다. '샛별'은 '새벽별, 금성, 개밥바라기'라고도 한다. 다시 말해 '샛별, 새벽별, 금성, 개밥바라기'는 표현은 다르지만, 그 지시 대상은 동일하다. 이 경우 표현과 지시 대상 간의 일대일 관계가 성립하지 않기 때문에 지시설로는 의미 정의가 어렵게 된다.

5.1.2. 개념설

흔히 우리는 언어를 통해 사고한다고 하는데, 개념설은 이처럼 언어와 사고가 밀접하게 관련되어 있다는 전제에서 출발한다. 오그덴 & 리차드(Ogden & Richards, 1923)는 의미 삼각도를 통해 의미를 정의하였는데, 개념설은 여기에서 출발한다.

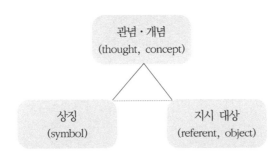

여기서 '상징'은 언어 기호 자체를 말하는 것으로 음성 또한 상징이다. '지시 대상'은 실재하는 대상일 수도 있고, 경험 세계 속의 대상일 수도 있다. 그리고 '관념·개념'이 바로 의미이다. 위 도식에서 보듯이 개념설은 상징과 지시 대상의 관계가 직접적이지 않기 때문에, 의미 삼각도에서 이 둘의 관계는 점선으로 표시된다. 앞서 언급했듯이 지시설은 상징과 지시 대상의 관계가 직접적이라고 본다는 점에서 개념설과 지시설의 차이를 분명히 확인할 수 있다.

개념설에 따르면 '나무'의 의미는 지시 대상인 나무 그 자체가 아니라 머릿속에 저장되어 있는 개념으로서의 나무라는 것이다. 따라서 우리가 나무를 들을 때 나무의 의미는 지시 대상으로서의 나무에 의미를 부여하는 것이 아니라, 머릿속에 저장되어 있는 개념으로서의 나무를 통하여 의미를 부여한다는 것이다.

이러한 개념설은 많은 공감대를 형성해 왔고, 여전히 일반적인 지지를 받고 있다. 하지만 개념설 역시 낱말의 의미와 분리된 개념의 추상적인 층위가 실제로 존재하는가, 그리고 낱말의 의미와 개념이 과연 동일한 것인가에 대한 문제 제기를 받고 있다.

5.1.3. 자극-반응설

자극-반응설은 행동주의 언어학자인 블룸필드(Bloomfield, 1933)에 의해 제기된 것으로 자극에 대한 반응이 곧 의미라고 보는 것이다. 자극-반응설은 행동주의 심리학이 배경이 된 것으로 의미 역시 행동의 한 양상으로 파악하는 것이다.

$$S \rightarrow r \cdots\cdots s \rightarrow R$$

자극-반응설에서 의미는 발화가 사용되는 상황인 현실적 자극(S)에 대한 언어적 반응(r)과 이에 대한 언어적 자극(s)의 결과인 현실적 반응(R)으로부터 추론된다는 것이다. 이러한 자극-반응설은 추상적인 의미를 객관적으로 관찰 가능한 대상으로 파악하고자 한 것이다. 하지만 발화가 사용되는 상황이 너무나 다양하고, 화자와 청자의 주관성에 따라 자극과 반응이 일치하지 않을 수도 있고, 동일한 자극이 주어진다 하더라도 청자에 따라 반응이 다를 수도 있다는 점에서 비판을 받는다.

5.1.4. 용법설

용법설은 비트겐슈타인(1953)에 의해 제기된 것으로, 낱말이 사용되는 구체적인 맥락에서의 용법이 바로 의미라는 것이다.

(2) 연극을 보다 — 감상하다
책을 보다 — 읽다
환자를 보다 — 치료하다

(2)에서 보듯이 '보다'는 어떠한 맥락에서 사용되느냐에 따라 '감상하다'의 의미를 나타내기도 하고, '읽다', '치료하다' 등의 의미를 나타내기도 한다. 이처럼 한 낱말이 맥락에서 사용되는 용법 하나 하나가 곧 의미라는 것이 용법설이다. 이러한 용법설은 다의적 의미를 파악하는 데는 상당히 유용하다.

그러나 용법설은 첫째, 무한 수에 가까운 용법을 효과적으로 포착하여 기술하는 것이 불가능하고, 둘째, 낱말의 용법이 고정된 것이 아니므로 용법을 익히는 데 많은 시간이 소요되며, 셋째, 새로운 용법을 만났을 때 의미의 이해를 어디서 구해야 할지 알 수 없다는 비판을 받는다.

5.2. 의미의 분류

의미의 본질을 이해하기 위해서는 의미의 다양한 유형을 이해하는 것이 도움이 된다. 다의어의 경우에는 처음부터 다의어인 경우보다는 하나의 중심 의미에서 파생되어 여러 가지 의미를 갖게 되는 것이 일반적이다. 그래서 의미를 중심적 의미와 중심 의미에서 파생된 주변적 의미로 구분하기도 한다. 예컨대 '손(手)'이라는 명사의 의미는 (3)과 같다.

(3) **손**
　① 사람의 팔목 끝에 달린 부분. 손등, 손바닥, 손목으로 나누며 그 끝에 다섯 개의 손가락이 있어, 무엇을 만지거나 잡거나 한다.
　② =손가락.
　③ =일손
　④ 어떤 일을 하는 데 드는 사람의 힘이나 노력, 기술.
　⑤ 어떤 사람의 영향력이나 권한이 미치는 범위.
　⑥ 사람의 수완이나 꾀.

(3)에서 ①의 의미가 중심적 의미에 해당하고, 나머지 ②~⑥은 중심적 의미에서 파생된 주변적 의미에 해당한다.

의미의 분류와 관련하여 리치(Leech, 1974)는 의미를 크게 개념적 의미, 연상 의미, 주제적 의미(의도 의미) 세 가지로 나누고, 다시 연상 의미를 내포적 의미, 사회적 의미, 정서적 의미, 반사적 의미, 연어적 의미 다섯 가지로 구분하였다.

5.2.1. 개념적 의미conceptual meaning

개념적 의미는 단어 스스로가 지닌 필수적이고 기본적인 의미로서 언어적 의사소통에서 가장 중심이 되는 의미이다. 사전적 의미, 외연적 의미(denotative meaning)라고도 한다.

(4) 아버지, 아빠, 부친, 엄친, 춘부장

(4)에서 각각의 단어가 지시하는 대상은 동일하다. 즉 (4)의 단어들은 모두 [+인간, +남성, +결혼, +양육]이라는 의미 성분을 공유하고 있다. 물론 이들이 완전히 같은 뜻으로 쓰이는 건 아니지만, 그 기본적인 의미는 [+인간, +남성, +결혼, +양육]으로 같다. 즉 이들의 개념적 의미는 동일하다. 이들이 완전히 같은 뜻으로 쓰이지 않는다는 것은 개념적 의미에 더해진 각각의 단어가 가진 감정적 가치나 문맥적 쓰임과 같은 연상 의미 때문이다.

5.2.2. 연상 의미

연상 의미에는 내포적 의미, 사회적 의미, 정서적 의미, 반사적 의미, 연어적 의미가 있다.

1) 내포적 의미(connotative meaning)

내포적 의미는 개념적 의미에 부가되어 어떤 표현이 지시함으로써 갖게 되는 전달 가치를 말한다. 다시 말해 개념적 의미에 부가되는 의미이기 때문에 주변적이고, 가변적이며, 개방적이다. 함축적 의미라고도 한다.

예컨대 '여성'이라는 단어는 [+인간, -남성, +성숙]의 개념적 의미를 갖는다. 이러한 개념적 의미에 더하여 경우에 따라서는 '부드럽고 섬세하다'는 의미가 덧붙여지기도 한다. 이러한 의미가 바로 내포적 의미이다. 내포적 의미는 개인이나 사회 집단, 문화적 배경, 시대에 따라 다르게 나타날 수 있다.

2) 사회적 의미(social meaning)

사회적 의미는 언어를 사용하는 사람의 사회적 환경에 대하여 전달하는 의미를 이른다. 달리 문체적(stylistic meaning) 의미라고도 한다. 이러한 사회적 의미는 언어를 사용할 때 사회적 환경이 다르다는 것을 깨달을 때 나타난다. 동일 언어권 내의 화·청자 간에 사회적 차원과 층위가 다를 때, 이들 양자 간에 언어 사용의 간격이 생기는데, 이 간격을 사회적 의미라고 한다. 사회적 의미가 단어의 개념적 의미에 영향을 주지는 않는다.

사회적 의미는 특정 단어의 사용이나, 말투, 억양, 등을 통해서 전달된다. 예컨대 우리는 어떤 사람의 말을 듣고 그 사람의 고향을 파악할 수 있으며, 어떤 사람이 경찰을 '짭새'라고 말할 때 그 사람의 사회적인 위치를 파악할 수 있다. 또한 "엄동시절에 가내 두루 평안하신지요?"라고 할 때와 "추운 날씨에 잘 지내고 계시죠?"라고 할 때, 두 표현

속에서 그 표현을 한 사람의 나이나 사회적인 신분 같은 것을 파악할
수 있다. 이러한 의미가 바로 사회적인 의미이다.

3) 정서적 의미(affective meaning)

정서적 의미는 화자가 지니는 기본 감정이나 청자에 대한 태도에
의해 발생하는 의미를 이른다. 사회적 의미와 비슷하게 주로 특정 어
휘의 사용이나 말투, 문체를 통해서 표현하고 전달되며, 개념적 의미
에 영향을 주지는 않는다.

예컨대 '잘 가'라고 하지 않고 '꺼져'라고 할 때는 화자가 화가 났다
는 것을 전달하는 것이고, '선생님'이라고 부르지 않고 '샘'이라고 부를
때는 일종의 친근감을 표현하는 것이다. 또한 '잘 한다'라는 말도 '잘:
한다'처럼 길게 말할 때는 오히려 칭찬이 아니라 비꼼의 의미가 되기
도 한다. 이렇게 전달되는 의미들이 정서적 의미이다.

4) 반사적 의미(reflected meaning)

반사적 의미는 어떤 말이 그 개념적 의미와 무관하게 특정한 반응
을 불러일으키는 경우가 있는데, 거기에서 파악되는 의미를 반사적 의
미라고 한다.

예컨대 원래 '친구'를 뜻하는 고유어가 '동무'이다. 그런데 '동무'라는
말을 들으면 왠지 북한과 관련되어 있는 듯한 느낌을 받게 되는데, 이
러한 의미가 반사적 의미이다. 또 다른 예로 '초등학교'를 예전에는 '국
민학교'라고 불렀다. '국민학교'를 '초등학교'로 바꾸게 된 이유는 '국민
학교'라고 했을 때 느껴지는 부정적인 이미지 때문인데, 이때의 부정적
이미지가 곧 반사적 의미이다. '국민학교'는 일제 시대의 잔재이다.

5) 배열적 의미(collocative meaning)

배열적 의미는 하나의 단어가 다른 단어와 함께 배열될 때 그 배열된 환경에 의해 획득되는 의미이다. 단어들의 결합이 일상성을 벗어났을 때 배열적 의미에 대해 말할 수 있다. 달리 '연어적 의미'라고도 한다.

예컨대 '귀여운 소녀(/강아지/병아리)'는 무난하지만 '귀여운 선생님(/공원/도시/늑대)'은 왠지 자연스럽지 못하다. 후자의 경우처럼 '귀여운'이 지닌 개념적 의미가 일상적인 자연스러움을 벗어날 때 배열적 의미에 대해 말할 수 있게 된다.

5.2.3. 주제적 의미|thematic meaning

주제적 의미는 발화 당시 화자가 특정 단어를 통해서 꼭 전달하고자 하는 의미로, 특정 상황에서만 잠정적으로 나타나는 의미이다. 어순을 재배치한다거나 초점이나 강조 등을 통해서 드러낸다. 화자의 의해 의도된 의미이기 때문에 '의도 의미(intended meaning)'라고도 한다.

예컨대 '나는 절대로 울지 않는다'에서 '절대로'를 화자가 강조하고자 할 때는 '절대로 나는 울지 않는다', '나는 울지 않는다. 절대로'처럼 '절대로'를 문장의 제일 앞이나 뒤로 도치시키기도 한다. 또는 '절대로'를 강조해서 말함으로써 화자의 의도를 드러내기도 한다. 이처럼 화자의 의도에 해당하는 의미를 주제적 의미라고 한다.

5.3. 의미 분석

의미를 분석하는 방법에는 여러 가지가 있다. 여기서는 의미장, 성분 분석, 의미 관계에 의한 의미 분석에 대해 살펴보게 될 것이다.

5.3.1. 의미장

개별 단어는 그 자체로 하나의 의미를 가진다. 그런데 이러한 개별 단어들의 상위에 존재하는 어떤 의미가 있을 수 있다. 이렇게 보면 개별 단어들은 이러한 상위 의미의 보다 작은 의미 구조체가 된다. 이처럼 의미상으로 동질성이 있는 한 무리의 단어들은 일정한 의미의 장을 형성한다고 할 수 있다. 여기서 장은 어휘장(lexical field)을 말하는데, 의미장이라고도 한다. 어휘장을 우리말로 풀어서 '낱말밭'이라고도 한다.

의미장은 쉽게 말해서 공통의 의미로 묶이는 단어들의 집합이다. 예컨대 '벚나무, 향나무, 느티나무, 버드나무……'는 '나무'라는 공통점을 가진 단어들의 집합, 즉 '나무'라는 의미장을 이루며, '춥다, 덥다, 시원하다, 따뜻하다'는 '날씨'라는 의미장을 이룬다. 아래에서 살펴볼 성분 분석은 기본적으로 의미장을 전제로 하는 것이다. 즉 하나의 의미장 안에 있는 단어들을 의미 자질로 구분하는 것이다. 의미장이 서로 다른 단어들의 관계는 성분 분석을 통해 의미를 구별하지 못한다.

의미장은 또한 5.3.3.4.에서 살펴볼 상하 관계와 서로 통하는 면이
있다. 상하 관계에서 상위어가 하나의 의미장을 형성한다.

(5)

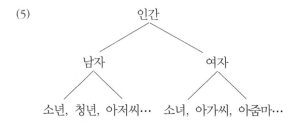

(5)에서 '소년, 청년, 아저씨…'의 상위어인 '남자' 그리고, '소녀, 아
가씨, 아줌마…'의 상위어인 '여자'가 각각 '남자'라는 의미장, '여자'라
는 의미장을 형성한다. 그리고 남자와 여자의 상위어인 '인간'이 또한
'인간'이라는 하나의 의미장을 형성한다.

의미장의 크기와 구조는 언어마다 다르다. 예컨대 친족 관계를 나
타내는 말의 경우 언어마다 큰 차이가 있다.

(6)

국어	영어
형 / 오빠	brother
언니 / 누나	sister
작은아버지 / 큰아버지 / 외삼촌 / 고모부 / 이모부 / 당숙	uncle

(6)에서 보듯이 국어는 부르는 사람의 성(性)에 따라 '형'과 '오빠',
'언니'와 '누나'로 구분하지만, 영어는 부르는 사람의 성이 무엇이든 남
자는 'brother', 여자는 'sister'이다. 또한 국어에서는 '작은아버지, 큰아
버지, 외삼촌, 고모부, 이모부, 당숙'을 각각 구분하지만, 영어에서는

이들 모두를 'uncle'로 통칭한다. 이는 언어에 따라 의미장의 크기와 구조가 서로 다름을 보여 주는 전형적인 한 예이다.

5.3.2. 성분 분석

성분 분석(componential analysis)은 의미를 구성하는 성분 즉, 의미 자질을 통해 의미를 분석하는 것이다. 이는 물질을 원자와 분자로 분해할 수 있는 것과 마찬가지로, 의미도 의미 성분으로 분해할 수 있다고 보는 관점에서 출발한다. 음운론에서 음소를 변별적 자질의 묶음으로 정의하기도 한다. 이는 음소가 그 자체로 최소의 단위가 아니라, 더 작은 단위 즉, 변별적 자질들의 묶음으로 보는 것이다. 이와 평행하게 의미 역시 의미를 구성하는 기본적인 의미 자질들이 있고, 이러한 의미 자질들의 묶음이 하나의 의미라고 볼 수 있는데, 이러한 관점에서 성분 분석이 나오게 된 것이다.

성분 분석이란 단어의 의미를 해당 의미를 구성하고 있는 보다 작은 의미 요소들로 쪼개는 것을 말한다. 이때 의미를 이루고 있는 요소를 의미 성분(semantic component) 또는 의미 자질(semantic feature)이라고도 한다. 따라서 성분 분석은 단어의 의미를 구성하고 있는 의미 자질을 분석하는 것이다.

(7) 아버지 : [+인간, [+기혼], [-여성]
    어머니 : [+인간, [+기혼], [+여성]

(7)에서 [인간], [기혼], [여자]가 각각 하나의 의미 자질이다. 다시 말해 [인간], [기혼], [여자]는 단어가 아니라 단어의 의미를 구성하는 의미

자질이다. 의미 자질은 [ ] 안에 넣어서 표시하고, 각각 '±' 값으로 나타낸다. 즉 [+여자]는 [여자]라는 의미 자질을 갖고 있다는 뜻이고, [-여자]는 [여자]라는 의미 자질을 갖고 있지 않다는 뜻이다. 위에서 '아버지'와 '어머니'는 [+인간], [+기혼]의 자질을 공통적으로 갖고 있으면서 [여자]라는 자질에 의해 대립되는 관계라는 것을 알 수 있다. 이때 [+인간], [+기혼]을 공통 자질, [±여성]을 변별 자질이라고 한다.

이러한 성분 분석은 한 단어의 의미를 체계적으로 파악할 수 있는 장점이 있다. (7)에서 '아버지'와 '어머니'가 반의어인 이유는 [+인간]과 [+기혼]이라는 공통의 자질을 가지면서 [여성]이라는 자질에서 서로 대립되기 때문이라고 설명함으로써 반의 관계를 명시적으로 설명할 수 있다. 그러나 문제점도 있다.

첫째, 의미를 분석하기 위해 필요한 의미 자질의 종류나 수를 규정하기 어렵다. 예컨대 '장끼'가 [+새], [+꿩], [+수컷]으로 분석된다고 할 때, [+꿩]이라는 의미 자질이 의미 자질로 타당한지에 의문을 제기할 수 있다. [+꿩]이 하나의 의미 자질이라고 한다면, 단어 '꿩'의 의미 자질은 어떻게 구성되어야 하는가 하는 문제도 생긴다. 또한 '소년'과 '청년'을 구분하기 위해서는 [+인간], [-기혼], [-여성] 외에 나이의 많고 적음과 관련된 의미 자질이 하나 더 필요하다. 이렇게 의미 자질이 필요할 때마다 의미 자질을 늘리는 것은 문제이다. 만일 그럴 경우 극단적으로 의미 자질의 수가 단어의 수만큼 생길 수도 있다.

둘째, 성분 분석으로 분석할 수 없는 경우가 있다. 특히 개념어의 경우가 그렇다. 예컨대 '아름답다', '예쁘다', '곱다'의 경우 의미 자질을 설정하는 것도 어렵거니와 설령 의미 자질을 설정한다 하더라도 의미 자질로 이들의 의미를 구분할 수 없다.

5.3.3. 의미 관계

단어와 어휘는 비슷한 뜻으로 많이 쓰이기도 하지만 그 정의는 서로 다르다. 단어가 개별적인 단위라면, 어휘는 단어들의 집합으로 집합적 개념이다. 어휘를 구성하고 있는 단어들은 그 자체로 하나의 독립된 단위이지만, 또한 다른 단어들과 상호 유기적으로 관계를 맺고 있다. 이를 의미 관계라고 한다. 흔히 유의어, 반의어라고 하는 것은 바로 이러한 단어들 간의 관계의 한 유형이다. 이렇게 단어들 간의 의미 관계를 따지는 일은 단어의 의미 속성을 이해하는 데 도움이 된다.

5.3.3.1. 다의어와 동음이의어

한 단어가 여러 가지 의미를 가지고 있을 때 그 단어를 다의어라고 한다. 사실 많은 단어는 하나 이상의 의미를 가지고 있는 다의어이다. 예컨대 '발'이라는 단어의 의미를 보자. (8)에서 보듯이 '발'이라는 단어는 다섯 가지의 의미를 가지고 있는 다의어이다.

    (8) 발1「명사」
        ① 사람이나 동물의 다리 맨 끝 부분.
        ② 가구 따위의 밑을 받쳐 균형을 잡고 있는, 짧게 도드라진 부분.
        ③ '걸음'을 비유적으로 이르는 말.
        ④ 한시(漢詩)의 시구 끝에 다는 운자(韻字).
        ⑤ 한자의 아랫부분을 이루는 부수를 통틀어 이르는 말.

그런데 '발'이라는 소리를 가진 말은 (8)의 '발' 외에도 많다.

    (9) 발2「명사」   나무 나이테의 굵기.

발3 「명사」 가늘고 긴 대를 줄로 엮거나, 줄 따위를 여러 개 나
란히 늘어뜨려 만든 물건. 주로 무엇을 가리는 데 쓴다.
발4 「명사」 실이나 국수 따위의 가늘고 긴 물체의 가락.

즉 '발1~발4'는 모두 그 소리는 같다. 하지만 우리는 (9)의 '발2', '발
3', '발4'를 (8)의 '발1'의 의미의 하나로 보지 않고, 각각 별개의 단어로
본다. 이처럼 소리는 같지만, 각기 서로 다른 별개의 단어들의 집합을
동음이의어라고 한다.

그러면 다의어와 동음이의어의 차이는 무엇인가? 다의어와 동음이
의어를 구분하는 기준은 첫째, 의미의 유사성, 둘째, 어원이다. 예컨대
'발1'의 의미 ①, ②는 의미상 공통된 속성이 있으며, ③은 비유적으로
확장된 의미이다. 하지만 '발1'과 '발2' 또는 '발2'와 '발3' 또는 '발1'과
'발3'은 서로 의미적으로 아무런 유사성이 없다.

그런데 의미적 유사성이라는 것은 객관적인 기준이 될 수 없다. 유
사성이란 말이 함축하고 있듯이 유사성은 정도의 문제이기 때문에 선
명한 기준이 아니다. 예컨대 '발1'에서 ④, ⑤의 의미는 ①과 공통된 속
성을 가지고 있다고 볼 수도 있고 아닐 수도 있다. 실제 ④나 ⑤를 별
개의 단어 즉, 동음이의어로 보는 것이 불가능하지도 않다. 이처럼 유
사성이란 기준에 의한 다의어와 동음이의어의 구분은 주관적인 면이
없지 않다.

다의어와 동음이의어를 구분하는 또 하나의 기준은 어원이다. 즉
현재 의미가 멀어져 있다 하더라도 어원적으로 같으면 다의어로, 어원
적으로 다르면 동음이의어로 보는 것이다. 그러나 많은 경우 어원을
확인하기가 어렵다. 또한 의미의 유사성이 현격히 멀어졌을 경우에는
비록 어원적으로 같다 하더라도, 현재 어원 의식이 없어져 버렸다면

다의어로 보기가 어렵다.

사전에서 다의어는 하나의 표제어이지만, 동음이의어는 '발1, 발2, 발3……'처럼 별개의 표제어이다. 즉 다의어는 하나의 단어이지만, 동음이의어는 별개의 단어이다.

5.3.3.2. 유의 관계

둘 이상의 단어의 의미가 같거나 비슷할 때 유의 관계라고 하고, 유의 관계를 이루는 단어를 유의어라고 한다.

여기서 동의어라고 하지 않고 유의어라고 하는 것은, 완전한 동의어라는 것은 현실적으로 존재하기 어렵기 때문이다.

```
          ┌─ 절대적 동의어
   동의어 │
          └─ 상대적 동의어 = 유의어
```

즉 절대적 동의어라는 것은 개념적 의미뿐만 아니라 연상 의미도 동일하며, 모든 문맥에서 치환 가능할 때 성립한다. 그런데 엄밀한 의미에서 절대적 동의어는 존재하기 어렵다. 예컨대 '이빨'과 '치아'는 지시 대상이 같긴 하지만, 그렇다고 '이빨'이 쓰이는 모든 문맥에 '치아'를 쓸 수 있는 것은 아니다.

(10) ㉠ 이빨 빠진 호랑이

㉠' ??치아 빠진 호랑이

㉡ 우리집 강아지가 이빨을 다쳤다.

㉡' ??우리집 강아지가 치아를 다쳤다.

(10)에서 '이빨'을 '치아'로 바꾸면 뭔가 어색한 느낌이 든다. 그것은 '이빨'과 '치아'의 개념적 의미가 동일하긴 하지만, 연상 의미는 서로 다르기 때문이다. 우리가 유의어라고 할 때는 개념적 의미의 동일성을 전제로 즉, 개념적 의미가 같을 때 유의어라고 한다. 그래서 연상 의미의 차이는 유의어 유무를 판단하는 데 고려하지 않는다.

유의어는 다양한 양상으로 존재하는데, 몇 가지 예를 보이면 (11)과 같다.

(11) ㉮ 표준어 – 방언
　　　예) 큰아버지 – 맏아버지, 질경이 – 길짱구, 부추 – 정구지
　　㉯ 고유어 – 한자어
　　　예) 머리 – 두상, 낱말 – 단어, 잔치 – 연회
　　㉰ 일반어 : 전문어
　　　예) 소금 – 염화나트륨, 벌 – 얼차려, 칼 – 메스
　　㉱ 높임말
　　　예) 밥 – 진지, 주다 – 드리다, 묻다 – 여쭈다

이 밖에도 '휴대 전화 – 핸드폰', '누리꾼 – 네티즌'처럼 순화어와 순화하기 전의 말이나, '열쇠 – 키', '우유 – 밀크'처럼 외래어가 들어와 이미 있는 말과 함께 쓰이는 경우, '교도소 – 큰집', '천연두 – 마마'처럼 금기어에 대한 완곡어 등도 유의어이다. 이처럼 유의어가 만들어지는 양상은 아주 다양하다.

유의어의 검증

둘 또는 그 이상의 단어가 유의 관계를 이루는지 아닌지를 파악하는 방법에는 세 가지가 있다. 교체 검증, 대립 검증, 배열 검증이 그것

이다.

1) 교체 검증

문맥 속에서 한 단어를 다른 단어로 교체했을 때 같은 의미를 유지하면, 두 단어는 유의 관계에 있다. 이때 '같은 의미를 유지한다'고 할 때의 '의미'는 개념적 의미를 이른다. 만일 교체가 불가능하면, 유의 관계가 아니다. 교체 검증은 둘 이상의 단어가 유의 관계를 이루는지 아닌지를 파악하는 가장 쉬우면서도 직접적인 방법이다.

(12) ㉠ 그가 죽었다
　　　　　　숨졌다
　　　　　　사망했다
　　 ㉡ 달걀 한 판
　　　　계란

(12㉠)에서 보듯이 '죽다'의 자리에 '숨지다, 사망하다'로 교체해도 그 의미가 달라지지 않는다. 그리고 (12㉡)에서도 '달걀' 대신 '계란'을 대체해도 의미가 같다. 이처럼 한 단어를 다른 단어로 교체했을 때 의미가 달라지지 않을 경우 유의 관계가 성립한다.

다의어의 경우에는 이러한 교체 검증을 통해 각 의미 내항의 유의어를 파악할 수 있고, 또한 이를 통해 그 의미 차이도 분명하게 확인할 수 있다.

(13) ㉠ 말이 뛴다　　말이 달린다　→ 유의 관계
　　 ㉡ 산으로 뛰었다　산으로 달렸다　→ 유의 관계
　　 ㉢ 물가가 뛴다　＊물가가 달린다　→ 유의 관계 아님

(13㉠, ㉡)에서는 '뛰다'를 '달리다'로 교체해도 같은 의미를 가진다. 반면 (13㉢)의 '뛰다'는 '달리다'로의 교체가 불가능하다. 따라서 (13㉠, ㉡)의 '뛰다'의 의미는 '달리다'와 유의 관계를 가지지만, (13㉢)의 '뛰다'의 의미는 '달리다'와 유의 관계를 이루지 못한다.

이처럼 다의어의 경우에는 한 단어의 의미 내항 전체가 다른 단어의 의미 내항 전체와 유의 관계를 이루는 것이 아니라, 각각의 의미 내항이 독자적으로 유의 관계를 형성한다. 즉 '뛰다'의 전체 의미가 '달리다'의 전체 의미와 유의 관계를 이루는 것이 아니라, '뛰다'의 의미 내항 중 일부가 '달리다'의 의미 내항 중 일부와 서로 유의 관계를 이루는 것이다.

2) 대립 검증

대립 검증은 유의 관계에 있는 어휘를 찾기 위한 것이라기보다는 유의어의 의미 차이를 밝히고자 할 때 사용하는 방법이다. 즉 유의 관계를 이루는 단어의 반의어를 통해 유의어의 의미 차이를 밝히는 것이다.

'맑다'와 '깨끗하다'는 유의 관계를 이룬다. 그러나 '맑다'와 '깨끗하다'의 의미가 완전히 같지는 않다. '맑다'의 반의어는 '흐리다'이고, '깨끗하다'의 반의어는 '더럽다'이다. 따라서 '흐리다'와 '더럽다'의 차이만큼 '맑다'와 '깨끗하다' 역시 의미 차이가 있음을 확인할 수 있다. 이처럼 대립 검증은 반의 관계에 있는 단어를 통해 유의 관계를 이루는 단어들의 의미 차이를 확인할 수 있는 방법이다.

3) 배열 검증

배열 검증은 유의성의 정도가 모호할 때 관련 단어들을 하나의 계열로 배열함으로써 그 의미 차이를 확인하는 방법이다. 예컨대 '실개천'의 유의어가 '개울'인지 '강'인지 분명하게 말하기 어렵다. 이때 관련 단어를 크기에 따라 배열해 보면, 그 의미 차이를 쉽게 파악할 수 있다.

    (15) 실개천 – 개울 – 시내 – 내 – 하천 – 강 – 대하

이렇게 배열해 놓고 보면, '개울'과 '강', '시내'와 '하천' 간의 의미 차이를 좀 더 분명하게 확인할 수 있다.

5.3.3.3. 반의 관계

반의 관계는 공통의 의미 자질을 공유하면서, 단지 하나의 자질만이 서로 대립을 이루는 관계이다. 반의 관계를 이루는 단어들을 반의어라고 한다.

    (16) 남자[+인간, -여성] : 여자[+인간, +여성]

'남자'와 '여자'는 [+인간]이라는 공통의 자질을 공유하면서 [±여성]이라는 하나의 자질이 서로 대립되는 관계이다. 따라서 '남자'와 '여자'는 반의 관계를 이룬다.

    (17) ㉠ 아저씨[+인간, +성숙, -여성] : 소녀[+인간, -성숙, +여성]
        ㉡ 사람 : 돌

(17)의 '아저씨'와 '소녀'는 [+인간]이라는 공통의 자질을 공유하지만, 대립되는 자질이 [±성숙], [±여성]이라는 2개의 자질이다. 반의 관계를 이루기 위해서는 공통의 자질을 공유하면서 하나의 자질만이 대립되어야 하는데, '아저씨'와 '소녀'는 두 개의 자질이 대립되기 때문에 반의 관계가 성립하지 않는다. 그리고 '사람'과 '돌'은 아예 공통의 자질 자체를 설정할 수 없기 때문에 반의 관계를 논할 수 있는 대상이 되지 못한다.

유의 관계와 마찬가지로 반의 관계 역시 다의어의 경우에는 단어 전체가 아니라 다의어의 각 의미 내항이 다른 단어와 반의 관계를 형성한다. 다시 말해 다의어는 각 의미 내항별로 유의 관계나 반의 관계를 형성한다.

(18)

서다	반의어	유의어
① 어떤 곳에서 다른 곳으로 가던 대상이 어느 한 곳에서 멈추다.	가다	멈추다
② 사람이나 동물이 발을 땅에 대고 다리를 쭉 뻗으며 몸을 곧게 하다.	앉다	×
③ 어떤 모양이나 현상이 이루어져 나타나다.	×	생기다

반의 관계에는 상보적 반의(유무 대립)와 등급적 반의(정도 대립)가 있다. 여기에 더하여 방향 대립을 따로 설정하기도 한다. 필요에 따라서는 반의 관계의 양상을 더 세분하기도 하지만, 여기서는 크게 3가지 정도만 제시한다.

반의의 양상 ┬ 상보적 반의(유무 대립)
          ├ 등급적 반의(정도 대립)
          └ 방향 대립

1) 상보적 반의

상보적 반의는 유무 대립이라고도 하는데, 개념적 영역을 상호 배타적인 두 구역으로 양분하는 대립을 말한다. 쉽게 말해서 공통의 자질을 공유하면서 어느 하나의 자질이 있느냐 없느냐에 의한 대립이다. 상보적 반의 관계를 이루는 단어를 상보적 반의어라고 한다.

(19) ㉠ 남자 : 여자
     ㉡ 참 : 거짓
     ㉢ 삶 : 죽음
     ㉣ 합격 : 불합격

'남자'와 '여자'는 [+인간]이라는 자질을 공유하면서 성이 서로 반대가 되는 관계이다. 그리고 '남자'와 '여자' 사이에 남자도 아니고 여자도 아닌 중간 성의 존재가 있을 수 없다. 이러한 대립 관계를 상보적 반의라고 한다. 물론 성전환 수술을 한 남자와 같은 특수하고 예외적인 상황의 설정이 불가능하지는 않지만, 이러한 상황은 말 그대로 특수하고 예외적인 것이다.

2) 등급적 반의

등급적 반의는 정도 대립이라고도 하는데, 공통의 자질을 공유하면서 어느 한 자질이 대립된다는 점에서는 상보적 반의와 같다. 다만 반의 관계를 이루는 두 단어 사이에 중간 지역이 존재한다는 점에서 상보적 반의와 다르다. 등급적 반의 관계를 이루는 단어를 등급적 반의어라고 한다.

    (20) ㉠ 춥다 -- : -- 덥다
          ㉡ 짧다 -- : -- 길다
          ㉢ 많다 -- : -- 적다

    (21) 춥다 – 서늘하다 – 시원하다 – 따뜻하다 – 덥다

즉 '춥다'와 '덥다'는 날씨를 나타내는 공통의 기반을 갖고 있으면서, 기온이 서로 반대가 되는 관계이다. 그런데 (21)에서 보듯이 '춥다'와 '덥다' 사이에는 중간 지역이 존재한다. 이처럼 대립을 이루는 양 극단 사이에 중간 지역이 존재할 때 이를 등급적 반의라고 한다.

그러면 반의 관계를 이루는 두 단어가 유무 대립인지 정도 대립인지를 어떻게 알 수 있는가?

첫째, 단언과 부정에 대한 상호 관계가 성립하면 유무 대립이고, 단언과 부정에 대한 일방 함의만 성립하면 정도 대립이다.

    (22) 철수는 남자이다.   →   철수는 여자가 아니다.(○)
         철수는 남자이다.(○)   ←   철수는 여자가 아니다.

    (23) X는 길다.   →   X는 짧지 않다.(○)
         X는 길다.(×)   ←   X는 짧지 않다.

(22)에서 보듯이 '철수는 남자이다'는 '철수는 여자가 아니다'를 함의

하면서, 동시에 '철수는 여자가 아니다'는 '철수는 남자이다'를 함의한다. 반면 'X는 길다'는 'X는 짧지 않다'를 함의하지만, 'X는 짧지 않다'가 곧 'X는 길다'를 함의하지는 못한다. 왜냐하면 정도 대립은 대립의 양 극단에 중간 지점들이 존재하기 때문이다.

둘째, 대립 관계에 있는 두 어휘를 동시에 긍정하거나 부정했을 때 모순이 되면 유무 대립이고, 대립 관계에 있는 두 어휘를 동시에 부정해도 모순이 되지 않으면 정도 대립이다.

(24) 철수는 남자이기도 하고 여자이기도 하다.(×)
철수는 남자도 아니고 여자도 아니다.(×)

(25) X는 길기도 하고 짧기도 하다.(○)
X는 길지도 않고 짧지도 않다.(○)

셋째, 유무 대립은 정도어에 의한 수식이 불가능하며, 또한 비교 표현도 불가능하다. 반면 정도 대립은 정도어에 의한 수식이 가능하며, 또한 비교 표현도 가능하다.

(26) 철수는 매우 남자이다.(×)
철수는 돌이보다 더 남자이다.(×)

(27) X는 조금 길다.(○)
X는 Y보다 더 길다.(○)

3) 방향 대립어

방향 대립은 방향이 서로 맞서는 관계를 말한다. 이때 방향은 물리적 공간에서의 방향뿐만 아니라 시간상의 방향도 포함한다. 방향 대립을 이루어는 단어를 방향 대립어라고 한다.

(28) ㉠ 위 : 아래, 남 : 북, 오른쪽 : 왼쪽
　　　㉡ 과거 : 현재, 조상 : 후손

5.3.3.4. 상하 관계

유의 관계나 반의 관계가 단어들의 의미 관계를 횡적으로 비교한 것이라면, 상하 관계는 단어들의 관계를 종적으로 비교한 것이다. 즉 상하 관계는 의미에 대한 계층적 구조로서, 한쪽이 의미상 다른 쪽을 포섭하거나 다른 쪽에 포섭되는 관계를 말한다.

(29)

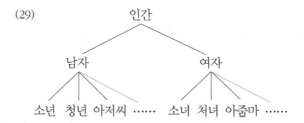

상하 관계에서 상하는 상대적인 개념이다. 즉 (29)에서 '남자'는 '인간'의 하위어이면서 또한 '소년'의 상위어이다. 상하 관계에서 보다 높은 층위의 상위어일수록 의미 영역이 더 포괄적이고 일반적이며, 보다 낮은 층위의 하위어일수록 의미 영역이 보다 한정적이고 특수화된다. 그렇기 때문에 의미적으로 하위어는 상위어를 함의하지만, 그 역은 성립하지 않는다. 상위어, 하위어는 각각 상의어, 하의어라고도 한다.

(30) ㉠ 소년은 남자이다.(○)

　　㉡ 소년은 인간이다.(○)

　　㉢ 남자는 인간이다.(○)

　　㉣ 인간은 남자이다.(×)

　　㉤ 남자는 소년이다.(×)

즉 가장 낮은 층위에 있는 '소년'은 (30㉠, ㉡)에서 보듯이 남자이면서 또한 인간이라는 의미를 함의한다. 또한 남자는 (30㉢)에서처럼 상위어인 인간을 함의한다. 하지만 그 반대의 방향 즉, 상위어인 '인간'은 (30㉣)처럼 하위어인 '남자'를 함의하지 못하며 또한, (30㉤)처럼 상위어인 '남자'는 하위어인 '소년'을 함의하지 못한다.

그리고 하위어가 단지 둘밖에 없을 때 두 하위어는 서로 반의 관계를 이룬다. 이 관계는 자연스럽게 상위어를 공통의 기반으로 하면서 하나의 자질이 서로 대립되기 때문이다.

(31)

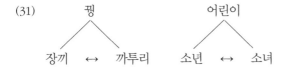

즉 '꿩'의 하위어 '장끼'와 '까투리'는 '꿩'이라는 공통의 자질을 가지고 있으면서 [±여성]이라는 자질이 대립이 되며, '소년'과 '소녀' 역시 '어린이'라는 공통의 자질을 가지고 있으면서 [±여성]이라는 자질이 대립된다.

5.4. 문장의 의미

5.4.1. 유의문과 반의문

문장의 구성 방식이나 구조는 다르지만, 그 의미가 서로 같은 것을 유의문이라고 한다. 그리고 문장의 의미가 서로 반대되는 것을 반의문이라고 한다.

단어의 의미 관계에서 유의 관계를 말할 때 모든 경우에 대체가 가능한 절대적 동의어는 존재하지 않으며, 그렇기 때문에 동의어라는 말 대신 유의어라는 말을 사용한다고 하였다. 이와 평행하게 둘 또는 그 이상의 문장이 완전히 동의인 즉, 연상의미(내포적 의미, 사회적 의미, 정서적 의미, 반사적 의미, 배열적 의미)까지 동의인 경우를 상정하기는 어렵다. 여기서 말하는 유의문이란 문장의 개념적 의미가 같음을 전제한다. 따라서 단어에서와 마찬가지로 동의문이라고 하지 않고 유의문이라고 한다. 반의문의 경우도 마찬가지이다. 반의문 역시 개념적 의미가 서로 반대됨을 전제하는 것이다.

먼저 유의문의 유형을 살펴보면 아래와 같다.

첫째, 단어를 풀어쓰기(paraphrase)한 경우에 풀어 쓴 문장과 풀어쓰기를 하기 전 문장은 서로 유의문을 이룬다. 풀어쓰기는 가장 일반적인 유형의 유의문이다. (32ㄴ)은 (32ㄱ)의 '겨울'을 '눈이 오는 계절'로 풀어 쓴 것으로 (32㉠)과 (32㉡)은 유의문이다.

(32) ㉠ 나는 겨울을 좋아한다.
    ㉡ 나는 눈이 오는 계절을 좋아한다.

일반적인 표현을 관용적인 표현으로 바꾼 경우에도 일반적인 표현과 관용적인 표현이 서로 유의문을 이룬다. (33㉡)은 (33㉠)의 '실패하다'를 관용적인 표현인 '미역국을 먹다'로 바꾼 것으로 (33㉠)과 33㉡)은 유의문이다.

(33) ㉠ 그는 이번에 또 실패했다.
    ㉡ 그는 이번에 또 미역국을 먹었다.

둘째, 파생적 사동(단형 사동)문과 통사적 사동(장형 사동)문은 서로 유의문이다.

(34) ㉠ 하늘이가 동생에게 밥을 먹였다.
    ㉡ 하늘이가 동생에게 밥을 먹게 했다.

그런데 (34㉠)의 파생적 사동문의 경우에는 동생에게 직접 밥을 먹였을 수도 있고, 간접적으로 밥을 먹였을 수도 있다. 하지만 (34㉡)의 통사적 사동문의 경우에는 후자의 의미 즉, 간접적인 사동의 의미만 나온다. 따라서 파생적 사동문과 통사적 사동문이 유의문이라고 할 때는 부분적으로 유의문이다.

셋째, 능동문과 피동문의 관계도 진리 조건에서는 유의문이다.

(35) ㉠ 포수가 참새를 잡았다.

　　　 ㉡ 참새가 포수에게 잡혔다.

(35㉠)과 (35㉡)은 능동문과 피동문의 관계로서 유의문에 해당한다. 하지만 사건이나 사태를 바라보는 초점은 이동된다.

넷째, 긴 부정(장형 부정)문과 짧은 부정(단형 부정)문의 관계도 서로 유의문이다.

(36) ㉠ 어제는 비가 오지 않았다. = 어제는 비가 안 왔다.

　　　 ㉡ 하늘이는 복숭아를 먹지 못한다. = 하늘이는 복숭아를 못 먹는다.

다섯째, (37㉠)처럼 어순이 바뀐 경우나, (37㉡)처럼 문장 구성을 달리한 경우에도 개념적 의미는 유의문이다. 이때 바뀌거나 달라진 것에 초점이 놓이게 된다.

(37) ㉠ 시간이 쏜살같이 흐른다. = 쏜살같이 시간이 흐른다.

　　　　 보람이가 하늘이에게 선물을 주었다. = 보람이가 선물을 하늘이에게 주었다.

　　　 ㉡ 원숭이와 침팬지는 서로 닮았다. = 침팬지와 원숭이는 서로 닮았다.

다음으로 반의문의 유형을 살펴보자.

첫째, 반의어에 의한 반의문이다. 이는 가장 일반적인 유형의 반의문에 해당한다.

(38) ㉠ 하늘이는 봄을 좋아한다. ↔ 하늘이는 봄을 싫어한다.

　　　 ㉡ 시간이 빠르게 지나간다. ↔ 시간이 느리게 지나간다.

(38㉠)은 '좋아하다'와 '싫어하다'가 서로 반의어이기 때문에, (38㉡)은 '빠르게'와 '느리게'가 서로 반의어이기 때문에 반의문을 형성한다.

둘째, 부정 표현에 의해 반의문을 이루는 경우이다.

(39) 하늘이는 봄을 좋아한다. ↔ 하늘이는 봄을 안 좋아한다.
　　　　　　　　　　　　　　　↔ 하늘이는 봄을 좋아하지 않는다.

5.4.2. 문장의 중의성

하나의 표현이 둘 이상의 의미를 지님으로써 청자가 해석하는 데 곤란을 느끼는 복합적 의미 관계를 중의성이라고 한다. 이때 정작 화자는 특별한 경우가 아니라면, 하나의 표현 의도를 갖고 표현을 하기 때문에 중의성을 의식하지 못하는 경우가 많다. 다만 청자가 화자의 표현 의도를 파악하는 데 어려움을 느끼게 된다. 물론 경우에 따라서는 화자가 의도적으로 중의적인 표현을 하는 경우도 있다.

중의성은 크게 세 가지 양상으로 나타난다.

다의에 의한 중의성

한 단어가 여러 가지 의미를 가질 때 중의성이 생긴다.

(40) 그는 스승의 뒤를 따랐다.

(40)은 '그가 스승이 간 길을 존경하여 좇다'의 의미와 '스승이 가는 대로 같이 가다'의 두 가지 의미가 나온다. 이는 '따르다'가 다의어이기 때문에 나타나는 중의성이다. 즉 '따르다'에는 '좋아하거나 존경하여 가까이 좇다'의 의미와 '다른 사람의 뒤에서 그가 가는 대로 같이 가다'의

의미가 있는데, '따르다'를 어떤 의미로 해석하느냐에 따라 중의성이 생기는 것이다.

동음이의어에 의한 중의성

(41) ㉠ 달이 차다.
　　㉡ 은행을 털다.

(41㉠)의 '달이 차다'는 '만월(滿月)이다', '달빛이 차갑다', '만기가 되다', '만삭이 되다'와 같은 다양한 의미로 해석될 수 있다. 이러한 중의성은 '차다'가 동음이의어이기 때문이다. 즉 동음이의어 '차다' 중 어떤 '차다'의 의미로 해석하느냐에 따라 중의성이 나타나게 된다. (41㉡)의 '은행을 털다'는 '은행'이 은행나무의 열매를 뜻하는 '은행'과 돈을 관리하는 '은행'이 동음이의어이기 때문에, 그리고 '털다'의 다의 때문에 중의성이 생기게 된다.

구조적 중의성

구조적 중의성은 수식의 범위, 부정의 범위, 접속 구문, 비교 구문 등이 구조적으로 두 가지 이상으로 분석 가능함으로 인헤 생긴다. 구조적 중의성의 양상을 살펴보면 다음과 같다.
첫째, 수식의 범위에 따른 중의성이다.

(42) ㉠ 착한 영이의 동생
　　㉡ 예쁜 지민이와 별이

(42㉠)은 (43㉠)처럼 '착한'이 '영이'만을 수식할 수도 있고, (43㉠')

처럼 '착한'이 '영이의 동생'을 수식할 수도 있다. (42ⓛ) 역시 (43ⓛ)처럼 '예쁜'이 '지민이'만 수식할 수도 있고, (43ⓛ')처럼 '예쁜'이 '지민이와 별이'를 수식할 수도 있다. 이처럼 수식의 범위가 어디까지이냐에 의해 중의성이 생긴다.

> (43) ㉠ [착한 영이]의 동생
> ㉠' 착한 [영이의 동생]
> ㉡ [예쁜 지민이]와 별이
> ㉡' 예쁜 [지민이와 별이]

둘째, 부정의 범위에 따른 중의성이다.

> (44) ㉠ 학생이 다 오지 않았다.
> ㉡ 모든 일이 뜻대로 되지 않았다.

부정의 범위에 따른 중의성은 부정의 범위가 부분적이냐 전체적이냐에 따라 두 가지 이상으로 해석되는 경우이다. (44㉠)의 경우 부정의 범위가 부분적일 때는 '학생이 다 온 것이 아니다'로 해석되고, 부정의 범위가 전체적일 때는 '학생이 한 명도 오지 않았다'의 의미로 해석된다. (44㉡) 역시 부정의 범위가 부분적일 때는 '뜻대로 되지 않은 일도 있다'의 의미로 해석되고, 부정의 범위가 전체적일 때는 '뜻대로 된 일이 하나도 없다'의 의미로 해석된다.

셋째, 접속 구문의 중의성이다.

> (45) 나는 형과 아우를 만났다.

(45)는 '형'이 서술어 '만나다'의 주어로 해석될 수도 있고, '만나다'의 목적어로 해석될 수도 있어서 생긴 중의성이다. 즉 (46㉠)의 구조일 때는 '나와 형이 함께 아우를 만났다'는 의미이고, (46㉡)의 구조일 때는 '내가 형도 만나고 아우도 만났다'는 의미이다.

(46) ㉠ [나는 형]과 아우를 만났다.
㉡ 나는 [형과 아우]를 만났다.

넷째, 비교 구문의 중의성이다.

(47) 한결이는 하늘이보다 만화 영화를 더 좋아한다.

(47)의 중의성은 비교의 대상이 '하늘이'와 '만화 영화'이냐, 아니면 '만화영화를 좋아하는 정도'이냐에 따라 중의적인 의미가 나온다. 즉 전자의 경우는 '한결이는 하늘이를 좋아하는 것보다 만화 영화를 더 좋아한다'의 의미이고, 후자의 경우는 '한결이는 하늘이가 만화 영화를 좋아하는 것보다 더 만화 영화를 좋아한다'의 의미이다.

5.5. 전제와 함의

　언어의 기능에는 여러 가지가 있지만, 그 중에서도 주된 기능은 정보를 전달하는 기능이다. 이때 정보의 진실성 여부가 문제가 된다. 명제에는 해당 명제에 더불어 전해지는 내포된 의미 정보가 있을 수 있다. 이때 내포된 명제의 진실성과 주명제의 진실성과의 진리관계에 따라 전제와 함의를 구분한다.

　(48) 영이는 지난 주에 산 옷을 입었다.　-　S_1
　　　→ 영이는 지난 주에 옷을 샀다.　-　S_2

　(48)에서 '영이는 지난 주에 산 옷을 입었다'라는 명제 S_1은 '영이가 지난 주에 옷을 샀다'라는 명제 S_2를 내포하고 있다. S_1과 S_2의 진리 관계를 보면 (49)와 같다.

　(49)　영이는 지난 주에 산 옷을 입었다. - S_1　　T　　　F
　　　　　　　　　　　　　　　　　　　　　　　　↓　　　↓
　　　영이는 지난 주에 옷을 샀다.　　 - S_2　　T　　　T

주명제인 S_1이 참이면 당연히 내포된 명제 S_2 역시 참이며, 주명제인 S_1이 거짓이어도 여전히 내포된 명제 S_2는 참이다. 이러한 관계일 때 내포된 명제 S_2를 S_1의 전제라고 한다. 한 예만 더 보기로 하자.

(50) 율도국의 왕은 홍길동이다. – S_1
율도국에는 왕이 있다. – S_2

'율도국의 왕은 홍길동이다'라는 명제는 '율도국에는 왕이 있다'라는 의미를 내포하고 있다. 이때 내포된 명제 S_2는 S_1이 참이면 당연히 참이고, 설령 S_1의 거짓이어도 즉, 율도국의 왕이 홍길동이 아니라고 해도 율도국에 왕이 있다는 것은 여전히 참이다. 따라서 내포된 의미 S_2는 S_1의 전제이다.

함의는 주명제의 진실성이 거짓일 경우 내포된 의미의 진실성이 흔들리는 경우를 이른다.

(51) 철수가 유리창을 깼다. – S_1
→ 유리창이 깨졌다. – S_2

'철수가 유리창을 깼다'라는 명제 S_1은 '유리창이 깨졌다'라는 명제 S_2를 내포하고 있다. 이때 S_1과 S_2의 진리 관계는 (52)와 같다.

(52) 철수가 유리창을 깼다. – S_1 유리창이 깨졌다. – S_2
    T $\longrightarrow$ T
    F $\longrightarrow$ T/F 알 수 없음

(52)에서 보듯이 S_1과 S_2의 진리 관계가 전제와 다르다. 즉 S_1인 '철수가 유리창을 깼다'가 참이면, 내포된 S_2 '유리창이 깨졌다' 역시 참이다. 하지만 S_1이 거짓일 경우에는 전제와 달리 S_2가 참임을 보장받지

못한다. 다시 말해 S_1인 거짓일 경우에는 S_2가 참인지 거짓인지 알 수가 없다. 이러한 관계를 함의라고 한다.

함의의 또 다른 예를 살펴보자.

(53) 영호는 총각이다.　　　　　　　– S_1
　　　영호는 결혼을 하지 않았다.　– S_2

'영호는 총각이다'라는 명제 S_1은 '영호는 결혼을 하지 않았다'는 S_2를 내포하고 있다. S_1이 참이면 당연히 S_2도 참이다. 하지만 S_1이 거짓일 경우 영호가 결혼을 하지 않았는지 결혼을 했는지 알 수가 없다. 따라서 S_1은 S_2를 함의하고 있다.

5.6. 의미 변화

5.6.1. 의미 변화의 원인

언어는 고정불변의 것이 아니라 변화한다. 마찬가지로 단어의 의미역시 변화한다. 이러한 변화의 원인에는 수많은 것들이 있겠지만, 그러한 원인을 몇 가지로 구분하면 다음과 같다.

첫째, 언어적 원인에 의한 의미 변화이다. 이는 두 단어가 많은 문맥에 함께 나타남으로 인해 한 단어의 뜻이 또 다른 단어로 전이되는것을 말한다. 이러한 현상을 전염(contagion)이라고 한다.

> (54) ㉠ 그 사람은 참 주책없다.
>   ㉠′ 그 사람은 참 주책이다.
>   ㉡ 할 말이 별로 없다. / 그 영화는 별로 안 좋았어.
>   ㉡′ 그 영화는 별로였어.

원래 '주책'은 '일정하게 자리가 잡힌 주장이나 판단력'이란 의미로긍정적인 의미이다. 그런데 '주책'이 주로 '없다'라는 부정적 서술어와함께 쓰이면서, '없다'의 부정적 의미가 '주책'에 전염되어 부정적인 의미를 가지게 된 것이다. 그래서 (54㉠′)가 (54㉠)과 같은 의미로 쓰인다. 부사 '별로' 역시 주로 '없다'나 부정 표현과 함께 쓰이면서, '없다'

나 부정 표현의 부정적 의미가 '별로'에 전이된 경우이다. 그래서 (54 ㉡')에서 보듯이 '별로'만으로도 부정적인 의미를 가지게 되었다.

둘째, 역사적 원인에 의한 의미 변화이다. 물건, 제도, 관념은 시간의 흐름에 따라 변화하지만, 이름은 보존되어 전통과 계속의 의식을 보증하기도 한다. 이 경우 의미의 변화가 생긴다.

(55) 선비, 장인, 집현전, 성균관

예컨대 조선 시대 '선비'는 "학식은 있으나 벼슬하지 않은 양반을 이르던 말"이었다. 하지만 신분 사회가 무너진 오늘날 '선비'는 "학식이 있고 예절이 바르며 의리와 원칙을 지키는 인품을 지닌 사람"을 이르는 말로 변화하였다.

셋째, 사회적 원인에 의한 의미 변화이다. 어떤 단어가 일반적으로 쓰이다가 특수한 영역에서만 쓰일 때 보다 제한된 뜻을 가지게 된다. 반대로 어떤 특수한 영역에서 쓰이던 단어가 일반적으로 쓰이게 되면서 그 의미가 확대되기도 한다. 전자를 의미의 특수화, 후자를 의미의 일반화라고 하는데, 이 경우에 의미의 변화가 수반된다. 전자에 해당하는 예로는 '음료수, 공양, 벌초' 등이 있고, 후자에 해당하는 예로는 '양반, 영감, 선생님, 사장님' 등이 있다.

예컨대 '음료수'는 원래 "마실 수 있는 물"이라는 일반적인 의미로 쓰이던 말이다. 그런데 이러한 의미가 상업적인 상품에 국한되어 쓰이면서 주로 맛을 즐길 수 있게 만든 마실거리에 해당하는 상품의 의미로 그 의미가 좁아졌다. 반대로 '영감'은 원래 '정이품과 종삼품의 벼슬아치'를 이르던 말이었는데, 그 사용이 확대되어 지금은 '나이가 많이 든 사람'을 이르는 말로 의미가 확대되는 변화를 겪었다.

넷째, 심리적 원인에 의한 의미 변화이다. 심리적 원인에는 다시 감정적 원인에 의한 변화와 금기에 의한 변화가 있다. 감정적 원인은 어떤 주제에 아주 관심이 있는 경우, 직유와 은유를 통해 의미를 확장하거나 의미를 견인하는 경우를 말한다.

(56) 곰, 냄비, 형광등

'곰'은 원래 동물을 나타내는 말이었지만, '그 사람은 곰같다', '그는 곰이다'처럼 직유나 은유로 많이 사용되면서 곰이 가지고 있는 속성 '미련하거나 행동이 느린'의 의미가 사람에게까지 확장되었다. '냄비', '형광등' 역시 직유나 은유에 의해 '냄비'나 '형광등'이 가지고 있는 속성의 의미가 사람에게까지 확장되었다.

금기(taboo)에 의한 변화는 일반적으로 금기된 단어가 버려질 것이고, 무해한 대용의 완곡법이 그 간극을 메우기 위해 도입된다. 그러면서 의미가 변화하게 된다. (57)의 대응쌍에서 왼쪽이 금기어이고, 오른쪽이 완곡법에 의해 도입된 말이다.

(57) 천연두 : 마마
죽다 : 잠들다
뚱뚱하다 : 건장하다

다섯째, 외국어나 외래어의 영향으로 의미가 변화하기도 한다. 예컨대 영어의 '스타(star)'가 '높은 인기를 얻고 있는 연예인이나 운동 선수'의 의미로 쓰임으로 인해, 이에 대응하는 국어의 '별'에도 같은 의미가 확대되었다. 또 다른 예로 '다방'은 "차를 마시던 공간"이었는데, '커피숍'이 차용되면서 '다방'의 의미가 차를 마시는 공간이긴 하지만 건전

하지 못한 공간의 의미로 변화하였다.

5.6.2. 의미 확대와 의미 축소

의미 변화의 결과 의미가 축소되기도 하고, 확대되기도 한다. 이때 축소와 확대는 해당 단어가 가리키는 외연의 크기에 의해 결정된다. 즉 외연이 작아지면 의미가 축소되었다고 말하고, 외연이 커지면 의미가 확대되었다고 말한다.

   (58) ㉠ 얼굴, 짐승, 미인, 음료수, 사랑, 벌초
       ㉡ 양반, 영감, 식구, 약주, 박카스

(58㉠)은 의미 축소의 예들이고, (58㉡)은 의미 확대의 예들이다. 원래 '얼굴'은 사람의 외모를 가리키던 말이었으나, 지금은 머리의 앞 부분만 가리킨다. 즉 '얼굴'이 가리키는 외연이 작아졌다. 반면 '양반'은 조선 시대 지배 계층의 신분에 해당하는 사람을 가리키던 말이었는데, 지금은 점잖은 사람을 아울러 가리키는 말로, '양반'이 가리키는 사람의 외연이 커졌다.

의미 변화의 결과 중에는 의미 전이도 있다. 의미 전이는 의미가 변화되긴 했지만, 외연의 크기를 말할 수 없는 경우이다.

   (59) ㉠ 어리다 : 愚 > 幼
       ㉡ 어엿브다 : 불쌍하다 > 예쁘다

즉 중세 국어에서 '어리다'는 '어리석다'의 의미였는데, 지금은 '나이가 어리다'라는 의미로 그 의미가 변화하였다. '어엿브다' 역시 중세 국

어에서는 '불쌍하다, 가엾다'의 의미였는데, 지금은 '예쁘다'로 그 의미가 변화하였다. (59)의 경우에는 의미가 변화하였지만, 변화하기 전과 후의 외연의 크기에 대해 말할 수 없다. 이러한 의미 변화를 의미 전이라고 한다.

제6장

화용론

문장보다 큰 단위의 의미 및 구조에 대해 연구하는 분야를 화용론이라고 한다. 문장은 완결된 최소의 의미 단위이다. 실제 대화는 문장을 단위로 이루어지며, 하나 또는 하나 이상의 문장으로 이루어진다.

　앞서 의미론이 국어학의 하위 영역에서 늦게 출발한 분야라고 하였는데, 화용론은 의미론보다 더 늦게 출발한 분야이다. 화용론에서 다루는 대상은 담화이다. 담화는 구어적 언어 형식을 가리키는 발화와, 문어적 언어 형식을 가리키는 텍스트로 구분된다. 담화는 최소한 문장과 같거나 문장보다 큰 언어적 단위이다. 그런데 서로 의미적으로나 맥락적으로 관련이 없는 문장들의 연속체를 담화라고 하지는 않는다. 문장들이 내용적으로도 긴밀하고 형식적으로도 긴밀하게 연결되어 하나의 주제 아래에 묶일 때 비로서 담화라고 한다.

6.1. 담화

담화(談話, discourse)란 기본적으로 발신자(화자, 필자)와 수신자(청자, 독자)를 전제로 한 개념이다. '봄이 왔어.'라는 문장이 입으로나 글로 구현되지 않고 머리 속에 있는 상태는 담화라고 할 수 없다. '봄이 왔어.'라는 문장이 입으로든 글로든 실제 구현이 될 때 담화가 된다. 즉 발신자에 의해 구현이 되지 않은 상태의 생각은 담화가 아니며, 담화란 문장 또는 문장보다 큰 단위가 발신자에 의해 외현적으로 구현이 된 것을 말한다.

담화의 의미는 1차적으로 문장으로 실현된 언어적 표현으로 형성된다. 하지만 실제 담화의 의미는 언어적 표현만으로는 온전히 파악할 수 없다. 문장의 의미와 달리 담화의 의미는 언어적 표현뿐만 아니라 발신자와 수신자, 그리고 장면(상황)을 종합적으로 고려할 때 제대로 파악할 수 있다. 장면은 구어에서는 화맥, 문어에서는 문맥이다.

　　"봄이 왔어."

위 말은 표현 그대로 봄이 왔다는 사실에 대한 진술이다. 하지만 발신자와 수신자, 그리고 장면(상황)을 고려한다면, 여러 가지 다양한 의미로 해석될 수 있다. 예컨대 봄이 와서 좋다는 맥락으로 화자가 말을

했는지, 아니면 봄이 왔으니까 어디를 갔으면 좋겠다는 맥락으로 말을
했는지에 따라 그 의미가 다르다. 여기에는 청자가 누구냐도 관여적이
다. 즉 청자가 친구였느냐, 연인이었느냐에 따라 담화의 의미가 다르
게 해석될 수 있다. 또한 실제 봄이 온 장면에서 한 말일 수도 있지만,
봄과 전혀 무관한 장면에서 한 말일 수도 있다. 어떤 장면이냐에 따라
당연히 그 의미도 달라진다.

담화는 언어 행위이므로 담화의 전달은 언어(음성 언어, 문자 언어)
를 매개로 한다. 그리고 아무런 의미가 없는 것을 담화라고 할 수 없
으므로 담화는 당연히 발신자의 생각이나 느낌, 믿음 등의 정보 즉, 내
용을 담고 있어야 한다. 이처럼 담화란 발신자(화자, 필자)와 수신자
(청자, 독자)를 포함한 장면 속에서 문장 또는 문장보다 큰 언어적 단
위로 수행되는 언어 행위를 말한다. 담화의 가장 작은 단위는 하나의
문장으로 표현된 것이겠지만, 일반적으로 담화는 하나 이상의 문장의
연쇄체로 이루어진다.

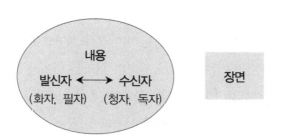

내용은 화자와 청자 사이에 주고 받는 말이다. 내용에는 생각, 느
낌, 믿음 등이 모두 포함된다. 그리고 발신자와 수신자, 내용을 둘러싸
고 있는 시간적, 공간적 환경이 장면이다.

담화는 발신자와 수신자를 전제하지만, 독백이나 일기처럼 수신자
가 상정되지 않는 경우도 있다. 그런데 독백이나 일기는 발신자가 곧

수신자가 된다고 할 수 있다. 그래서 여전히 담화의 구성 요건을 모두 충족시킨다고 할 수 있다.

담화는 구어 담화와 문어 담화로 나눌 수 있다. 이때 구어 담화를 발화, 문어 담화를 텍스트라고 하기도 한다. 또한 '텍스트'를 '담화'와 같은 개념으로 사용하는 경우도 있다. 이 경우 텍스트는 다시 구어 텍스트와 문어 텍스트로 나뉜다. 이 책에서는 담화를 상위어로 두고, 구어 담화와 문어 담화로 구분하여 사용한다.

아무렇게나 이루어진 문장 또는 문장의 연쇄체를 모두 담화라고 하지는 않는다. 즉 담화가 되기 위해서는 담화의 구성 요소로서의 내용에 일정 정도의 제약이 가해질 필요가 있다. 내용을 이루는 문장 또는 문장의 연쇄체가 담화가 되기 위해서는 내용적인 긴밀성과 형식적 긴밀성이라는 요건을 충족시켜야 한다. 내용적 긴밀성이 'coherence'이고, 형식적 긴밀성이 'cohesion'이다. 일반적으로 'coherence'는 '통일성' 또는 '응집성'으로 그리고 'cohesion'은 '응결성'으로 번역된다. 그런데 'coherence'를 '응결성'으로 'cohesion'을 '응집성'으로 번역하는 경우도 있다.

먼저 내용적인 긴밀성은 발화의 연쇄체가 내용적으로 관련성을 갖고, 하나의 주제 아래 통합될 수 있어야 한다는 것이다.

(1) 아침부터 비가 내렸다. 미군이 이라크를 공습한 것은 테러와의 전쟁을 위한 것이라고 말했다. 기차가 떠났다. 저녁 먹으러 가자. 아이는 인생의 축복입니다.

(1)은 5개의 문장으로 이루어져 있지만 담화라고 할 수 없다. 왜냐하면 이는 5개의 문장이 각각 개별적인 의미를 가지기는 하지만, 하나

의 내용으로 긴밀하게 묶여 있지 않기 때문이다. 다시 말해 통일된 주제 아래 묶일 수 없기 때문이다. 이처럼 하나의 주제 아래 묶일 수 없는 개별적인 문장의 연쇄체를 담화라고 하지는 않는다.

다음으로 담화의 형식적 긴밀성은 문장들이 언어적 장치에 의해서 긴밀하게 연결되어 있어야 한다는 것이다. 여기서 언어적인 장치에 해당하는 대표적인 예가 연결어와 지시어이다.

연결어의 적절한 사용은 담화의 형식적 긴밀성을 높여 준다.

(2) 아침부터 기온이 뚝 떨어져 몹시 추웠다. **그래서** 두꺼운 외투를 입고 학교로 향했다. **그런데** 오늘따라 버스가 오지 않아 한참을 기다려야만 했다. **결국** 수업에 지각을 하고 말았다.

(2') 아침부터 기온이 뚝 떨어져 몹시 추웠다. 두꺼운 외투를 입고 학교로 향했다. 오늘따라 버스가 오지 않아 한참을 기다려야만 했다. 수업에 지각을 하고 말았다.

(2)는 (2')에 비해 형식적으로 긴밀하다. 이처럼 (2)가 (2')에 비해 형식적인 긴밀성을 갖게 되는 것은 적절한 연결어 때문이다. 적절한 연결어의 사용은 담화의 형식적 긴밀성을 유지하는 중요한 요소 중의 하나이다.

지시어의 결속 역시 담화의 형식적 긴밀성과 관련하여 매우 중요하다.

(3) 학교에 가는 길에 어디선가 많이 본 듯한 남학생이 내 옆을 스쳐 지나갔다. 순간 그가 누구일까? 그러나 아무리 기억을 하려고 해도 그 남학생이 누구인지 생각이 나지 않는다.

(3)에서 지시어 '그'가 앞에 나온 '어디선가 많이 본 듯한 남학생'을 가리킬 때 문장들이 자연스럽게 연결된다. 만일 그렇지 않고 '그'가 전혀 다른 제3의 인물을 가리킨다면, (3)에서 무슨 말을 하는지 파악하기 어렵다. 이처럼 지시어에 의한 결속 역시 담화의 형식적인 긴밀성을 확보하는 데 매우 중요하다.

이밖에 담화의 형식적 긴밀성을 확보하는 데 있어 보조사의 적절한 사용도 중요하다.

(4) 옛날 옛날에 호랑이**는** 살았어. 그런데 그 호랑이**가** 음악을 들으면, 춤을 추는 호랑이었어.

(5) 옛날 옛날에 호랑이**가** 살았어. 그런데 그 호랑이**는** 음악을 들으면, 춤을 추는 호랑이었어.

(4)가 어색한 이유는 보조사의 사용이 형식적인 긴밀성을 깨뜨리기 때문이다. 일반적으로 이미 알고 있는 정보를 얘기할 때는 '-은/는'을 사용하고, 새로 도입되는 정보를 얘기할 때는 '-이/가'를 사용한다. (4)는 이를 위반하였기 때문에 어색하게 느껴지고, (5)는 이를 준수하고 있기 때문에 자연스럽게 느껴진다.

6.2. 담화의 기능

6.2.1. 담화의 기능

담화는 믿음, 생각, 느낌 등의 정보를 전달한다. 하지만 담화가 단순히 이러한 정보를 전달하는 기능만 하는 것은 아니다. 담화의 기능은 아래와 같다.

① 제보 기능 : 정보나 지식을 전달하는 기능. 뉴스, 보고서, 안내문 등이 여기에 해당한다.
② 호소 기능 : 상대방의 마음을 움직여 무엇인가를 하도록 하는 기능. 광고문, 연설문 등이 여기에 해당한다.
③ 약속 기능 : 어떤 행위를 하겠다고 약속하는 기능.
④ 친교 기능 : 친근감이나 고마움, 미안함 등의 화자의 심리적 상태를 표현하는 기능. 인사말이나, 안부를 묻는 말, 칭찬, 호의를 표현하는 말 등이 여기에 해당한다.
⑤ 선언 기능 : 어떤 새로운 사태를 불러일으키는 기능. 임명장, 판결문, 유언장 등이 여기에 해당한다.
⑥ 명령 기능 : 상대방에게 어떠한 직접적인 행위를 요구하는 기능.

담화의 기능이 위에서 제시한 여섯 가지만으로 한정되는 물론 아니다. 여기서는 다만 기본적이라고 생각되는 여섯 가지만 제시한 것이다.

6.2.2. 직접 발화와 간접 발화

구어 담화를 발화라고 할 때, 발화에는 직접 발화와 간접 발화가 있다. 직접 발화는 문장의 형태와 기능이 일치하는 것을 말하며, 간접 발화는 문장의 형태와 기능이 일치하지 않는 경우를 말한다. 예컨대 문장이 평서형 종결 어미로 끝나면 평서문의 기능을 하고, 의문형 종결 어미로 끝나면 의문문의 기능을 하고, 명령령 종결 어미로 끝나면 명령문의 기능을 하고, 청유형 종결 어미로 끝나면 청유문의 기능을 하는 경우가 직접 발화이다. 이에 비해 문장이 명령형 종결 어미로 끝나지 않았음에도 명령이나 요청의 기능을 하는 경우가 있는데, 이러한 경우가 간접 발화이다. 문장이 명령형 종결 어미로 끝나지 않았음에도 명령이나 요청의 기능을 하는 경우는 대체로 형태상으로는 주로 평서문이나 의문문의 형식을 띠고 나타난다. 부분적으로 감탄문의 형태로도 나타난다. 이러한 간접 발화를 달리 수행적 발화라고 하기도 한다.

(6) ㉠ 오늘은 비가 온다.
　　㉡ 넌 어제 뭐 했니?
　　㉢ 내일까지 과제를 모두 제출해라.
　　㉣ 그만 집에 가자.
　　㉤ 오늘은 날씨 한 번 참 좋구나!

(7) ㉠ 배 고프지 않으세요?(무엇을 먹으러 가자.)
　　㉡ 춥지 않으세요?(창문 좀 닫아 주세요.)

ⓒ 내일이 과제 제출 마감일이다.(내일까지 과제를 제출해라.)

ⓔ 와! 오늘 날씨가 너무 좋구나!(함께 놀러 가자.)

(6ⓐ~ⓔ)은 각각 종결 어미의 기능과 문장의 기능이 일치한다. 반면 (7ⓐ, ⓑ)의 경우 종결 어미는 의문형 어미이지만, 실제로 (7ⓐ)은 청유의 기능을, (7ⓑ)은 명령의 기능을 한다. 그리고 (7ⓒ)의 종결 어미는 평서형 어미이지만, 실제는 명령의 기능을 하고 있고, (7ⓔ)의 종결 어미는 감탄형 어미이지만, 실제는 요청의 기능을 한다. (7ⓐ~ⓔ)의 이러한 기능은 장면(화맥)에 의해 결정되며, 그리고 장면에서 청자가 화자의 의도를 제대로 파악했을 때 화자의 의도가 충족될 수 있다. 만일 청자가 장면과 장면 속에서의 화자의 의도를 제대로 파악하지 못하고, 직접 발화로 받아들일 경우에는 화자의 의도가 제대로 전달되지 못하게 된다.

화자가 직접 발화를 하지 않고 간접 발화를 하는 이유는 크게 두 가지이다.

첫째, 청자에 대한 화자의 배려.

둘째, 화자 자신에 대한 배려.

화자가 명령문이나 의문문으로 청자에게 직접적으로 행동이나 답변을 요구하는 것은 청자에게 부담을 줄 수 있다. 또한 화자의 입장에서도 직접적인 행동이나 답변을 요구했을 때, 청자가 거절하거나 불성실한 반응을 보일 때 상처를 입을 수 있다. 간접 발화는 이러한 점에서 청자와 화자 모두에게 부담을 덜어 주는 효과가 있다. 이러한 이유로 간접 발화는 직접 발화에 비해 더 공손한 의미를 갖는다.

(8) ㉠ 조용히 해 주십시오.

　　㉡ 조용히 해 주시겠습니까?

　　㉢ 시끄럽지 않습니까?

　(8㉠)은 직접 발화이고, (8㉡)과 (8㉢)은 간접 발화이다. 화자가 청자에게 전달하고자 하는 의미는 같지만, (8㉠)에 비해 (8㉡, ㉢)이 더 공손한 의미를 갖는다. 같은 간접 발화이지만 (8㉡)에 비해 (8㉢)이 좀 더 공손한 표현이다.

　오스틴(Austin, 1962)은 우리가 사용하는 언어의 많은 부분이 단순한 서술이 아니라 행위의 수행과 같은, 사람들에게 무엇을 하게 한다는 사실에 주목하여 수행문을 가려냈다. 우리가 무엇인가를 말하는 것을 발화 행위(locutionary act)라고 한다면, 말하는 가운데 어떤 취지나 목적의 행위를 수행하게 되는 발화 행위를 '발화 수반 행위(illocutionary act)'(또는 '언표 내적 행위')라고 한다. 예컨대 '배가 고파요.'라는 문장을 말하는 것은 발화 행위이고, 이 말을 함으로써 어떠한 행위가 일어나게 될 때 발화 수반 행위가 된다. '배가 고파요.'라는 발화의 결과 먹을 것이 나온다거가, 아니면 음식을 주문시켜 준다거나 하는 행위가 뒤따를 수 있다.

6.3. 지시 표현

지시는 무엇인가를 가리키는 것을 말한다. 스스로는 특정한 의미를 지니지 않으면서 무엇인가를 가리키는 기능을 하는 표현을 지시 표현이라고 한다.

> (9) 늘이 : 지민아, **이것이** 무엇이니?
>
> 지민 : **그거**, 너 주려고 산 선물이야.

(9)의 담화에서 지시 표현 '이것', '그거'는 그 자체가 어떤 의미를 가지고 있지는 않으며, 둘 다 '선물'을 가리키는 기능을 한다. 지시 표현의 종류는 (10)과 같다.

> (10) ㉠ 이, ㄱ, 저, 이것/이거, 저것/저거, 그것/그거
>
> ㉡ 이러하다/이렇다, 저러하다/저렇다, 그러하다/그렇다, 이렇게, 저렇게, 그렇게
>
> ㉢ 여기, 저기, 거기

지시 표현은 크게 두 가지 기능을 갖는다. 첫째는 지시적(deictic) 기능이고, 둘째는 대용적(anaphoric) 기능이다. 지시적 기능은 화자와 청자가 함께 있는 장면에 존재하는 무엇인가를 가리키는 기능을 말하고, 대

용적 기능은 화자와 청자의 기억 속에 있는 어떤 것을 가리키는 기능을 말한다. 즉 대용적 기능의 지시 표현이 지시하는 것은 장면 밖에 있는 어떤 것이다. 대용적 기능은 달리 전술언급적 기능이라고 하기도 한다.

먼저 지시 표현이 지시적 기능으로 사용된 경우를 살펴보자.

(11) ㉠ 늘이 : 지민아, 네 옆에 있는 **그것** 좀 줘.
　　 ㉡ 지민 : **이것** 말이니?
　　 ㉢ 늘이 : 그래. **그** 책 좀 줘. 그런데 **저** 꽃다발은 뭐니?
　　 ㉣ 지민 : 응 **저것** 말이야. 오늘 선물로 받았어.

(11)에서 지시 표현 '그것, 이것, 그, 저, 저것'은 화자와 청자가 대화를 나누는 장면에 있는 무엇인가를 가리킨다. (11㉠)의 '그것', (11㉡)의 '이것', (11㉢)의 '그'는 '책'을 가리키고, (11㉢)의 '저', (11㉣)의 '저것'은 '꽃다발'을 가리킨다. 이처럼 화자와 청자가 같은 시·공간적 장면에서 사용하는 지시 표현은 대부분 지시적 기능으로 쓰인 것이다.

지시 대명사 '이/이것/여기, 그/그것/거기, 저/저것/저기'의 사용은 지시 대상과 화자, 청자의 거리에 의해 결정된다. 지시 대상이 화자에게 가까울 때는 '이/이것/여기'를, 지시 대상이 청자에게 가까울 때는 '그/그것/거기'를, 그리고 지시 대상이 화자와 청자로부터 모두 멀리 떨어져 있을 때는 '저/저것/저기'를 사용한다.

지시 표현이 대용적 기능으로 사용된 경우에는 지시 대상이 화자와 청자가 있는 장면 안에 존재하지 않는다. 즉 화자와 청자가 공유하는 기억 속의 어떤 대상으로, 화자와 청자가 있는 장면 밖의 어떤 대상을 가리킨다.

(12) 늘이 : 보람아, 너 어제 뭐했니?

보람 : <u>그</u> 사람이랑 놀러 갔어.

늘이 : 어디에 갔는데?

보람 : 네가 추천해 준 **거기**에 갔는데, 참 좋았어.

(12)에서 '그 사람'의 '그', 그리고 '거기'는 화자와 청자가 함께 있는 장면에서의 어떤 사람이나 장소를 가리키는 것이 아니다. 이때의 '그'와 '거기'는 화자와 청자가 공유하고 있는 기억 속에 있는 어떤 사람과 장소를 가리킨다. 이처럼 지시 표현이 화·청자와 같은 공간에 있는 어떤 대상이 아닌, 화자와 청자가 공유하는 기억 속의 어떤 것을 가리키는 기능을 대용적 기능이라고 한다.

(13) 꿈을 갖고 사는 건 중요하다. 꿈은 곧 삶의 목표이자 지향점이고, 그리고 **그것**이 있음으로 인해 현실의 삶이 유의미해지게 되는 것이다. **이것**이 없는 삶을 생각해 보라. **그러한** 삶은 결코 주체적인 삶이 될 수 없다.

(13)에서 '그것'과 '이것'은 앞에 나온 '꿈'을 가리키고, '그러한'은 앞에 나온 '꿈이 없는'이란 문장을 가리킨다. 이 역시 지시 표현이 대용적 기능으로 쓰인 경우이다. 이처럼 대용적 기능으로 쓰인 지시 표현은 (12)에서처럼 화자와 청자가 있는 장면 밖에 있는 어떤 대상 즉, 기억 속에 있는 어떤 대상을 가리킬 수도 있고, (13)처럼 앞서 나온 대상이나, 또는 사태를 가리킬 수도 있다. 이때 대상은 구체적인 것일 수도 있고, 추상적인 것일 수도 있다.

6.4. 높임 표현

국어는 높임법이 매우 발달한 언어이다. 높임 표현에는 주체 높임법, 청자 높임법, 객체 높임법이 있다. 높임은 비교의 기반이 있어야 한다. 즉 누구보다 높으냐에 대한 기반이 있어야 하는데, 이때 높임을 결정하는 비교의 기반은 화자이다. 그래서 주체가 화자보다 높을 때 주체를 높여 주고, 청자가 화자보다 높을 때 청자를 높여 준다. 다만 객체 높임은 객체가 화자보다도 높고 주체보다도 높을 때 적용된다.

이때 높임의 유무를 결정하는 잣대는 '상하 관계'이다. 상하 관계는 '나이'에 의한 상하 관계와, 사회적인 신분에 따른 상하 관계가 있다. 즉 화자보다 나이가 많을 때, 그리고 화자보다 사회적 신분이 높을 때 높임 표현을 사용한다.

나이에 따른 상하 관계와 사회적 신분에 따른 상하 관계가 서로 다른 경우에는 일반적으로 사회적 신분의 상하 관계가 나이에 의한 상하 관계에 우선한다. 예컨대 A가 B의 후배이지만, 회사에서는 A의 직책이 부장이고, B의 직책이 대리로 A가 B보다 높은 직위를 가진 경우를 생각해 보자.

(14) 사적인 자리에서
     A : 언제 오셨습니까?

B : 응, 방금 왔어.

(15) 회사에서

A : 결재 서류 어떻게 되었나?

B : 예, 여기 있습니다.

사적인 자리에서의 대화인 (14)에서 B가 A보다 높다는 것을 알 수 있다. A가 청자인 B에게 '오셨습니까'에서 청자 높임의 표현을 하고 있는데 반해, A의 물음에 대한 B의 대답에서는 청자 높임의 표현을 하고 있지 않기 때문이다. 또한 A가 '오셨습니까'에서 '오다'의 주체를 '-시-'로 높이고 있는데, '오다'의 주체가 바로 B이기 때문이다. (14)에서 높임을 결정하는 것은 나이에 의한 상하 관계이다.

하지만 회사라는 공간에서의 대화인 (15)에서는 A의 직책이 B보다 높기 때문에 비록 B가 A보다 나이가 많지만 A를 높인다. (15)에서 B가 청자인 A에게 '있습니다'처럼 청자 높임의 표현을 하고 있는데 반해, A는 B에게 청자 높임의 표현을 하고 있지 않다. (15)에서 높임을 결정하는 것은 사회적 신분에 의한 상하 관계이다. (15)에서 나이와 사회적 신분이 충돌할 때는 사회적 신분이 높임을 결정하는 데 우선한다는 것을 확인할 수 있다.

그런데 상하 관계 외에 높임 표현에 영향을 주는 요인으로 '친소 관계'가 더 있다. 즉 서로의 관계가 아주 친밀할 때는 높임 표현을 사용하지 않기도 한다.

(16) 미팅에서 처음 만났을 때

이몽룡 : 안녕하십니까? 저는 이몽룡이라고 합니다.

성춘향 : 안녕하세요? 저는 성춘향이라고 해요.

(17) 오랜 시간이 지나 서로 가까워지게 되었을 때

　　이몽룡 : 춘향아, 어제 뭐했니?

　　성춘향 : 응, 도서관에서 공부했는데.

　(16)에서 보듯이 처음 만나서 격식을 갖춰야 하는 자리에서는 상하 관계가 아니어도 높임 표현을 사용한다. 그러다가 시간이 지나 서로 가까워지게 되면, (17)처럼 더 이상 높임 표현을 사용하지 않기도 한다. 동일한 두 사람의 발화가 (16)과 (17)처럼 달라지게 되는 원인은 친소 관계 때문이다.

　다음은 할아버지와 손녀의 대화이다.

(18) 할아버지 : 얘, 나하고 같이 산책이나 갈까?

　　손녀 : 좋아, 같이 가.

　상하 관계에 따르면, 손녀는 당연히 할아버지에게 높임 표현을 사용해야 한다. 하지만 할아버지와의 관계가 아주 친밀할 때는 (18)처럼 높임 표현을 사용하지 않기도 한다.

6.5. 생략 표현

생략은 담화 상에서 일정한 부분이 언어로 실현되지 않는 것을 이른다. 담화 장면에서 보통 화자와 청자가 공유하는 내용은 생략되는 경우가 많다.

(19) 지민 : 뭐 하니?
    솔이 : 보면 모르니? 책 읽고 있잖아.
    지민 : 재미있니?
    솔이 : 읽을수록 재미있어.

위 대화에는 문장 성분이 많이 생략되어 있다. 그럼에도 의사소통에 아무런 지장이 없다. 이처럼 문장 성분이 생략되었음에도 의사소통에 지장이 없는 이유는 생략된 문장 성분들이 장면에 의해 복원될 수 있기 때문이다. 만일 장면에 의해 복원될 수 없다면 생략할 수 없다. 특히 우리말은 주어가 생략되는 경향이 높다. 그리고 화자와 청자가 공유하는 정보이어서 장면에 의해 복원이 가능한 경우에는 문장 성분에 관계없이 생략될 수 있다.

6.6. 심리적 태도

    화자의 심리적 태도가 담화의 형식에 영향을 미칠 수 있다. 즉 화자는 자신의 심리적 태도를 담화의 형식을 달리하여 표현할 수 있다. 즉 동일한 정보나 사태에 대해서 화자가 이를 어떻게 인식하느냐 또는, 어떤 의지나 신념을 가지고 있느냐에 따라 담화의 양상이 달라질 수 있다.

    이러한 화자의 심리적 태도는 주로 어미에 의해 실현된다.

(20) 하늘이가 도서관에서 공부하다.

(21) ㉠ 하늘이가 도서관에서 공부한다.
      ㉡ 하늘이가 도서관에서 공부하겠지.
      ㉢ 하늘이가 도서관에서 공부하는지.
      ㉣ 하늘이가 도서관에서 공부하다니.

    (20)은 소위 절대문이라고 하는 것으로 여기에는 화자의 태도가 나타나 있지 않다. 하지만 (21)에는 화자의 심리적 태도가 반영되어 있다. (21㉠)은 사태에 대해 비교적 객관적인 태도로 진술하고 있는데 비해, (21㉡)은 추정, (21㉢)은 의심, (21㉣)은 놀라움을 표현하고 있

다. 이처럼 화자는 자신의 심리적 태도를 여러 가지 담화 형식을 통해 나타낼 수 있다.

화자의 심리적 태도는 (21)에서처럼 주로 어미에 의해 실현된다. 그런데 (22)처럼 '관형어 + 의존 명사' 구성에 의해서 실현되기도 하고, (23)처럼 부사에 의해서 실현되기도 한다.

(22) ㉠ 비가 올 모양이야.
    ㉡ 비가 올 것같아.
    ㉢ 비가 올 듯해.
    ㉣ 비가 올 거야.

(23) ㉠ 아마 비가 올 거야.
    ㉡ 다행히 비가 왔다.

이밖에 어조나 억양, 강조 등에 의해서도 화자의 심리적 태도가 드러난다.

참고문헌

강범모(2005), 『언어』, 한국문화사.

강신항(1987), 『訓民正音研究』, 成均館大學校出版部.

고영근(2010), 『표준중세 국어문법론』(3판), 집문당.

고영근·구본관(2008), 『우리말 문법론』, 집문당.

교육인적자원부(2002), 제7차 고등학교 『문법』, 두산.

김광해 외(1999), 『국어지식탐구』, 박이정.

김광해(1997), 『국어지식교육론』, 서울대학교출판부.

김동소(1998), 『한국어변천사』, 형설출판사.

김방한(1983), 『한국어의 계통』, 민음사.

김완진(1996), 『음운과 문자』, 신구문화사.

김진우(2004), 『언어』, 탑출판사.

김창섭(1996), 『국어의 단어 형성과 단어구조 연구』, 태학사.

박병채(1971), 『古代國語의 研究』, 高麗大出版部.

박병채(1989), 『국어발달사』, 世英社.

박승혁(1997), 『최소주의 문법론』, 한국문화사.

서정목(1987), 『국어 의문문 연구』, 塔出版社.

서정목(1994), 『국어 통사 구조 연구 Ⅰ』, 서강대학교출판부.

서정목(1998), 『문법의 모형과 핵 계층 이론』, 태학사.

서정수(1996), 『국어문법』(개정판), 한양대학교출판원.

송철의(1992), 『국어 파생어형성 연구』, 태학사.

신승용(2003), 『음운변화의 원인과 과정』, 태학사.

신승용(2007), 『국어 음절음운론』, 박이정.

심재기 외(1984), 『意味論序說』, 集文堂.

심재기(1982), 『국어어휘론』, 집문당.

안병희·이광호(1990), 『中世國語文法論』, 學研社.

이광정(1997), 학교문법에서의 품사 분류, 『국어교육』94, 한국어교육학회.

이기문(1972a), 『國語音韻史研究』, 國語學會.

이기문(1972b), 『改訂 國語史槪說』, 塔出版社.

이기문(1991), 『국어어휘사연구』, 동아출판사.

이숭녕(1981), 『중세국어문법』, 을유문화사.

이승재(1992), 『高麗時代의 吏讀』, 太學社.

이익섭(1992), 『國語表記法研究』, 서울대학교출판부.

이익섭(2000), 『국어학개설』, 학연사.

이익섭·임홍빈(1983), 『국어문법론』, 학연사.

이현희(1994), 『중세 국어 구문연구』, 신구문화사.

이호영(1996), 『국어음성학』, 태학사.

이환묵 외(1988), 『훈민정음의 이해』, 한신문화사.

임지룡 외(2005), 『학교문법과 문법교육』, 박이정.

임지룡(1995), 『국어 의미론』, 탑출판사.

임홍빈 외(1984), 『변형문법이란 무엇인가』, 을유문화사.

임홍빈 외(1990), 『변형문법 — 그 만남의 첫 강좌』, 을유문화사.

전상범(1995), 『형태론』, 한신문화사.

전상범(2004), 『음운론』, 서울대학교출판부.

정 국(1994), 『생성음운론의 이해』, 한신문화사.

정연찬(1997), 『개정 한국어 음운론』, 한국문화사.

한동완(1986), 현재시제 선어말 {느}의 형태소 정립을 위하여, 『서강어문』5,
    서강어문학회.

허 웅(1975), 『우리 옛말본 — 15세기 형태론』, 샘문화사.

허 웅(1981), 『언어학 — 그 대상과 방법』, 샘문화사.

허 웅(1985), 『국어 음운학』, 샘문화사.

허 웅(1999), 『16세기 우리 옛말본』, 샘문화사.

홍윤표(1994), 『근대 국어연구(Ⅰ)』, 태학사.

Antilla, R.(1972), *An Introduction to Historical and Comparative Linguistics*, New York: Macmillan.

Aronoff, M. & K. Fudeman(2005), *What is Morphology?*, Blacwell.

Austin, J. L.(1962), *Zur theorie der Sprechakte*, Stuttgart. [장석진 편, 『오스틴의 화행론』, 서울대출판부.].

Beaugrande, R. & W.U. Dressler(1981), *Einführung in die Textlinguitik, Tübingen*. [김태옥 외 역, 『담화·텍스트언어학 입문』, 한신문화사.].

Bloomfield, L.(1933), *Language*, New York: Holt, Rinehart and Winston.

Brinker, K.(1985), *Linguistische Textanalyse*, Erich Schmidt Verlag GmbH & Co. [이성만 역, 『텍스트언어학의 이해』, 역락.].

Bybee, J.(1985), *Morphology*, Amsterdam: John Benjamins.

Bynon, T.(1977), *Historical Linguistics*, Cambridge University Press.

Chomsky, N. & Halle, M.(1968), *The sound pattern of English*, New York: Harper.

Clement, G. N. & S. J. Keyser (1983), *CV Phonology*, MIT Press.

Haegeman, L.(1991), *Introduction to Government & Binding Theory*, Blackwell.

Hooper, J. B.(1976), *An Introduction to Natural Generative Phonology*, Academic Press.

Jakobson, R.(1931), *Prinzipien der Historischen Phonologie*. [한문희 옮김 (1991), 『음운학 원론』, 民音社.].

Jespersen, O.(1913), *Lehrbuch der Phonetik*, Leipzig und Berlin.

Labov, L.(1994), *Principles of Linguistic Change: Internal Factors*, Blackwell.

Ladefoged, P.(1982), *A Course in Phonetics; second edition*, Harcourt Brace Jovanovich Publishers.

Lass, R.(1984), *Phonology*, Cambridge University Press.

Leech, G. N.(1974), *Semantics*, Harmondsworth: Penguin.

Lyons, J.(1968), *Introduction to Theoretical Linguistics*, Cambridge

University Press.

Lyons, J.(1981), *Language and Linguistics*, Cambridge University Press.

Meillet, A.(1948), *Lingustique historique et linguistique générale*, Paris.

Nida, E. A.(1949), *Morphology; The Descriptive Analysis of Word*, University of Michigan Press.

Ogden, C. K. & I. A. Richards(1923), *The Meaning of Meaning*, London: Routledge and Kegan Paul. [김봉주 역(1986), 『의미의 의미』, 한신문화사.].

Poppe, N.(1965), *Intoduction to Altaic Linguistics*, Wiesbaden: Otoo Harrassowitz.

Ramstedt, G. J.(1928), Remarks on the Korean Language, *Memoires de la Société Finno-Ougrienne* 58.

Sapir, E.(1921), *Language: An Introduction to the Study of Speech*, New York: Harcourt, Brace.

Saussure, F. de.(1916), *Cours de linguistique générale*, Paris: Payot, [최승언 옮김(1990), 『일반언어학 강의』, 民音社.].

Scalise, S.(1984), *Generative Morphology*, Dordrecht: Foris. [전상범 역(1987), 『생성형태론』, 한신문화사.].

Shane, S. A.(1973), *Generative Phonology*, Prentic-Hall.

Trubetzkoy, N.S.(1939), *Gründzuge der Phonologie*, [한문희 옮김(1991), 『음운학 원론』, 民音社.].

Ullman, S.(1962), Semantics: *An Introduction to the Science of Meaning*, Oxford: Basil Blackwell. [남성우 역(1987), 『의미론: 의미 과학입문』, 탑출판사.].

Wittgenstein, L.(1953), *Philosophical Investigations*, Oxford.

찾아보기